上海全球城市研究院
世邦魏理仕

SHANGHAI METROPOLITAN AREA DEVELOPMENT REPORT

上海都市圈
发展报告·第四辑
城市更新
Urban
Regeneration

陈　宪　　陈学海 ◎ 主编
王赟赟　　陆　韬 ◎ 副主编

格致出版社　　上海人民出版社

编写组成员

总 策 划	康旭平　燕　爽
丛书主编	周振华　陈　宪
分辑主编	陈　宪　陈学海
分辑副主编	王赟赟　陆　韬

第 1 章	陈　宪
第 2 章	王赟赟　赵　睿　陈　宪
第 3 章	黄　河　钱立凡
第 4 章	伏开宝　何雨霖　陈　宪
第 5 章	黄　河　钱立凡　周永康
第 6 章	黄　河　钱立凡
第 7 章	宋媛慧　杨　杨
第 8 章	上海万科企业有限公司
第 9 章	曹永康
第 10 章	邱杨豪　张　翔　李晨阳　刘婉祎
第 11 章	王俊傑　孟　妍
第 12 章	邵煜超　温　馨
附 录 1	崔　磊　寿　昊　唐雨吉　魏晓磊
附 录 2	马实诚
附 录 3	黄田田
附 录 4	刘　寅　王　璐　海　博　齐　欢
	刘　敏　向寒漪　王宇靖　李思宇

英文译校	陈昉昊

目 录

i

CONTENTS

5 The Practice of Urban Regeneration in the Shanghai Metropolitan Area

6 From "Rust Belt" to "Show Belt" —The Past Life and Present Life of Yangpu Industrial Zone

7 A Hundred Years of Shanghai: A Case of the Renewal of the Historical Buildings in the Bund

8 A Century of Heritage for the Public—A Case of the Shangsheng-Xinsuo Regeneration

9 Shanghai's First Urban Regeneration Project with Conservation Expropriation—Zhang Yuan Shikumen (Lane Houses of Zhang's Garden)

图表目录

1

绪　论

研究城市和都市圈，不能不研究城市更新。城市更新是"人民城市人民建，人民城市为人民"的题中应有之义。2020 年 11 月，习近平总书记在考察上海时指出："城市是人民的城市，人民城市为人民。无论是城市规划还是城市建设，无论是新城区建设还是老城区改造，都要坚持以人民为中心，聚焦人民群众的需求，合理安排生产、生活、生态空间，走内涵式、集约型、绿色化的高质量发展路子，努力创造宜业、宜居、宜乐、宜游的良好环境，让人民有更多获得感，为人民创造更加幸福的美好生活。"城市更新是人民城市建设和发展的自身逻辑与持久实践。

We cannot study cities and metropolitan areas without studying urban regeneration. In November 2020, during his visit to Shanghai, General Secretary Xi Jinping pointed out that "a city is a city of the people, and a city of the people is for the people. Whether it is urban planning or urban construction, whether it is the construction of new urban areas or the transformation of old urban areas, we should adhere to the people as the center, focus on the needs of the people, reasonably arrange the production, living and ecological space, take the connotation, intensive, green and high-quality development path, and strive to create a good environment that is pleasant to work, live, enjoy and travel, so that the people have more sense of access, and create a happier beautiful life." Urban regeneration is people's logic and lasting practice of urban construction and development.

研究城市和都市圈，不能不研究城市更新。城市更新是"人民城市人民建，人民城市为人民"的题中应有之义。2020 年 11 月，习近平总书记在考察上海时指出："城市是人民的城市，人民城市为人民。无论是城市规划还是城市建设，无论是新城区建设还是老城区改造，都要坚持以人民为中心，聚焦人民群众的需求，合理安排生产、生活、生态空间，走内涵式、集约型、绿色化的高质量发展路子，努力创造宜业、宜居、宜乐、宜游的良好环境，让人民有更多获得感，为人民创造更加幸福的美好生活。"城市更新是人民城市建设和发展的自身逻辑与持久实践。城市更新是城市发展从增量时代转型到存量时代的重要标志，尤其对有着百年以上历史的城市更是如此。城市更新就像机器折旧，是城市折旧的重置，当然，它们都不是简单的重置，而是嵌入形态、内容与功能的改变、提升和优化的重置。

1.1 城市更新的概念及相关表述

城市更新的概念随着城市的发展不断变化，不仅包含对建筑物等硬件设施进行的改造，也是对生态环境、文化环境、产业结构、功能业态、社会心理等软环境进行的延续与更新（Zheng, Shen and Wang, 2014）。作为从西方引入的概念，城市更新的内涵体现在 "urban renewal" "urban regeneration" "urban redevelopment" "urban reconstruction" "urban rehabilitation" "urban revitalization" 等诸多词汇中。如果深究它们的区别，"urban renewal" 和 "urban regeneration" 作为最常用的城市更新用语，具有更丰富的内涵。"urban renewal" 通常被定义为贫民窟清理和物理再开发的过程，兼顾历史文化遗产保护的要点，是"一个本质上的物理变化过程"，而 "urban regeneration" 是愿景和行动的全面整合，超越了 "urban renewal" 的目标、愿望和成就，旨在解决城市的多方面问题，从而改善其经济、物理、社会和环境条件（Couch，1990；Couch，Sykes and Börstinghaus，2011；Ercan，2011）。相比之下，"urban redevelopment"的对象更具体，规模更小，针对现有用地上的存量建筑，例如，将一栋联排别墅重新开发成大型公寓（Tiesdell，2008）。而"urban rehabilitation"，顾名思义，是将建筑物恢复到良好的条件、运营状态或容量（Zheng，Shen and Wang，2014；Zuckerman，1991）。

历史文化学者包亚明（2016）梳理了城市更新概念的提出及相关表述。

1954年，美国总统艾森豪威尔成立的某顾问委员会首次提出了城市更新的概念，被列入当年的美国住房法规中，而对城市更新的较早亦较权威的界定，则来自1958年8月在荷兰海牙召开的城市更新第一次研讨会，其对城市更新的阐述如下："生活于都市的人，对于自己所在的建筑物、周围环境或通勤、通学、购物、游乐及其他生活有各种不同的希望与不满；对于自己所住房屋的修理改造以及街道、公园、绿地、不良住宅区的清除等环境的改善的要求及其实施；尤其对土地利用的形态或地域地区制的改善、大规模都市计划事业的实施以形成舒适的生活与美丽的市容等，都有很大的希望；所有有关这些的都市改善就是都市更新。"

1964年5月31日，从事历史文物建筑工作的建筑师和技术员国际会议第二次会议在威尼斯通过决议，诞生了《威尼斯宪章》，即《保护文物建筑及历史地段的国际宪章》。《威尼斯宪章》肯定了历史文物建筑的重要价值和作用，将其视为人类的共同遗产和历史的见证，确立了保护文物建筑及历史地段的国际原则。

1977年，英国政府颁布关于内城政策的城市白皮书，认为萧条旧城再生的关键在于旧城更新和城市发展，它的重点是重新开发衰退的老工业区和仓库码头区，并依此通过了地方政府规划与土地法案。这份白皮书聚焦英国大工业城市持续存在的问题，强调工业的驱动力和地方工业政策的改变对内城复兴的重要影响。白皮书明确指出：城市更新是一种综合解决城市问题的方式，涉及经济、社会文化、政治与物理环境等方面，城市更新工作不仅涉及一些相关的物理环境部门，而且与非物理环境部门亦联系密切。

1980 年，欧洲经济委员会发布《城市更新与生活质量》，将城市更新问题上升到与城市生活品质相关的层面来进行研究。1994 年 11 月 1 日至 6 日，日本政府文化事务部与联合国教科文组织、国际文化财产保护与修复研究中心（ICCROM）及国际古迹遗址理事会（ICOMOS），在奈良共同举办了"与世界遗产公约相关的奈良真实性会议"，出席会议的 45 名代表起草了《奈良真实性文件》，以回应当代世界中有关文化遗产关注与经济等利益不断扩张之间的冲突问题。这份文件是在《威尼斯宪章》的精神中孕育而生的，文件的最终版本由奈良会议总协调人 Raymond Lemaire 先生和 Herb Stovel 先生编辑，这份文件强调了维护文化遗产的真实性和保护人类集体记忆的重要性。法国 2000 年颁布的《社会团结与城市更新法》则将城市更新解释为：推广以节约利用空间和能源、复兴衰败城市地域、提高社会混合特性为特点的新型城市发展模式。

可以看到，表述的变化也反映了城市更新的动态变化过程。随着技术的进步、经验的积累及一代代实践者的努力，城市更新逐渐超越了传统意义上的旨在重塑物理环境的旧城改造（Couch，1990），也超越了过去目的并不清晰的城市再开发活动，以及仅仅作为一种美好愿景却缺乏具体手段的城市复兴。

1.2　不同专业群体眼中的城市更新

可能很少有像"城市更新"这样的领域，会引起如此多学科学者的关注和研究。通过选取视野所及的代表性论著，我引述以下几方面学者眼中的城市更新。[①]

---

① 因为专业背景的原因，在建筑师和规划师、公共管理学者和历史文化学者眼中的城市更新部分，我基本是直接引用他们的代表作。如果由我改写他们的论述，难免造成曲解和歧义。这个做法如有不当，敬请原谅。

1.2.1　建筑师和规划师眼中的城市更新

城市更新最早源于旧城区的改造，是建筑师和城市规划师的工作。物理环境的陈旧是城市更新的重要原因，环境衰败、建筑物功能陈旧、废弃的场地、过时的基础设施和用户需求的改变，这些问题共同构成了城市更新的主要任务。虽然经济、社会和制度等原因都可以用来解释城市的物理环境衰退，但在许多情况下，我们也可以将这些因素映射到物理环境，为城市更新提供理论基础（Bromley, Hall and Thomas, 2003）。这种思维方式可以指导城市开发，并以可操作的方式尽可能推动整个地区的物质、经济、社会和环境的重建。如此，在更大范围内开展一个以财富增值为主导的城市更新任务，将可确保城市的物理环境改造，也为这些地区的经济和社会福利做出更大的贡献（Turok, 1992）。

因为建筑与规划密不可分的关系，建筑师和规划师眼中的城市更新，大致是相似的图景。我选取的代表作是丹麦建筑师卡斯滕·波尔松（2021）的《人本城市——欧洲城市更新理论与实践》。

书中对作者如是介绍：卡斯滕·波尔松做了 35 年建筑师，最初为政府作规划。在过去的 30 年里，他成立了自己的建筑设计公司，专注于城市的再发展、填充、复原、规划以及住宅区和建筑物的改造。他还从事国际化的工作，主要是与拉美国家进行教学合作。他本人也在丹麦科技大学讲授城市更新和现代化技术的课程。该书是关于城市更新的实用手册。建筑师和规划师的书应当具有这样的属性。所以，它强调了城市更新的物理和空间参数，包括发展模式、建筑类型、道路通行、公共空间等问题，这些也是城市生活和安全保障的基本问题。译者说，该书以"人本城市"为初心，融合了规划、建筑、景观等多专业视角，浓缩了经典规划理论，列举了众多类型的社区及公共空间的改造案例。对中国现阶段深入开展的"老旧小区改造"工作有较大的借鉴意义，是国内少有的关于城市更新的案例型著作。

我之所以选取这本书作为建筑师和规划师关于城市更新的代

表作，很重要的一点是看重了书中提出的城市更新的 10 个主题。该书开篇是"历史概述"和"人本城市"，后续的 10 章就是按照 10 个主题铺陈展开的。这 10 个主题是：（1）历史文化街区改造；（2）高密度城区的建筑拆除；（3）填充性建造；（4）城市区域改造；（5）建筑改造；（6）城市区域重建；（7）直线型城市空间建设；（8）城市中心改造；（9）发展新的密集城市区域；（10）现代主义城区密度提升。这 10 个主题对应不同的背景和案例，（1）—（3）是"清除贫民窟，符合公众的期望"；（4）和（5）是"工业区和港口失去了原有的功能"；（6）是"道路施工和在建办公楼毁坏了城市中心，期望更多的住房和更美好的城市生活"；（7）和（8）是"需要更多的道路满足郊区之间的通勤，郊区购物选择集中化"；（9）和（10）是"郊区面积扩张以及通勤成本增加，对可持续发展和更美好城市生活的渴望"。作者认为，这些主题是欧洲城市转型中总的趋势。想必它们也是全球城市转型中都会遇到的问题和趋势。

在现实中，每个城市更新项目（案例）都有一个主题，只不过有时没有被准确地概括。该书的一个方法论价值，就是告诫城市更新项目的规划者和建设者，当我们做城市更新项目时，要思考并凝练一个体现项目价值的主题，并聚焦这个主题开展策划、规划和建设工作。

联系到上海，我认为，历史文化街区改造、城市区域改造和现代主义城区密度提升，在上海都有典型的案例与之对应。"对人文城市而言，历史是城市升级中不可分割的组成部分，城市更新必须从对历史遗迹的保护做起，因为这会对旧城区的结构、规模、建筑类型和高度、比例以及其他细节产生影响。城市更新中对历史建筑的保护，是保持城市特性的关键。"本书中的外滩历史建筑群、上生·新所和衡复历史文化风貌区的案例，就是通过对历史建筑的保护，保持上海城市特性的绝佳案例。"城市改造是对城市区域进行复兴，旧建筑对未来的城市结构具有重要意义。通常来讲，转型意味着改变旧建筑的功能，例如，通过将旧工业区、港口或军事区域转换为住宅、服务业和知识密集型公司（园区）。"我们经过深入调研撰写的杨浦工业区（杨浦滨江）转型案例，集中反映了"大杨浦"工业区的区域改造。"从区域角度来看，城市密度提升是城市多年扩张的结果，随之而来的是城市数量、自然和农业地区的损失以及运输成本的上升。城区密度提升有助于保持当地贸易、服务和商业的基础，并减少通勤成本。从地方的角度来看，密度提升是一种工具，可以提高正在扩张和发展地区的城市空间质量。"上海在这方面的案例，以外滩（包括北外滩和南外滩）的更新改造最具说服力。

1.2.2 公共管理学者眼中的城市更新

经济发展是城市的重要功能，但并不是决定城市发展和问题的唯一因素。事实上，社会人口趋势的演变、传统家庭和社区结构的重构、城市政策的不断调整，以及社会观念和价值观的变化，都会影响城市的发展方向。城市的话题，包括城市更新的话题，都事关公共事务，因此，公共管理学者研究城市更新的成果，其重要性不言而喻。这里选取的代表性研究是《城市更新：广义框架与中国图式》（彭显耿、叶林，2021），该文的两位作者来自中山大学政治与公共事务管理学院。

通读全文，我最初的感觉是，作者在做一个"跨界"的研究。细读后还是体会到公共管理学者研究城市更新的综合视角和独到观点。文章从"城市更新的困境与反思"切入，指出了一般意义上的城市更新在现实生活中的矛盾境地。"源于西方的城市更新一般被视为再城市化阶段的复兴政策，其目标在于恢复城市活力，促进经济社会的可持续发展。然而，以经济利益为主要导向的城市更新政策设计极易对城市发展产生负面影响，如片面追求以地价、地租为主的土地交换价值而拖延乃至忽视城市保护，抑或造成社会负外部性与空间非正义，包括社群排斥、社区割裂、邻里解构等。……以投机性房地产开发为典型的、具有'赢者通吃'

特征的再城市化造就了'精英城市'，也重新带来了贫富差距、非均衡发展，导致经济社会的不稳定。"该研究揭开了在更广泛意义上讨论城市更新的必要性，也提出了社会学、政治学和政治经济学等学科聚焦于城市发展不同历史阶段的研究，为讨论广义城市更新提供了分析对象、相关问题及逻辑思路。

该研究概括西方城市更新的三种形态，即历史城市、工业城市和后工业城市的城市更新，并将这一框架应用于观察中国城市更新，指出"中国的历史城市是以'大都城'为典型的行政城市，家国文脉的传承保留了许多珍贵的文化遗产"。作者比较集中地阐述了中国工业城市更新的背景，同时展望了后工业城市更新行动的转型。在他们看来，实施于这个中长期过程的城市更新，要在制度变革与政策调整的引领和指导下推进。"改革开放以后，中国开启了市场化的经济体制改革，外向型工业化驱动经济持续高增长，中国城市成为'世界工厂'。工业化先行，房地产繁荣带来了土地的城市化，人口城市化滞后，非均衡的城市发展，人地矛盾的资源约束，城乡二元结构的制度壁垒，以及耕地保护、粮食安全等规划紧缩的政策边界，是中国工业城市更新的复杂背景。"这里所提出的矛盾与问题，在进入后工业城市发展阶段后，需要城市更新的实践来作进一步回答和解决。

"中西方城市更新存在结构性差异。"作者的这一判断对于认识中国的城市更新至关重要。他们指出："在资源和制度的双约束背景下，后发城市化的中国是在社会、经济与文化多重结构的转型进程中，由政府主导探索、推行和变革城市更新。城市更新历经地方创新、中央采纳，如今在全国推行；从政府独力改造，到市场化改造，再到多元主体合作更新与治理；政府主导与制度驱动特征亦集中体现在城市更新政策和实践变迁中，政府通过强化规划引领与政策引导协调各方利益，为城市更新转型提供了制度空间和改革契机。……通过城市更新行动，改善城市空间布局，提升公共服务质量，推动实现后工业化城市发展与治理方式的改变。"由此，清晰地揭示了中国城市更新的制度性、结构性特征。

1.2.3 历史文化学者眼中的城市更新

城市更新的具体对象是建筑、景观和街区，它们都内在着不同的文化，并体现各自的文化特征和品位。历史文化学者就是从这些具体对象入手，展开城市更新的研究。中青年历史文化学者包亚明（2016）在《城市更新的理念及其思考》一文中，从这些视角展开了相关讨论。历史文化遗产保护是历史文化学者关注的重点。

包亚明在研究中指出："文艺复兴之后，欧洲的城市发展与城市更新已经密不可分，17—18世纪的巴洛克城市建设就是欧洲城市的第一次大规模更新运动。巴洛克建筑和城市设计，是在意大利文艺复兴建筑基础上发展起来的，教堂往往占据着城市的中心位置，教堂钟楼的设计受到特别的重视，构图严谨的广场和公共建筑也成为城市的中心地带，古典风格的街道和壮丽的宫殿花园，不仅具有几何对称美，而且外形自由而富于动感，穿插其间的曲面和椭圆形空间，与富丽的装饰和雕刻、强烈的色彩相映成趣。"这里，建筑、景观和街区的文化价值都被一一涉及。

作者进一步指出："现代意义上的城市更新则发生在19世纪下半叶，经典的例子是始于1853年的拿破仑三世的巴黎重建和始于1857年的维也纳环城景观带工程。……这一奠定当代巴黎城市格局的城市重建，彰显了帝国气概和情怀，却也使拿破仑三世政府负债累累。""维也纳环城景观带工程同样也是帝国情怀的写照，环城大道是在拆除中世纪城墙后新建的，长4千米、宽60米的大道环绕着维也纳老城，大道内是内城，大道外是外城。绿树成荫的大道、风格各异的建筑物星罗棋布，市政厅、国家歌剧院、维也纳大学等许多知名建筑都云集于此，集中体现了19世纪后期城市建筑艺术的辉煌成就。"但是，"这场轰轰烈烈的欧洲城市重建运动，同时也是粗暴的大拆大建的城市更新，许多中世纪的建筑和历史文化遗产都在这一过程中湮灭了，原有的城市社区结构和市民权益也遭到了严重忽略"。历史总有惊人的相似之处。"粗暴的大拆大建的城市更新"，同样出现在国内的一些城市中。如此的做法严重违背了城市更新必须从保护历史文化遗迹做起的原则。

包亚明认为，"虽然争议一直持续不断，但现代意义上的欧洲城市更新依旧收获了广泛的赞誉，并成为美国城市美化运动的样板。19世纪末20世纪初的美国城市美化运动，汇合了源于19世纪中后期的城市公园运动和城市改进运动，波及了美国部分城市，它同样导致城市空间结构的重大变化和中心城区面貌的巨大改变"。近年来，城市更新在中国成为一个"热词"，不仅频频出现在各级政府的报告和文件中，而且成为一批商业机构的重要业务，成为拉动经济增长的重要来源。

1.2.4 经济学者眼中的城市更新

在设计《上海都市圈发展报告》各分辑时，我提出了以"城市更新"为主题的分辑。此后，我试图找到一些比较系统的有代表性的经济学者关于城市更新的直接文献，遗憾的是，没有能够找到。

城市更新本质上属于城市空间开发利用，其中的土地和房产开发利用都是城市经济活动的重要组成部分。作为经济活动的城市更新，也有成本、价格（性价比）和效率等问题，经济学理当对这些问题展开研究。这也表明，经济学者眼中的城市更新，有相当部分和城市建设与发展是相同的。这些年来，空间经济学、城市经济学和房地产经济学等成为经济学科中的"热门"，就是最好的说明。例如，Hannington（1937）研究贫困地区的问题时曾提出，传统城市经济秩序崩溃的原因来自系统的基础产业陷入持续的不景气。而Hall（1987）在研究城市地区的经济活动中发现，那些依赖制造业、港口功能和一系列传统服务活动货物处理的地区，比信息处理地区的表现更差，这些现象在Swinney和Thomas（2015）的研究中同样得到验证。这种老城区经济结构问题的发现，引起了20世纪80年代的学者对城乡转变（Fothergill and

Gudgin，1982）和空间分工（Massey，1995）的关注。

从经济活动的视角看城市更新，其主线是人居和产业的关系：从人居和产业（主要指制造业，包括一部分生产性服务业）杂处，到建设园区，将二者适度分离，再到现在所说的产城融合、产城人融合。从人居与产业杂处，到适度分离，再到有机融合，这是一个发生在中国工业化和城市化进程中的典型现象。我曾经在一篇拙文中将产城融合、产城人融合表述为"产业园区正在回归城市"。[①] 这是经济学者眼中的城市更新。

在上海、天津和广州这些中国的老工业城市，人居和制造业杂处，存在于 20 世纪的大部分时间里。以我儿时生活的上海为例。那时我家住在虹桥路交大新邨。从那里去徐家汇大约 15 分钟，路上就有两三家纺织厂或针织厂。交大新邨的南面是交大附属工厂，再往南就是一家造纸厂，刮南风时异味就弥漫在新邨里。离新邨不远的凯旋路上还有一家钢铁厂。人居和工厂杂处，是那时上海的常态。改革开放以后，上海和其他城市一样，出现了不同类型、不同规模的园区。城市进入人居和产业适度分离的阶段。

在中国的一线和新一线城市，人居和产业适度分离，呈现两种基本的空间类型。其一，规模相对较大的产业园区，包括高新区、开发区、科技园、工业区、产业基地和特色产业园等。这类园区可追溯到 20 世纪 40 年代美国斯坦福大学建立的研究园，它是最早的高科技研究和成果产业化的科技产业园区。在中国，产业园区的出现，首先和工业集中（人居和产业分离）、引进外资有关。后续的动机，主要是高新技术发展、创业创新和科技成果产业化。通常是从城市（镇）中划出一块地方，在完成相应基础设施建设的条件下，布局建筑物和相关功能，从而建成一个产业园区。改革开放以来，中国的产业园区建设取得了巨大成就，为持续的经济增长和发展做出了巨大贡献。产业园区已成为发展制造业和生产性服务业、吸引外商投资、扩大出口、增加就业的重要

---

① 参见陈宪：《产业园区正在回归城市》，澎湃新闻，2019 年 9 月 18 日。

载体，成为推动经济发展的增长极和发动机，成为促进产业升级和转变发展方式的中坚力量，成为探索新型工业化和新型城镇化的试验田。

然而，多年来，由于过度依赖土地经营，产业发展缺乏有效协同，以及"条块分割"等原因，中国的产业园区普遍存在过于分散，专业化的服务性企业和机构相对不足，园区内企业缺乏功能上的产业联系和专业分工，尤其是忽视员工和园区内居民生活质量等问题。对此，许多园区正不断探索转型方式，如重视产业集群，从强调引进大型公司向科技型中小企业集群转变，促进功效功能单一的产业园区向现代化综合功能区转型等。在珠三角和长三角，传统的遵循土地融资、园区建设、招商引资、债务偿还的循环模式正在发生深刻转变。东莞的松湖智谷、深圳湾科技生态园等都是转型较为成功的案例。在企业、行业和城市转型的共同倒逼下，产业园区正在回归城市。其间的变化和众多城市更新项目联系在一起。

其二，规模相对较小的创意园区。"从本质上讲，不同时代的城市更新都是当下的经济、社会、政治需求对既有的城市空间的改造，是一个新的'空间生产'的过程。"（崔国，2022）人居和工业杂处时的老旧工业厂房大多被拆建为住宅、写字楼和商业设施，或者是城市绿地。也有一部分"在不改变原有建筑结构的前提下，这些制造业时代留下的旧城空间，被再度规划、建设成了知识型人才集聚的'创新区'，厂房的使用性质也由工业转变为办公或商业"（崔国，2022）。这里的"创新区"就是在一线城市和新一线城市常见的创意园区，本身就是一个城市更新项目。尽管现在有一部分创意园区的运营并不尽如人意，但它们是适应文化创意产业的发展应运而生的。而且，文化创意产业的数字化，即数字创意产业在国家"十三五"规划中被列入战略性新兴产业，将成为国民经济的主导产业。本来就在城市中的创意园区，有着巨大的发展潜力和发展空间。

上海杨浦工业区城市更新项目，就是一个人居和产业在改造与更新中走向融合的经典案例。杨浦工业区的城市更新属于城市区域改造，内含产业园区和创意园区项目。在这个区域中有企业、高校和社区，它们又和黄浦江滨江带连接在一起，虽然改造更新的难度很大，但现在取得的初步成功，使人们看到了从"锈带"到"秀带"的巨大变化（详见本书第6章）。①

1.3 城市更新有着多元的目标体系

人们的共识是，城市更新的最终目标是人民的宜居宜业。人民宜居宜业的城市是可持续发展的城市。宜居宜业、可持续发展作为城市更新的最终目标，是通过多侧面的具体目标实现的。人民宜居宜业对城市的经济、社会、交通、文化和生态环境等提出了一系列要求。多侧面的目标就是根据这些具体要求提出来的。进而，具体目标也像是手段。终极目标和作为手段的具体目标一起，构成城市更新多元的目标体系。

《城市中国》杂志持续关注城市更新，在广泛征询学界和业界专家的基础上，总结了当下城市更新十大误区，对城市更新的内涵和动态做了较为完整的梳理和总结。其中，就有多个方面与城市更新目标及其重要性有关。例如，"只讲微观现状，不讲宏观趋势"。"今天很多的城市更新忽略了大趋势，只着眼于局部，没有未来观"，就是缺乏城市更新目标的具体表现。从城市宜居的角度看，老旧小区改造是城市更新的重要内容，在上海这样的城市就更是如此。但是，如果没有改变城市空间结构与功能，缺乏重构城市发展模型的长远目标，或长远目标缺乏对老旧小区改造项目的宏观观照，那么城市系统中的老旧小区改造就不可能是成功的。

又如，"城市更新就是社区（住区）更新"。过去的城市更新过于粗放、宽松，重规模而忽略小环境更新。如今则略显矫枉过

---

① 现在关于杨浦工业区或杨浦滨江城市更新的提法是从"工业锈带"到"生活秀带"。笔者不认同这一提法。因为在"生活秀带"中也有产业，包括工业。其实，杨浦工业区或杨浦滨江的城市更新，主要是将建筑、景观和环境，从"锈带"变成了"秀带"，使其形态和功能都发生了根本变化。

正，人们又把局部的小环境更新就当成是城市更新的全部，这也是误区。城市更新并非社区更新，城市范围内的所有空间类型都有可能被更新。社区更新或街区更新是城市更新的组成部分，与社区更新相比，城市更新范围更广、时间更长，是整个城市范围内的议题，不应忽视教育空间、医疗空间、工厂、绿色空间、公共场馆、商业、交通等空间类型的更新。可见，社区更新有小目标，城市更新则有更大的目标，或者说，有整体目标。在更新项目的操作中，二者必须有机地结合。

再如，"城市更新有一个'完成时态'"。这显然没有认识到城市更新的螺旋持续性。单个项目的更新时间有长有短，小尺度的更新时间会短一些，大尺度的更新周期会长一些。但整体而言，城市更新是一个持续不断、生生不息的过程，即便是已经完成当前阶段的更新，在三五年之后还需要继续更新。城市更新是有机更新，它的特点就是只要城市存在，就需要持续不断更新、升级。部分参与者认为，一个更新项目完成之后就可以高枕无忧，感觉此地已完成更新。这样的认识是有误的。城市更新不可能被完成，只有更新项目才可能被完成。城市更新的目标是动态的，表明其持续性，是螺旋递进的过程。

环境问题在城市化初期就已出现，近来碳排放的议程再次将其推上热点。世界环境与发展委员会（WCED，1987）指出，城市环境的恶化是许多城市衰退的一个重要因素，比如许多老工业城镇的崩溃和衰败（Brundtland and Khalid，1987）。然而，城市环境的恶化未必等价于经济衰退，相反，大气污染往往伴随着经济的高速增长。在一些发展中国家，城市的快速增长吸引大量人口，导致了极其恶劣的生活环境（Ravetz，George，Howe and Roberts，2004）。自1992年里约地球峰会以来，社会越来越关注城市化带来的环境问题，开始采取各种应对行动。城市更新出现了新的议题，包括对特殊大气污染物和水污染物的限制，以及对特定物种和特殊场所的保护，也包括促进更好的城市排水和洪水管理，提供开放空间和使用强化设计，减轻气候变化的影响

（Gill，Handley，Ennos and Pauleit，2007）。城市更新在提升环境标准，有效管理资源方面发挥了重要作用。城市更新的目标是为实现可持续发展做出贡献，可持续理念应是城市更新的重要价值。

综上可见，城市更新的目标体系有着长远性、整体性和持续性的特征，是最终目标和具体目标的有机结合。

1.4　城市更新中的市场与政府

在上述"公共管理学者眼中的城市更新"一节中，我们已经提出了城市更新中政府与市场的问题。这个问题在中国的城市更新中有着特殊重要性。

首先应当肯定，在城市更新领域，同样适用"使市场在资源配置中起决定性作用，更好发挥政府作用"的指导思想。市场配置资源的机制在城市更新中起决定性作用，是不需要作过多解释的。这是因为，城市更新在需求和供给等资源配置的基本方面，与其他经济活动没有本质的区别。

不过，与其他经济活动相比，城市更新对于"更好发挥政府作用"有着一些特殊要求。理由主要有三个方面。首先，城市更新项目的规划与建设，需要政府主导或参与，进而有效地协调各方。如上所述，城市更新有着多元的目标体系，每一个城市更新项目可能受到多个规划的约束。有关政府部门负责这些规划的编制与实施。政府往往还要参与具体更新项目的实际操作，起到指导、监管等方面的作用。

其次，城市更新中涉及诸如历史文化遗址保护、公共空间开发等公共品的提供，需要政府有效组织和参与。城市的历史文化遗迹、公园、景观及相关的环境治理，都具有非竞争和非排他的公共品性质。根据城市的不同发展水平，这些公共品有政府单独提供和政府与商业主体合作提供两种方式。应当区分不同更新项目，并根据政府财力和获得商业资金的可能，确定开发和提供方式，并结合这些方式的特点，制定后续的使用和管理模式。

再则，政府有责任将城市更新的正外部性即公共利益发挥到最大。城市更新作为城市发展的一部分，是公共利益的体现，需要强调利益相关方的权利平衡。城市更新中的开发主体特别是开发商难免有获取超额利润的动机。这实际上意味着剥夺了其他相关主体的权利。例如，某地块容积率、建筑强度高，势必会使得周边地块日照、开发强度受到影响。这种超额利润的危害在于，开发主体对地块的产出期望值过高，反过来会导致城市发展的制度设计始终具有增量时代的特点，而不是主动面向存量时代的制度创新。因此，政府以公共利益最大为出发点，平衡各相关主体的利益，是城市更新中政府重要的职能所在。

2

城市更新的理论述评

作为复杂的动态系统，城市既是政治权力的中心，也经历着物质、社会、环境和经济转型的一系列过程。没有任何一座城市可以免受外部力量的影响，连同其内部压力，共同促成了发展或衰退。城市更新是众多压力及诸多因素共同作用下的结果，也是城市对自身退化所带来的机遇和挑战的应对。

As complex dynamic systems, cities are both centers of political power and undergo a range of physical, social, environmental, and economic transformation processes. No city is immune to external forces that, together with its internal pressures, contribute to development or decline. Urban regeneration is the result of many pressures and many factors working together, and is the city's response to the opportunities and challenges presented by its own degradation.

作为复杂的动态系统，城市既是政治权力的中心，也经历着物质、社会、环境和经济转型的一系列过程。没有任何一座城市可以免受外部力量的影响，连同其内部压力，共同促成了发展或衰退。城市更新是众多压力及诸多因素共同作用下的结果，也是城市对自身退化所带来的机遇和挑战的应对。

2.1 城市更新的背景

过去，千城一面的城市规划被诟病，如今，城市更新也不必千篇一律。正如城市与城市、城市内部存在巨大差异，发达的全球城市中有硬件、环境和社会条件较差的街道，而相对落后的新兴城市也拥有繁荣富裕的社区。面对不断出现的挑战，每座城市都可能需要制定契合的政策手段，对症下药。与我们的认知不同，城市更新不仅是应对问题的事后反应，也应是积极主动的事前预判，减少负面现象的出现。基础产业的衰退、居住环境的恶化、街道景观的破坏，这些潜在因素都应被管理者所关注。

回顾过去的城市发展历史，种种问题都影响着城市发展进程，Roberts、Sykes 和 Granger（2016）将它们归类为物理环境与社会的关系、住房福利问题、社会进步与经济发展等方面。许多规划师或建筑师都通过创新设计手段来解决城市的各种问题，这些措施或是基于技术的创新，或是由于当局者对于经济社会的认知改变。通过对城市发展中的问题梳理，我们可以对城市更新的机理有初步的认识。

2.1.1 自然与社会

"筑城以卫君，造郭以守民。"城市从过去单纯的防御性设施，已经逐步发展到今天的多功能综合体，成为居住、社会、政治及商品交易活动的载体。这些功能又会随着时间地点的变化而发生改变，进而对土地利用、建筑空间和基础设施产生新的需求。与此同时，传统街区的一些设施及功能也会因为滞后于社会发展，与快速发展的城市不再匹配。城市除了作为承载生活、工作和娱乐功能的场所，其硬件本身也是重要的资产。Fainstein（1994）认为，建筑环境对人类活动的使用和它的市场价值之间的差别，可以概括为使用价值和交换价值之间的区别。这种差异往往映射出城市作为人类活动场所和物质资产之间的矛盾关系，是许多城市问题的核心。在此范围内，我们可以制定解决各类城市问题的方案。

社会系统的运行不断产生新的需求，城市的更新迭代不可避免，而在管理者有效应对下，这一过程会缓解并试图解决自然环境禀赋、物质条件欲望和人类社会活动三者间的矛盾，对城市发展产生积极作用。正如 Mumford（1940）所言，"在城市中，遥远的力量和影响与当地人交织在一起：他们的冲突与他们的和谐同样重要"。为了对这种影响做出积极响应，政府、开发商和市民等所有相关者都在探索如何更好地改善城市环境，维持城市运作。应对城市问题的态度及观点也随之不断转变，折射出社会的价值观。例如，在过去的几个世纪里，英国一些新的城镇被强加给社区管理，旧的社区则由封建领主和君主自由改造，全然不顾当地居民，折射了他们军事文化及殖民的起源（Smailes，2007）。

在城市快速增长过程中，为了给住宅、工厂和商业设施提供更大的空间，管理者需要扩大城市用地，增加土地利用的多样性。然而，受到技术水平及社会认知的限制，一些社会层面的需求往往无法实现。19 世纪的最后几十年里，社会开始反思城市的无序增长所带来的后果，这也体现了城市更新的重要内涵：自然条件与社会应对。Browne（1974）提出，在张伯伦的"1870 年的伯明翰"中，城市修缮是通过"市政福音"来推动的，目的是改善不良的生活条件。在张伯伦看来，不良的生活条件造成了这样一种情况："这些人的恶毒和粗暴并不是他们的错，他们发育不良、畸形、衰弱和生病也不是他们的错。"尽管在过去的两个世纪里城市环境有极大改善，但一些发展中国家的城市仍然面临着较差的生活条件。一些可持续城市倡议都在关注这些问题，它们将物理条件与社会、经济和环境问题联系起来（Joss，Cowley and Tomozeiu，2013）。

2.1.2　生活与健康

1933 年，《雅典宪章》定义了城市的四大功能：生活、工作、游憩和交通。其中，生活是城市的基本功能，较差的物质环境往往是造成生活贫困的重要因素。例如，由于缺乏对居民生活条件的关注，英国维多利亚时期出现了许多贫民窟，即"可怕的夜城"（city of dreadful night）（Hall，2014）。出于对美好人居环境的愿望，人们开始意识到贫民窟是工业化进程中不可接受的产物，工业化决定了城市化的速度和质量。自 19 世纪中期开始，一些城市政府开始出台各项政策，试图改善城市居民的生活条件，包括消除疾病、提供住房、供给饮水和创造开放空间，为城市的可持续发展及更新迭代提供了基础。其中，提供住房是城市更新的重要政策，这可以追溯到英国的维多利亚时代，贫民窟需要通过政策干预来替换陈旧的住宅。彼时，就地重建是更新的重要手段。然而，由于旧城较高的建筑密度，重建无法确保生活条件的永久改善，因此，交通技术的改进及郊区新城的建设随之成为重要的解决方法。

时至今日，越来越多的人认识到通过改造城市，让社会、经济和物理环境齐头并进的重要性（Roberts，Sykes and Granger，2016）。与此同时，关于住房、健康和城市规划之间关系的问题仍然需要关注。Giles-Corti 等（2016）呼吁通过城市的多部门的综合规划，打造更健康、更可持续的紧凑型城市，有效减少非传染性疾病和道路创伤等健康隐患，以便促进城市健康和减少健康不平等。不管兼具时代特色的城市更新的首要任务如何调整，其主旨仍是保障城乡居民健康生活的需要，因为"经济增长需要促进健康的地方"（Ross and Chang，2013）。

2.1.3　经济与发展

传统意义上的城市更新和旧城改造较为接近，其中的建筑重建是主要内容。虽然物理环境的重建并不能解决城市发展中的所有问题，但能通过降低拥挤，改善公共卫生来提高城市的整体环境水平。除此之外，经济发展与社会福利也应与物质条件的改善结合起来。作为城市规划的先驱，霍华德（Howard，1946）在其田园城市设计中，试图将城市生活的所有优势与乡村的美丽和愉悦结合起来。虽然后来只有少数城市践行了霍华德的最初设计，但田园城市的理念影响深远，1945 年后的新城建设无不体现了霍华德的思想（Hall，2014）。随着公共交通的快速发展，郊区化成为早期城市化的重要特征，这种形式的城市扩张增加了城市用地范围，为市民提供了宽敞舒适的居住环境，尽管未必能解决旧城内部的问题。1870 年后，英国大多数城市发展出了一套高效廉价的公共交通系统，私人汽车也逐渐增加，新的交通技术对城市发展产生巨大影响。正如 Hall（1974）所指出的，1801—1851 年间，伦敦的人口增长了一倍，但城市面积并没有增加。然而，随着新的交通技术的引入，城市开始向外扩张，伦敦的人口从 1914年的 650 万增长到 1939 年的 850 万，而建成区的面积则增加了两倍。

进入 21 世纪，许多城市的更新重点再次转向经济增长。通过对城市内部再开发的区域进行结构修复、功能规划并执行建筑法规，来提高城市收入和财产价值，有效促进就业并降低贫困率，城市更新带来经济增长与当地生产力得到提高的手段一致（Collins and Shester，2013）。其中，重要的影响机制在于城市更新实施后对周边房屋的增值作用（Lee，Liang and Chen，2017）。以尼日利亚翁多州为例，发展中国家高速城市化的负面影响之一是城市中心的衰败，这种衰败已经深深地侵蚀了这些住区的结构，使它们变成了基础设施落后的城市贫民窟和贫民区。尽管经济是城市中心的"生命线"，但由于环境质量和经济增长之间存在紧密关系，城市衰败带来的无尽衰退不可想象，城市更新则是解决尼日利亚和其他发展中国家城市当前经济部门萎缩的唯一可行的办法（Adedeji and Arayela，2018）。城市更新与经济增长往往呈现耦合关系，我们需要在关注增长的同时兼顾社会公平。

2.1.4　增长与衰退

世界城市的发展大多经历了单极集中和郊区化，而郊区化往往伴随着城市的无序蔓延，许多城市针对此问题采取了限制增长、控制用地的措施。可以看到，在过去的一个世纪里，限制城市的无序扩张，合理利用土地，是许多大城市的重要规划政策。20世纪中叶，东京、伦敦等全球城市都采取过使用绿化带来控制主城区规模的措施，保证了旧城更新与新城发展的有机结合。与此同时，随着产业结构的调整，一些城市出现了空心化的衰退迹象，持续性的人口外迁首先导致了城市住宅的大量空置，一些主导产业为采矿、炼钢和造船业的"老工业城市"公共财政日渐紧张，进而引发了新的社会问题。因此，应对城市萎缩成为城市更新的重要任务。

一些城市通过调整内部环境来适应新的需求，同时应对人口的减少。虽然大部分关于城市萎缩的讨论倾向于关注经济崩溃的原因，以及物理、社会和环境衰退的后果，也有越来越多的学术研究和规划实践，论证了如何更好地调整城市系统（Couch，Sykes and Cocks，2013）。例如，作为城市发展过程中的重要资产，工业遗产被认为是世界文化遗产的一个重要组成部分。在阿拉伯世界，特别是在约旦，由于缺乏明确的文化遗产定义，许多工业遗产地没有得到很好的保护或研究，持续被边缘化。这些建于20世纪的遗址大多正在逐渐消失或被计划拆除（Jarrar and Jaradat，

2022）。如何在实践中进行工业遗留地的再利用和管理不仅事关周边社区的发展，也影响整个城市的形象和发展定位（Oevermann，Degenkolb，et al.，2016）。因此，在后工业时代及资源依赖型经济体中，这种为调整城市系统而进行的城市更新可能会变得更加重要。例如，在"鬼城"鹤岗，如何吸引人口回流，调整城市产业是当前重要的问题。由政府领导并由公共资金支持的文化再生，将城市负面形象重新想象成文化活力空间，通过认同感实现地区复兴则成为城市更新的新思路（Kim，2016）。

2.1.5 资源与环境

环境问题在城市化初期就已出现，近来碳排放的议程再次将其推上热点。环境库兹涅茨曲线（Environmental Kuznets Curve，EKC）假说指出，人均实际 GDP 与环境退化之间存在倒 U 型关系，即随着现代经济的增长，环境会恶化，但平均收入达到某一个临界点之后，环境水平会有所改善。EKC 给我们留下了一个区域可以通过暂时牺牲环境换取经济繁荣，在经济得到发展后再着手解决环境问题的印象。然而，世界环境与发展委员会（WCED，1987）指出，城市环境的恶化是许多城市衰退的一个重要因素，比如许多老工业城镇的崩溃和衰败（Brundtland and Khalid，1987）。在实际工业化过程中，这种发展模式的案例比比皆是。与此同时，我们也观察到，很多地区在发展重污染行业之后长期陷入低水平发展的陷阱中，最终无法实现经济的转型和发展。

环境问题日益凸显，空气污染和水污染被认为是对人类健康最大的威胁。例如，20 世纪上半叶，美国许多城市地区的空气污染严重，部分原因是燃烧烟煤取暖，这种烟煤消费对 20 世纪中期美国婴儿死亡率有重要影响（Barreca，Clay and Tarr，2014）。自1992 年里约地球峰会以来，社会越来越关注城市化带来的环境问题，开始采取各种应对行动。如何在经济高速发展初期就建立起一套环境友好的发展战略，将发展过程中产生的污染控制在生态阈值内，这是每个城市都要考虑的发展模式或者产业结构的选择问题。然而，我们选择的不仅仅是发展顺序或优先级，而且更是一个复杂系统，需要考虑到多方成本、收益及跨期的问题。因此，城市更新出现了新的议题，包括对特殊大气污染物和水污染物的限制，以及对特定物种和特殊场所的保护，也包括促进更好的城市排水和洪水管理，提供开放空间和使用强化设计，减轻气候变化的影响（Gill，Handley，Ennos and Pauleit，2007）。总而言之，城市更新在提升环境标准、有效管理资源方面发挥了重要作用。

2.2 城市更新的理论研究

2.2.1 城市更新的定义

城市更新的概念随着城市的发展不断变化。正如一些学者所言，更新是一个模糊的术语（Jones and Evans，2013）。综合来看，城市更新是提升土地价值，改善生态环境的合理方法（Adams and Hastings，2001）；是解决城市衰退问题，实现社会经济目标的有效手段（Lee and Chan，2008）；也是加强社会网络联系，提高对弱势群体的包容度，改变对生活环境不利影响的动态过程（Chan and Yung，2004）。城市更新不仅是对建筑物等硬件设施进行的改造，也是对生态环境、文化环境、产业结构、功能业态、社会心理等软环境进行的延续与更新（Zheng，Shen and Wang，2014）。

"城市更新"是一个从西方引入的概念。在中国，城市重建、城市复兴、城市改造、城市再开发、城市再生及城市振兴，也都是城市更新的替代名词，可以说，它们代表了城市更新的不同历史阶段。在这里，我们要再次强调，对于它们的鉴别并非要割裂城市更新的诉求，它们仅代表城市更新的动态变化过程。随着技术的进步、经验的积累及一代代实践者的努力，城市更新逐渐超越了传统意义上的旨在重塑物理环境的旧城改造（Couch，1990），也超越了过去目的并不清晰的城市再开发活动，以及仅仅作为一种美好愿景却缺乏具体手段的城市复兴。

针对这一在理论和实践上同时发展的人类活动，不同学者会有不同的关注视角。例如，针对城市更新的基本特征，Lichfield（1992）认为，城市更新需要大家更好地理解衰退的过程，并就我们的改造目标和方式达成一致。Hausner（1993）强调了城市更新的缺陷，他认为城市更新更多的是短期、零散且暂时性的工程项目，缺乏与城市整体发展匹配的战略框架。Donnison（1993）认为，城市更新应以协调的方式关注存在的问题和这些问题集中的地区。Diamond 和 Liddle（2013）则强调，城市更新需要在所有相关政策领域采取行动。这些有关需求、实施及政策的问题仍然存在片面性，城市更新在传统的城市规划中往往只是很小的一个分支，且不占据重要的位置。正如 Tallon（2020）提到的，城市更新往往是以零散的方式运作，并不能解决所有问题。尽管最初的城市更新是一个技术性较强的工程，具有强制性的原则，但更新的本土化也应被相关者重视。对此，Robson（1988）将其表述为"事情在当地发生的独特性"，任何特定的城市更新模式都应根据运行环境进行调整。这意味着，城市更新活动应充分反映其所在城市的广泛需求（Hausner，1993），减少社会排斥，加强落后地区的经济重构（McGregor and McConnachie，1995），引入代表地方特色的元素（Reeve and Shipley，2014）。在更宏观的层面上，城市更新活动还可以对国家的经济、社会和环境目标做出积极贡献。过去有一些专家认为，需要更新的城市地区，特别是旧城，对城市整体的成功和繁荣不再重要，甚至成为其发展的拖累，应该被放弃。对此，Stegman（1995）指出，旧城的悲剧事关每个人的利益，大都市区的整体表现与中心城市的功能密切相关，而城市的问题正从核心向外转移。从本质上讲，Stegman 等人的意思是，城市的每一寸土地很重要，确保高效的城市更新关系到各领域的社会群体，包括当地社区、城市和国家政府、产业活动者，甚至全球组织（Roberts，Sykes and Granger，2016）。

总而言之，城市更新旨在通过包括重建、恢复和遗产保护在内的各种行动来改善城市地区的物理条件、社会经济和生态环境，是一种具有长远的、战略性视野的综合手段。

2.2.2　城市更新的理论发展

城市更新是一项更关注实践的活动，城市更新的理论伴随着城市更新的实践而发展。因此，与其说我们是在研究城市更新的理论，不如说是在对城市更新理论的实践进行梳理。

现代意义上的城市更新起源于欧洲的工业革命。作为世界城市规划实践的发源地，英国也是城市更新理论的发源地。1898年，社会活动家霍华德在其《明日——真正改革的和平之路》一书中，首次提出了田园城市的阐述，针对工业革命所带来的城市过度拥挤与环境恶化问题，他认为建设新型城市、疏散拥挤人口是有助于城市的发展、美化和便利化的有效手段。学者公认的现代城市更新起始于奥斯曼的巴黎改造，其内容主要包括改建贫民窟、拓宽道路、美化环境及完善基础设施（张庭伟，2020）。通过总结20世纪初的城市发展规律和问题，法国建筑规划师勒·柯布西耶在其《明日之城市》中提出了现代城市的设想，希望通过对现有城市的内部更新，使其能够适应未来发展的需要。柯布西耶主张的城市更新的四个原则是：减少市中心的拥堵，提高市中心的密度，增加交通运输的方式，增加城市的植被绿化（刘伯霞、刘杰等，2022）。这一阶段的城市更新主要在于针对破旧的基础设施的改造，突出城市美及物理环境的更新。推土机式的重建是改造的主要方式，较少涉及社会问题。

大规模的城市更新开始于二战后，修复并重建被破坏的城市是当时的首要任务。针对城市的衰败和过分集中，芬兰学者在《城市：它的发展衰败与未来》（沙里宁，1986）一书中提出了有机疏散的理论。他认为今天趋向衰败的城市，需要有一个以合理的城市规划原则为基础的革命性的演变，对交通、环境、绿化和建筑的改造更新可以使城市有良好的结构，利于其健康发展。有机疏散理论指导了许多战后西方城市的重建。自上而下的城市更新，使得许多城市出现了相似的空间格局（Hatherley，2011）。该阶段出现了一些世界通用的规划手段。例如，一些城市通过设定绿化带对城市扩张进行限制，绿化带之外是快速增长的新城。在国家、城市政府及私营部门的共同努力下，贫民窟的清理和重建活动催生了高层住宅和工业化建筑技术（Couch，1990）。然而，到了20世纪60年代中期，许多战后的重建方案只是转移了城市问题所处的区域及表现形式。人们对清除贫民窟和由此导致的人口扩散的不满日益增加，加上当时强调的公众参与及权力下放，引发了一系列的政策调整，以及对改善和重建的日益重视。这种对内部城市的思考，加上引入城市更新政策的初步步骤，引起了20世纪70年代城市更新倡议的大幅涌现。这一时期，社会开始强调经济、社会和物理环境政策之间的更大协调，开始关注人的感受。简·雅各布斯在《美国大城市的死与生》中提出了城市更新的以人为本理念，认为城市更新不应仅考虑城市美化的传统重建，更应在细微之处体现人的关怀（雅各布斯，2020）。20世纪70年代的许多城市更新政策又经历了大量的修改和补充，并一直延续到80年代（Turok，1992）。20世纪80年代，人们不再认为国家统一政策能够提供所有的资源来支持城市改造的措施，而是更加强调伙伴关系的作用。80年代的城市更新更多引入了商业化的模式，反映了体制和所有权的变化。这一阶段的城市更新从物理性改造转变为更加温和、注重文化传承的城市更新。

20世纪90年代，城市更新的理念又有了新的发展，逐渐回到了更加注重多方协调的模式，注重可持续发展的环境目标。尽管环境可持续发展的需求还没有完全重塑传统的城市系统，但它将在未来主导城市更新和城市管理的理论和实践。如今，城市更新所处的新环境映射了2008年经济崩溃的原因和应对措施。究其原因，城市更新可以被看作是危机的促成者，它刺激并依赖于资金的随时供应，通常提供不充分的保障，追求财富价值的持续上升。在应对方面，对公共和私人资金来源的限制，导致了社会对城市更新政策和实践的重新思考及调整，公共资金和公共机构的支持发生了巨大的变化。私人贷款通常只有在资本资产存在的情况下才能获得，社区越来越多地承担起更新的责任。正如 Jones 和 Evans（2013）所强调的，经济衰退是城市更新与经济和社会进程相联系的重要事实。从新住区到郊区化，从全面重建到原地重建，城市的挑战继续考验着政策制定者、规划者、开发商和市民的能力和智慧。

2.2.3　从物理环境改造到可持续城市更新

尽管可持续发展理念最初并非城市规划和城市更新的重要思想，但随着社会大众认知水平的不断提升，城市更新的方式已逐渐从最初的物理环境改造发展为可持续城市更新。

1. 物理环境的改造

城市随着时间而改变。如前所述，大规模的城市更新最早起源于战后的贫民窟改造。二战后在欧洲城市，政府主导的城市更新旨在贫民窟清理以及将居民搬迁到周边社区或其他劣质住房中，这一模式与社会需求产生较大偏差，因此大众越来越不满意。20世纪70年代，城市更新的政策发生了根本性的变化，从直接拆除转变为对旧有建筑的修复和更新，同时还强调重建过程的公众参与，并分散控制权。到20世纪80年代末，以市场为导向的方法和对新挑战的认识已成为欧洲大部分地区的主流。在此观点影响下，社会开始关注与可持续发展有关的环境目标的需要。作为一种重要的空间干预方法，城市更新在许多城市成为其全面复兴运动的一部分，旨在提供具有明确主题的持久性设计方案。虽然与我们的传统认知一样，城市更新与建筑的功能陈旧度和用户的要求变化有关，但经过多年的实践，它开始不仅关注物理上的衰败，还关注复杂的社会和经济问题。Roberts 和 Sykes（1999）总结了城市更新的基本特征，将其定义为"一种旨在解决城市问题，并使已发生变化或提供改善机会的地区经济、物理、社会和环境状况得到持久改善的全面、综合的愿景及行动"。

2. 可持续性的城市发展

人类不断追求经济增长，争取更高水平的技术进步和消费增长，往往意味着城市空间的生产活动与自然环境存在冲突。1987年，布伦特兰委员会的报告将可持续发展引入全球政策准则中。该委员会呼吁可持续发展"确保发展满足当代的需求，同时不损害后代满足其需求的能力"（Brundtland and Khalid，1987）。社会已经意识到，除了对当代世界产生影响，发展的方式也影响到地球及其居民的未来。Mulder（2006）提出，可持续发展涉及在富人和穷人、今天和明天、人类和自然之间达成新的平衡。1992年，里约热内卢举行的地球峰会考虑了可持续发展的三个组成部分，即社会、生态和经济（利润）。此后，在2002年约翰内斯堡地球峰会的准备阶段，利润被繁荣所取代，并被欧盟委员会采纳（Speth，2003）。

Castells（2000）强调了动态可持续性的概念，认为将保护和改善结合起来，可以实现更好的生活质量和更大的社会公正。考虑到城市本身的动态特征，这也意味着我们需要一种更加动态的可持续性理念和城市规划方法。经济的可持续性取决于现有的网络的参与度和新网络的形成，以及人力资源在创造附加值上的能力。Krueger 和 Gibbs（2007）认为，可持续性主要是环境科学的研究对象，因而容易忽视更广泛的社会问题，特别是那些与正义和公平有关的问题，它们恰恰是城市更新过程中的重要目标。Keil和 Desfor（2003）认为，可持续性话语创造了一个重塑城市环境的机会，使其对弱势群体更加公平。Castells（2000）提出，社会可持续性可以包括承认和创造纽带的能力、多元的身份认同和避免社会歧视的积极政策。社会歧视往往由一个家庭在劳动力和住房市场上的地位引起的。2006年，联合国人居署第三届世界城市论坛声称，可持续的城市是实现《千年宣言》目标的一个基本条件。需要注意的事项包括城市增长和环境、伙伴关系和资金，以及社会包容和凝聚力。作为打造可持续社会的第一步，欧盟制定了一系列目标，旨在保护和改善城市环境，保护地方和全球的生态系统。社会普遍认为，减少城市活动对环境造成的负担可以实现一系列重要目标：提升经济和就业；促进机会平等、社会融合和城市改造；消除歧视和排斥，解决城市萧条问题；鼓励良好的城市管理和地方层面的公众参与（Portela，2012）。以前的城市更新政策如何，它们是否揭示了持久的解决方案？事实是显而易见的，即使经过多年的由政府举措与数十亿投资支持的广泛和基本的物理更新及随后的社会经济更新，进一步的措施和投资似乎仍然是必要的。在英国，正在采取一种新的城市更新方法，如2003年的可持续社区计划中所使用的"可持续社区"等表述，反映了英国规划的现代化。可持续社区议程的出现强调了民主化和公平增长的新形式，并对英国和欧洲大陆的规划产生了影响。正如Raco（2007）在提到英国的情况时认为的，尽管政府强调减少国家权力和支持自下而上的倡议，但要使社区更加可持续，需要新的更强大、资源更充足的国家机构。

3. 可持续性的城市更新

最初，城市更新的可持续性体现在建筑方面，例如，采取墙体和窗户的绝缘的临时措施，定期改变旧房改造的预算。自20世纪80年代末以来，可持续性已经成为更新概念的一部分，其目的是处理广泛的问题并建立持久的解决方案。生活质量已成为比住房条件更重要的受关注点，城市质量的改善成为社会的焦点。可持续性及其与这种更广泛的质量经验的联系，意味着在材料和建筑的使用方面不太强调可持续性。由于居住需求的变化，人们开始更加强调住房和环境效用，关注居民对生活条件的评价。在设计领域，由于技术标准的相对滞后性，住宅与居民不断变化的需求之间存在着持续的冲突。可持续发展的观点作为一种城市战略被广泛采用，它整合了物理环境、社会和经济政策。Castells（2000）认为，如果一个城市或是类似复杂系统的生产条件不会随着时间的推移破坏其再生产的条件，那么它就是可持续的系统。

因此，可持续性可以理解为能保证居民长期使用，并可以改善他们的物理、社会和经济状况的居住环境（Stouten，2012）。正如Fainstein（1994）所言，住房和建筑环境在人类活动中的功能与它们在市场上的定位，可以用使用价值和交换价值加以区别。可持续发展与城市更新相结合，提出了谁从中受益、谁从中受损的问题，并通过社会歧视、住宅供给和社会流动等视角进行判断。人居环境的可持续利用受到社会和经济因素的影响，适应性、可行性及建筑环境质量是可持续性的三个方面。如前所述，可持续性不仅是物理和技术方面的，也是社会和经济方面的可持续。社会方面包括社会经济发展及规范和标准的变化（Castells，2000；Krueger and Gibbs，2007）。建筑物的可持续性可以由使用的最长年限来衡量，寿命也会因技术和不断提升的生活标准而减少。在西欧城市，可持续性及维护和改善建筑的需要往往受到社会标准要求的影响，甚至比技术性老化的影响更大。例如，战后优质的社会性住房被大规模拆除，而私有住房经改造更新后继续被使用或者出售，这些住房存在基础性的缺陷。在城市更新活动中，建筑、环境或住宅条件的改善可以带来使用的变化，从而影响社会和经济的可持续性。市场价值的提升体现了经济的可持续性，社会的可持续性则受到社会、经济和技术发展引起的各种需求变化的影响。

2.3　不同视角的城市更新

如前所述，不同领域对城市更新提出了不同需求，不同学者或者说不同学科领域对城市更新的关注点也存在较大差异，它们共同构成了城市更新的丰富内涵。

2.3.1　城市规划视角

城市更新最早源于旧城区的改造，是建筑师和城市规划师的工作。物理环境的陈旧是城市更新的重要原因，环境衰败、建筑物功能陈旧、废弃的场地、过时的基础设施和用户需求的改变，这些问题共同构成了城市更新的主要任务。虽然经济、社会和制度等原因都可以用来解释城市的物理环境衰退，但在许多情况下，我们也可以将这些因素映射到物理环境，为城市更新提供理论基础（Bromley，Hall and Thomas，2003）。这种思维方式可以指导城市开发，并以可操作的方式尽可能推动整个地区的物理、经济、社会和环境的重建。如此，在更大范围内开展一个以财富增值为主导的城市更新任务，将可以确保城市的物理环境改造，也为这些地区的经济和社会福利做出更大的贡献（Turok，1992）。

随着社会的发展，城市土地和住房使用者的需求发生变化，城市建筑和基础设施的功能退化，市场失灵导致土地所有权及使用权发生错配，这些问题共同导致了城市物理空间问题的出现。在许多城市的中心城区，经济活动的位置往往受到空间的限制，这也造成了许多企业离开核心区域，寻找空间更大、运营成本更低的区域（Fothergill，Kitson and Monk，1983）。日益激烈的就业竞争，加上员工新的居住偏好所产生的影响，使得替代性选址出现，这些选址通常有更好的现代基础设施、更低的租金或者地价（Balchin and Bull，1987）。

除了这些因素之外，城市规划师们还会关注废弃和受污染的土地问题，清理场地和提供新的基础设施的成本，以及基地整备的困难（Adair，Berry，McGreal and Quinn，2002）。虽然这些问题的解决方案通常由技术决定，并且每个项目有其特殊性，但规划师意识到，城市物理环境问题的出现和持续存在是制度和硬件层面共同作用的结果。事实证明，缺乏足够的组织能力来干预物理衰退的循环，是许多城市地区更新活动的主要障碍。正是为了解决这些问题，20世纪80年代欧洲的一些城市引入了新的城市更新的手段，包括设立企业区和城市开发公司，这些创新的目的是尝试重塑监管制度的方法（Healey，1995）。虽然城市规划作为城市更新最主要的力量，产生了许多显著的实际效果，但在某些情况下，过高目标的规划超出了规划系统的实施能力，造成了城市的衰退。因此，实现城市更新需要的不仅仅是传统的土地利用规划，也应包含一个更广泛的城市管理战略，将投资、物理干预、社会行动和战略规划与其他相关政策领域联系起来（Roberts，Sykes and Granger，2000）。

2.3.2 经济发展视角

经济发展是城市更新的重要目标，也是学者研究的对象。在城市发展过程中，经济活动的结构、盈利能力和所有权方面都发生着深刻的变化。Hannington（1937）研究贫困地区的问题时曾提出，传统城市经济秩序崩溃的原因来自系统的基础产业陷入持续的不景气。在类似的研究中，城市问题被视为宏观系统结构调整过程的一部分，在此过程中，老城区由于其经济基础结构的固有弱点和无力适应新的贸易和基础设施需求而受影响最大（Robson，1988）。Hall（1987）在研究城市地区的经济活动中发现，那些依赖制造业、港口功能和一系列传统服务活动货物处理的地区，比信息处理地区的表现更差，这些现象在 Swinney和 Thomas（2015）的研究中同样得到验证。这种老城区经济结构问题的发现，引起了 20 世纪 80 年代的学者对各种因果关系的关注，包括城乡转变（Fothergill and Gudgin，1982）和空间分工（Massey，1995）。除了自上而下的研究范式，另一部分学者从更微观的视角，评估城市劳动力在获得新的经济机会方面遇到的困难。他们发现，由于缺乏适当的技能和经验，大量劳动力被社会排斥（McGregor and McConnachie，1995）。价值评估则是衡量城市更新成效的一个重要指标。鹿特丹自 20 世纪 70 年代以来的城市更新过程，正是社会化的住房供应向市场化转变的过程，为其他欧洲国家提供了一个提高城市经济和社会价值的有效方法（Mak and Stouten，2014）。

20 世纪 60 年代末，利物浦政府明确提出对城市更新的背景进行评估，他们主张采取综合更新政策，解决旧城中明显的经济、社会和物理衰败问题。1972 年，Shelter Neighbourhood Action Project（SNAP）报告强调了在宏观经济背景下看待城市经济发展的重要性，主张解决方案应扎根于本土。SNAP 报告指出，有必要在更大的区域和国家范围内考虑城市经济，尤其是城市内部经济的作用，反对将城市贫困作为完全独立于城市经济发展的问题来应对（McConaghy and Sutcliffe，1972）。这一观点即使在今天依然有其合理性，并且在不断付诸实践（Jones and Evans，2013）。

2.3.3 社会发展视角

经济发展是城市的重要功能，但并不是决定城市发展和问题的唯一因素。事实上，社会人口趋势的演变、传统家庭和社区结构的重构、城市政策的不断调整，以及社会观念和价值观的变化，都会影响城市的发展方向。纵观世界城市空间结构的发展历史，人口从中心城区不断向外扩散，逐步迁移至新城区及外围城镇，这种现象既是城市发展的自然规律，也是城市政策的驱动所致（Lawless，1989）。一些家庭因更新重建而离开中心城区，搬到周边的住宅社区，另一些家庭则可能被有计划的城市扩张所吸引，这些扩张超越了现有城市的直接影响范围，形成了新的卫星城镇。大多数离开旧城区的家庭迁居到新的社区，寻求获得更便宜、更有吸引力的住房，希望改善生活质量，获得更好的服务（Hall，2014）。此外，这种居住偏好的调整也反映了就业机会位置的变化。

除了探索新的机会，老城区出现的问题也是人口迁移的重要推动力，如"逃离嘈杂、拥挤的城市，寻找空间"（Fowler，1992）。许多城市地区，特别是旧城区，不再是富裕人群的首选居住地，相反，这些区域越来越多地成为穷人和底层社群的集聚地。尽管越来越多的老城开始推动城市的再中心化，试图创造一个更公平的社会环境，但这种排斥性的人群分化仍加剧了许多的城市社区问题（Healey，1995）。传统社区和亲属网络的破坏是造成这一现象的重要原因。例如，传统就业岗位的消失，居民拆迁安置政策的影响，基础设施和商业地产的影响，环境恶化，社会资源缺少，这些因素都削弱了社区的凝聚力。在西方城市，种族问题是城市更新的重要考虑因素，那些关心城市更新的人应该特别注意种族政策及其影响（Couch，1990）。新移民和前几代移民的子女为城市社区增加了种族层面的问题，更重要的是，这些新群体提供了新的资源和潜力（Oe，1995），并为社区的更新增加了凝聚力（Commission，2007）。

由于旧城不断出现问题，社会学家开始担心城市形象因此受到影响，他们认为，城市更新应帮助城市恢复其作为文明生活核心的地位。例如，一些社会和社区更新实践旨在打破这种僵化陷阱（Robson and Robson，1994），一些城市社区，如利物浦的 Eldonians，抵制阻碍城市更新的消极力量，坚定实施内部重建（Roberts，Sykes and Granger，2016）。

2.3.4　资源环境视角

近年来城市环境污染的问题日益凸显，环境污染影响劳动力健康，降低了人力资本质量（Shapiro and Walker，2018；Ebenstein，Lavy and Roth，2016）。此外，城市环境污染还会造成劳动力的大量向外迁移，城市内部人力资本存量大幅降低（Chen，Oliva and Zhang，2017），污染相关的迁移进一步影响了城市的劳动力构成（Hanlon，2020）。许多因素都共同导致了城市环境的恶化，同时，城市化的过程也会破坏自然环境。城市的起源和影响越来越表现为不可持续的城市化，因为城市的发展大多是为了达到经济增长的目的。发展到后期的重污染行业并不能够依靠外生政策冲击推动该地区经济突破低增长的陷阱，而由于丧失了内生的增长动力，地方发展进入污染—贫困的两难境地。如 Roberts（2016）所言，一个城市从遥远的地方汲取水、能源和许多其他资源，留下其消费模式的环境或生态足迹，城市的发展往往产生了与效益不相称的环境成本。这些成本包括能源的过度消耗、原材料的低效使用、开放空间的缺失，以及土地、水和大气的污染（Roberts，Sykes and Granger，2016）。

尽管工业化时代粗犷的发展理念可能是城市繁荣的必由之路，但越来越多的社会群体开始转变他们的观念，环境质量可能逐渐成为评判城市成功的重要标准（Ache，Bremm and Kunzmann，1990）。环境保护与经济发展还要从时间维度来考虑。由于环境客观上存在一个生态系统维持平衡的环境质量极限值，当代人治理污染环境和发展经济的状况具有连续性，会对后代的生产生活环境产生深远影响。因此，既要考虑眼前利益，又要着眼长远发展，实现跨期的统筹兼顾。从长远来看，那些城市即使拥有天然的资源禀赋，也可能不足以支撑自身的成功发展。与这些成本相对应的是城市相关的环境收益，包括城市的公共交通网络、人口和经济活动的门槛，以及大量可重新开发的废弃工业用地。对此，Hall（2014）认为，自然和建筑环境的更新方式应充分考虑资源环境因素，不能"俗气和肤浅"。全球化推动了全球网络的构建，世界的经济体系越来越接近于全球城市网络，这个网络"为自然发展提供了支撑"（WCED，1987）。因此，城市更新的目标是为实现可持续发展做出贡献，资源环境视角的城市更新是城市发展的关键维度，可持续理念应是城市更新的重要价值。

3

城市更新的国际经验

城市更新运动在国外已有百年的发展历史，西方发达国家在实践中对城市更新的模式进行不断探索和调整，从最早简单粗暴的推土机模式下对贫民窟的推倒重建，到如今以人为本更加注重对地区的社会、经济、环境和文化等多维度的功能提升，其参与的主体也由早期政府主导、中期鼓励社会资本参与，升级为当下的社会各界共同参与，成功实现了从"自上而下"到"自下而上"的模式转变。

The urban regeneration movement has a hundred-year history in foreign countries. In practice, developed countries in the West have continuously explored and adjusted their urban regeneration models, from the earliest days of bulldozing and redeveloping slums in a simple and brutal way to the present day, where people are more important in enhancing the social, economic, environmental, and cultural functions of the areas.

城市更新运动在国外已有百年的发展历史，西方发达国家在实践中对城市更新的模式进行不断探索和调整，从最早简单粗暴的推土机模式下对贫民窟的推倒重建，到如今以人为本更加注重对地区的社会、经济、环境和文化等多维度的功能提升，其参与的主体也由早期政府主导、中期鼓励社会资本参与，升级为当下的社会各界共同参与，成功实现了从"自上而下"到"自下而上"的模式转变。新时期的城市更新的多元化主体，主要由政府、社会及社区三者构成，其中政府统筹整体规划，社会资本负责项目实施，社区本体建言献策参与监督。其模式以区域历史文化的维护和传承为核心，以优质的公益文化项目以及活力多元的公共空间和商业氛围的营造为驱动，再通过合理的产业布局和人居环境的提升不断提高经济效应，推动社区综合复兴，吸引人口的正向导入，从而实现城市更新的可持续性发展。英国伦敦的国王十字街区、美国的巴尔的摩内港和韩国首尔的清溪川作为国外城市更新的典型代表，为其他国家探索城市更新的道路提供了参考和启发。

3.1 城市更新的演变

3.1.1 第一阶段：20 世纪 60 年代以前，政府主导下的"贫民窟"改造计划

在欧洲及美国等地，城市更新的概念兴起于 20 世纪初期，由于后工业化时期所带来的环境污染与破坏，城市居民对老城破旧的居住环境愈发不满，因此政府以城市形象改善为目的，开展了以清除贫民窟为代表的城市更新运动。英国是世界上最早开始关注城市更新的国家，其大规模的城市更新运动起源于 1930 年颁布实施的格林伍德住宅法（Greenwood Act），通过政府主导，将城市

内原有贫困居民异地迁移，大面积拆除原有破旧建筑，以能够提供高税收的项目取而代之。除英国外，该模式还多见于当时的欧洲以及美国的纽约等贫民窟较多的大城市。这种方式后来被称为"推土机"式推倒重建，其资金的主要来源为政府及公共部门的拨款补助，社会私有资金参与度低，因此该模式具有强烈的"自上而下"意志，政府对更新区域及更新过程有极高的话语权。

经过一段时间的实践探索，城市政府意识到该模式仅解决了城市面貌的提升问题，但对于异地安置后的贫困阶层来说其居住条件并未得到根本性改善，仅在地理空间上对贫民窟进行了转移，并未达到消除贫民窟的目的。同时对原有建筑的拆迁重建以及对贫民的异地安置使得政府财政入不敷出，消耗了大量的社会和经济成本，该"推土机"模式也广受社会各界的诟病。

20世纪60年代，西方国家通过经济的快速发展进入了社会普遍富足的黄金时代。这一阶段的政府尝试了一种带有福利色彩的邻里重建方式，更加注重对弱势群体的关注，政府会对被改造地区的原有居民提供城市更新所带来的公共服务和社会福利。但这种带有福利色彩的政策依然是以政府为主导、公共部门提供资金的方式进行，例如英国除了对新的公共服务埋单外，还对贫困人口发放安置补贴，其补贴标准甚至达到了住房整体修缮费用的50%—75%。[1] 在丰厚的福利诱导下，越来越多的贫困社区希望加入到更新计划中，但再次受限于政府有限的资金，该模式无法持续大范围推广。

3.1.2 第二阶段：20世纪70年代至80年代，市场为导向的旧城再开发

进入20世纪70年代后，受到全球经济调整的影响，多数西方国家陷入经济危机，政府财力捉襟见肘，以政府为主导的城市

---

[1] 参见董玛力、陈田、王丽艳：《西方城市更新发展历程和政策演变》，《人文地理》2009年第5期。

更新难以为继。为了在刺激经济增长的同时减轻政府公共开支，新一轮的城市更新开始转向市场主导。政府对区域制定以拉动经济增长为目的的发展规划，成立地区开发公司负责土地的征收和出让，与此同时出台优惠宽松的政策鼓励社会上私有资本加入城市更新。例如，美国于 1977 年颁布实施《住房和社区开发法》，通过该法案，政府利用城市开发活动资金鼓励私人或以公私合营的目的参与并实施城市更新计划，并且承诺私人投资者以一定的投资回报水平。

在该模式下，通过私有资金与地区开发公司的公私协作，对城市老旧区域进行改造或重建，形成新的地标建筑、商业中心、居住社区，并提升城市公共服务配套，同时私有资金通过对投资回报较高的商业中心、办公楼等设施的长期运营，以及通过出售高档住宅项目实现盈利。

这种模式使得过去分散在城市周边的中产阶层重新回归中心城区，中心城区的建设与发展也不断地吸引消费者、旅游者及各类投资的到来，城市更新地区的经济地位也不断提高。因此，以市场导向为主的城市更新模式大多能够获得商业上的成功，从而刺激本地区经济的发展。时至今日，该模式仍然是多数城市广泛采用的更新模式。

在此种城市更新模式下经济虽然得到了一定程度的刺激，但政府为了吸引市场资本对城市更新的投资意愿，往往忽视地区内民众和社区的声音，造成城市更新的公众参与度低，其实施机制缺乏横向的协调和公众的问责，忽略了社会、文化和居民的实际需求，也影响了更新地区的可持续性发展。

3.1.3 第三阶段：20 世纪 90 年代以后，社区参与下注重人居环境的社区综合复兴

进入 20 世纪 90 年代后，可持续发展观和人本主义思想不断深入人心，居民更加注重人居环境的提升，并且逐渐意识到了城

市更新不应该仅仅是房地产的物质性开发和更新，而更应当强调对社区的更新，需要从社会、经济、环境和文化等多维度对城市功能进行提升，例如对社区内历史建筑的保护、邻里社会肌理的保持等。对城市中需要更新的区域作出长远的、持续性的改善和提升。而在这一过程中居民的意愿便需要得到更多的考虑和重视，并不断加强社区本体在城市更新过程中的参与度。此外在城市更新过程中也更加注重社区文化的保留，例如对历史建筑的修护工作，采用修旧如旧的方法，结合这些历史建筑物的风格、特色，建造与其风格相适应的建筑，使新建筑更自然地融入其周围历史环境中。

以英国为例，1991年英国政府出台了"城市挑战"计划，该计划在英国城市更新运动中起到了里程碑式的作用。其目的是将社区参与纳入城市更新中，即需要以"公—私—社区"三者构成的合作组织参与城市更新项目资金竞标。此外，为了进一步强调社区参与的重要性，英国于2001年颁布"社区新政计划"，该计划要求竞标者明确陈述当地居民将参与到的环节。该计划也对更新实施起到监督作用，若在实施阶段发现社区未能达到制定的参与度，政府将会停止资金支持。通过此类新政计划的实施，城市更新为社区带来了显著的变化，犯罪率、失业率、受教育程度、住房条件等均得到一定程度的改善，当地居民对社区的满意度日渐提升，城市更新发展不断向好。同样，荷兰于20世纪90年代末针对旧城中大量废弃工业用地进行更新，鼓励建筑设计师参与设计，发挥这些地块中心城区的区位优势，注重其城市功能的多元化开发和利用，激发城市文化和社区活力。

自此，新一阶段的城市更新改变了在以前以市场为主导机制下忽略社区本地的问题，社区内居民的意愿和利益被列入规划，变被动为主动，加强了社区在城市更新中的作用。同时，社区也成为政府和私有资本两者关系中起到制衡作用的第三方，各方的权力和利益相互制衡，从而保证城市更新的可持续性发展——这成为西方国家城市更新的最新发展方向。可以说新一阶段的城市更新完成了由最开始"自上而下"的政府主导模式到"自下而上"的社区参与模式的转化，城市更新的进程也实现了从地产导向到社会和文化导向的转变。

3.2 城市更新的实践

3.2.1 英国伦敦国王十字街区

国王十字街区以政府、开发商、社区三方合作的模式为核心，通过经济、社会和文化三个维度对衰败落后的街区进行合理规划并提升区域内商业、交通、居住和文化功能，实现了从贫穷街区到多元化国际社区的改头换面。

国王十字街区位于伦敦北部，距离市中心约 3 千米，拥有国王十字和圣潘克拉斯两座车站。国王十字街区最早兴盛源于 19 世纪中期，由于临近市中心，铁路网络密布再加上毗邻摄政运河，该地区逐渐成为繁忙的蔬果鱼肉和煤炭仓储物流中心，周边居住有大量工人。直至 20 世纪 70 年代随着伦敦步入后工业时代，国王十字街区内的工厂相继倒闭，街区从繁忙的工业物流区逐渐沦

图 3.1
国王十字车站

资料来源：作者拍摄。

为废弃的工业棕地，在 20 世纪八九十年代一度沦为伦敦十大最贫穷街区之一。

国王十字街区的复兴源于 1996 年通过的"海峡隧道干线法案"，即在街区内设置链接英国、法国、比利时的高速铁路欧洲之星的停靠站——圣潘克拉斯车站。该法案的通过成为国王十字街区及其周边 27 万平方米土地复兴的催化剂。2008 年国王十字街区开始了集中性开发。当时 Argent、伦敦洲际铁路、DHL 三方组成了联合开发公司 King's Cross Central Limited Partnership（简称 KCCLP）。KCCLP 投资 20 余亿英镑在 27 万平方米的土地上建设 50 栋新建筑、20 条新街道，修复 10 个主要公共建筑、10.5 公顷公共空间、19 座历史建筑和结构，修建 10 座新公园广场，翻新并修建近 2000 个住宅。[①]

因地制宜的空间规划。改造之初，街区内拥有的大量历史遗留建筑，以及街区交通枢纽功能带来的人流，使得街区的改造既要兼顾对独特历史元素的保留，也要满足居民日常生活及全球商务人群的商务交往。亦即需要打造一个历史厚重、文化多样，融合商业、居住、旅游等多种用途的活力街区环境。在空间布局上，以摄政运河为分界线，运河南部拥有两个火车站和一个地铁站，依照 TOD 发展模式在此以商务办公和商旅功能为主设立国际化商务办公区，运河北部则主要集中了商业娱乐、文化教育、居住等功能，使得整个片区既拥有时尚、现代、科技的商业商务功能，也拥有文化、舒适的城市生活功能。

利用历史建筑改造和优质办公载体的建设提升街区商业商务活力。在街区的商业配套方面，改造并建设了涵盖多种业态、满足不同群体购物需求的时尚潮流商业体。例如街区北侧的卸煤厂，经过对原建筑结构和外墙的修复，并增建现代化的延展屋顶，成为热闹的购物中心。卸煤厂的两栋厂房修建于维多利亚时代，用于接收和储存来自英格兰北部的煤炭，再通过水路或陆路转运至

---

① 数据来自吴晨、丁霓:《国王十字中心区发展规划与伦敦城市复兴》,《北京规划建设》2017 年。

伦敦各地。历经岁月的洗礼，厂房的结构受到侵蚀，并于20世纪90年代荒废。设计师对厂房内两条独具维多利亚时代特色的砖铸铁棚进行改造，将仓库内部的人字形屋顶进行延伸，使两个原本不相连的厂房通过屋顶相连，连接点下方则成为可以举办各种活动的中心开放式广场，两侧为包含多种业态的商铺。如今，卸煤厂购物中心已成功举办了 Alexander McQueen、Vivienne Westwood 与 Paul Smith 等时装品牌展示秀。该项目的独特空间也很好地与周边的现代化办公场所结合在一起。

在商务办公方面，街区新建并修复了23座办公建筑，既包含了现代化的甲级写字楼，也包含了在工业遗迹上改造的小型工作室。Google 公司也将其英国总部设立于国王十字街区，办公面积达到了5.6万平方米，提供了近一万人的工作岗位。同样 Facebook 也将英国总部迁入该街区，并多次扩租。如今的国王十字街区吸引了路易威登、亚马逊、YouTube、环球唱片、哈瓦斯集团等120多家企业入驻，形成了优质的科技、文化产业生态圈，地区经济稳步向好发展。

以自行车道、人行步道和公共交通为主提升交通可达性。交通可达性的提升也是国王十字街区更新的重要环节，街区的火车站和地铁站均位于运河南部，因此南部成为大多数人进入街区的初始位置，而众多的商业和住宅功能则分布在北侧。为此 KCCLP 在不影响河道景观的前提下，对摄政运河上的两座桥进行了拓宽和加固，并优先建设自行车道和人行步道。例如著名的巴克莱单车出租计划，即在国王十字街区内尤其是每个居住区内均设置有即租即用的租车点。通过对租车点的串联，既实现了街区交通的全覆盖，也避免了单车乱停乱放的问题。同时，辅以联通各个公共空间的步行交通骨架，以及12条公交线路，街区交通通达性得到了全方面的提升。

多阶层融合相处。街区为了倡导不同阶层的融合共处，在街区内13个住宅区里设置了不同种类的单元。例如最常见的是作为业主所有的产权房对外进行销售，一些单元作为股份产权房，此外还有开发商专门为学生群体设计的低价租赁用房，由此实现了不同阶层居民在同一街区的友好共处。

引入艺术院校，打造街区文化品牌。街区在文化建设上引入了世界四大时装设计学院之一的中央圣马丁艺术学院，其空间载体由三座曾经的谷仓仓库经改造合并修建而成。改建好的学院拥有一条长110米、高20米的玻璃走道，在走道两侧分布有不同的文化创意工作室，学生可以在此举办活动，普通公众也可在此体验文化艺术。该玻璃走道将中央圣马丁艺术学院的创意能量由此散发至整个街区，将街区与文化和活力相连接，同时也吸引到了一些强调文化形象的租户入驻，例如奢侈品品牌路易威登。

营造以人为本的公共空间。规划伊始，在土地价格不断上升的街区内，政府仍保留了40%的公共空间，并且允许20%的建筑底层空间进行灵活使用。街区内以步行通道为线，以核心建筑为点，对建筑物之间的空间进行巧妙串联，最大程度地提升了公共空间。例如写字楼群中的潘克拉斯广场，通过水景、草坪、休闲座椅的布设，成功地在商业写字楼林立的空间内打造出一片休闲绿地，使在此工作的白领在高楼林立间同样也可以感受到自然的生机。此外，著名的储气罐公园、谷仓广场、摄政运河的阶梯广场等都是国王十字街区公共空间的重要组成部分。

鼓励社区联动。作为一个城市更新项目，与社区的深度合作是项目成功的关键因素。开发商全过程与当地居民、慈善团体、学校、政府保持沟通并通力合作，将街区开发所产生的部分经济和社会利益反哺社区。因此开发商推出了一项"社区与更新计划"，2008年投入200万英镑建立"建造技术中心"为本地居民提供培训，帮助他们获得本地工作机会。此外还建造"四季花园"，用工地废料桶来培植蔬菜与其他植物，同时开展技能培训和餐饮服务。

经过整体更新，即通过对街区的合理规划、各种城市功能空间的有序布局、对历史建筑的保护和改造、与社区的联动发展等一系列举措，如今的国王十字街区已成为伦敦城内的网红热点街区，每年吸引成千上万的游客来此打卡，也实现了街区在经济和民生层面的可持续发展。

3.2.2 巴尔的摩内港

巴尔的摩位于美国东海岸，是临近首都的老工业城市，在美国历史上举足轻重：历史上第一段电报线在巴尔的摩和华盛顿之间铺设，美国第一段铁路于 1827 年亦铺设于此。由于南北铁路交汇于该市，且拥有巴尔的摩港这一天然优势，因此巴尔的摩于 20 世纪初期大力发展钢铁、石油化工等重工产业，经济得以繁荣，大量重工业厂房及仓库云集。然而随着二战结束，重工业衰退，且因港口容积较小，以及海运行业趋向集装箱化和深水化，大量海运客源为其他大港口所吸引，巴尔的摩港日渐萧条。在 1952—1957 年短短五年间，巴尔的摩整体地价下降 10%，空置率更是高达 25%。巴尔的摩及其内港区域迫切面临转型需求。

基于优势资源的延续性整体规划。巴尔的摩上佳的地理位置和过往发展历史，为其更新计划带来优势。巴尔的摩临近首都华盛顿，且共用同一机场，而机场处于巴尔的摩与华盛顿之间，这一区位优势为该市带来大量旅游客源。而作为过往的重工业城市及海运枢纽，内港地带遗留了大量诸如厂房仓库等重工业遗迹，大部分可拆除为更新工程腾挪空间，小部分具有历史价值的建筑则可吸引旅游观光客源。同时，巴尔的摩内港因处于 Chesapeake Bay 和 Patapaco 河口处，风景旖旎，是拥有自然风光资源的滨水区。基于如上资源禀赋，巴尔的摩内港在更新中定位于旅游、休闲与观光。

针对巴尔的摩内港的更新规划始于 20 世纪 50 年代中期，巴尔的摩城市规划委员会为该市打造了延续数十载的持续性规划。至 70 年代，标志性的查尔斯中心项目竣工，吸引大量客流，旅游业带来的丰厚回报被投入后续的更新改建项目中，因而围绕其

图 3.2
巴尔的摩内港

资料来源：作者拍摄。

展开的配套项目如凯悦酒店、联邦大厦、地铁站及办公楼群等得以落地，更新的良性循环已经形成。1979—1981 年间，巴尔的摩会议中心、国家水族馆和海港市场等新地标纷纷落成。而至 1990 年，政府每年从内港项目中已可获取 2500 万—3000 万美元税收，游客消费额达 8 亿美元，创造 3 万就业岗位，这些为巴尔的摩的城市更新提供了可持续动力。[①]

利用地标性项目实现引流。巴尔的摩内港的更新是整个巴尔的摩市城市更新的一部分，但由于整个市中心面积达 121 平方千米，针对性的总体规划工程浩大，耗时长久，而更新需求时不我待，因此规划者决定从占地 9 平方千米的查尔斯中心项目开始着手，而这也是美国历史上第一个老城区更新项目。为了获取足以作为地标的优秀设计方案以及吸引大众的瞩目，规划者为该项目的第一栋建筑举办了国际设计大赛，建筑大师 Mies Vander Rohe 以现代风格的查尔斯中心大厦设计方案赢得比赛。该大厦竣工于 1962 年，其外观迥异于当时市内流行的维多利亚式建筑风

---

① 参见张庭伟：《滨水地区的规划和开发》，《城市规划》1999 年第 2 期。

格，23 层的高度及玻璃铝合金结构为查尔斯中心项目赚足眼球。该项目也为其后的内港更新定下基调，为后续项目的跟进奠定了基础。[①]

兼顾公益性与营利性以促进经济良性循环。巴尔的摩内港临水地段是港湾市场，规划者并没有一味将营利项目置于这一核心地块，而是将众多引流项目放置其中，包括巴尔的摩市门面之一的国家水族馆，以独特膜结构闻名于世的 6 号码头音乐厅，以及总面积达两万平方米的商场、露天活动广场和地标式大型酒店。通过在风景最优区域设置大量标志性观光项目，为后续更新发展积累人气。

而港湾市场区周边则布置了大量的高层写字楼、高档住宅及旅馆等创收型项目。临近港口的区位优势又使得发展水上运动俱乐部、游艇码头等高消费娱乐项目成为可能，增加对高收入人群的吸引力。由于核心观光区的繁荣，周边地价逐步上涨，创收项目得以为巴尔的摩的持续性更新提供更多资源，城市更新的良性循环业已形成。

如上所述，巴尔的摩内港项目通过富有延续性的总体规划，借助优势海港资源，以标志性项目引流，由沿海岸线核心区逐渐向外延伸更新，以已开发项目反哺后续项目，用几十年时间将内港项目打造成全球滨水区更新典范。

3.2.3　韩国首尔清溪川

韩国清溪川的城市更新以社会和文化维度为主，对历史文化河流的生态和风貌进行修复，历时 2 年时间，投资 3 亿多美元，对被高架覆盖的清溪川进行生态环境的修复，打造公共空间，提升商业价值。

清溪川总流域面积约 59.83 平方千米，其历史可以追溯至公

---

① 参见牟燕川：《巴尔的摩内港：城市滨水区复兴的典范》，《国际城市规划》2017 年。

元15世纪，被誉为首尔的"母亲河"。在20世纪50年代中期，由于战后难民集聚在清溪川周边搭建简陋板房并排放生活污水，清溪川受到了严重的污染，于是政府用水泥盖板对市中心地区河道进行覆盖，使清溪川处于封闭状态。70年代为了提升市中心的交通通行能力，政府又在盖板上修建高架桥，清溪川彻底沦为暗渠，其环境问题愈发严重。因此2002年首尔政府提出清溪川的城市更新计划，拆除高架道路并对河道景观进行恢复，将清溪川还原为多元城市生态游憩中心区。

特色重塑，因地制宜分段打造流淌的城市风景路。清溪川市区段全长近6千米，规划依据两岸既有功能及历史特点将其划分为上游、中游和下游三段，并因地制宜地进行更新。上游段是历史上上层阶层的集聚区，也是现在韩国的政治金融中心，其上游改造的定位为现代化的国际商务中心，通过环境的治理和提升成为首尔金融和信息产业的双核中心。中游段历史上以商业和中下阶层生活为主，改造前是首尔小商业的集聚区，其中游的改造目的为将该河段打造为市民的都市休闲目的地，并促进两岸商业区的繁荣发展。下游历史上主要为古时的村落，其改造目的为提升区域的宜居程度。清溪川通过结合流经地段的不同城市属性和空

图3.3
清溪川

资料来源：作者拍摄。

间功能，因地制宜地形成了现代商务、都市文化和生态休闲的三个主题段落。

多方参与，推进城市更新顺利进行。清溪川的城市更新工程于2003年正式启动，其包含了22个跨河桥梁建设、景观及照明布设、生态复原以及历史遗迹修复等内容。首尔政府在项目推进伊始就意识到公众参与的重要性，并建立了政府主导、多方合作、公众参与的实施机制。政府建立临时办公室加强对项目的综合管理，同时促进市民委员会等社会第三方组织负责项目的监督、居民意见的收集和反馈。这种机制使得沿线居民可以便捷地和政府展开对话，提升社区的参与度和满意度，项目实施期间未发生由于各利益团体的冲突造成项目进度延缓的问题，因此清溪川城市更新项目进展顺利，并于2005年完成。

合理利用河岸打造市民空间并对生态进行修复。清溪川沿河两侧通过立墙、跌水、河堤和桥梁的设计，营造出多元化的滨水景观和体验空间。河岸空间的打造首先就是亲水空间，河岸两侧人行道路贴近水面，设有两到三个台阶的亲水阶梯，并用一个个石块铺成的过河石阶连接两岸，为市民打造了夏日戏水纳凉的好去处。另外，为了再现过去首尔家庭主妇在溪边洗衣的场景，专门在下游区域新建了洗衣场，并在河堤两岸铺上洗衣石，以使沿岸游客在亲水的同时得以回味韩国的洗衣文化。此外，更新后的清溪川更加强调对堤岸空间的利用，清溪川自古便是首尔居民的生活和娱乐空间。改造后的清溪川在河岸上甚至河面上打造城市节庆活动的秀场。例如，每年11月定期举办的首尔花灯庆典，在河面上设置形态各异、不同主题的花灯。此外，开创性地利用观水桥下光线较暗的物理特点，建造了电影广场。

同时，还借助跌水的方式在河道上设计出湿地空间，作为鱼类、鸟类的栖息地。在更新后的清溪川两岸，市民时常可以看到悠游休憩的鸟类和鱼类。据统计，在更新前清溪川下游地区的动植物仅有98种，在改造后的短短十年内，这里的物种迅速上升为314种。其中清溪川水中和两岸能观察到的鸟类即达32种，还有鱼类 15 种、植物 156 种 ①，成功地完善了河道的生态修复，极大地提升了周边社区宜居度，并吸引市民主导参与环境的建设和维护。

以高架道路的拆除为契机，大力提升城市公共交通系统。清溪川上方的高架曾是首尔市中心主要交通要道，拆除高架势必会对城市的交通通行能力带来一定影响。于是首尔政府在保留清溪川两侧车道的同时，对公共交通进行了升级。主要措施包括对公交网络的整合并增加周边的公交线路，通过缩短地铁的运行间隔、增加乘客容量及延长末班车时间的方式提升地铁运力，分流地面交通压力。同时，完善清溪川两岸沿线的慢行系统，增设 22 座桥梁进一步提升两岸的连通度。这些手段最终促进了环境友好型的交通体系建设，实现了城市更新项目带动城市整体交通功能提升的目的。

清溪川的城市更新在韩国全国产生了 200 余亿美元生产附加值的效果，并提供了 4.4 万个就业岗位。如今改造后的清溪川成为市民亲近自然的休闲空间、文化活动的特色场所，每天吸引近 7.7 万人次的游客量，极大地提升了地区整体活力，实现了经济、社会、文化等综合效益的最大化，进而带动了首尔这座城市的复兴与发展。

3.3　城市更新的经验

3.3.1　资金来源

通过制度创新，撬动私人部门合作获取更新资本。项目资本的筹措是推进城市更新项目的基础。早期由于金融系统尚未成熟，多以政府财政为项目资本最主要的来源。时至今日，非营利项目由于无法有效获取市场融资，也多由政府财政出资。为获取更多

---

① 参见林小峰、赵婷：《城市发展历史长河的美丽浪花——韩国首尔清溪川景观复原工程》，《园林》2012 年第 1 期。

资金来源，各大城市开始创新各色融资方式，以期撬动市场资本为更新项目添砖加瓦。例如，英国的城市发展基金。该基金主要用于推动英国的城市更新，为吸引私人资本对更新项目的投资，以财政为依托对私人资本投资收益与预期收益之间的落差出资贴补，以促进公私部门合力开发更新项目。

通过资本市场直接融资。官方与私人组织等个体的出资能力终究有限，面对耗资巨大的城市更新项目，庞大的资本市场被拓展为新资本来源。城市更新项目以不动产证券化形式涉足资本市场，在发达国家日渐常见。在美国，蓬勃发展的不动产投资信托基金（REITs）是最典型的范例。通过发行收益凭证从资本市场上募集巨额资金为更新项目融资，而凭证的增值可能性和可流动性也提高了投资者持有凭证的意愿。REITs交易市场在美国的市值已经达到1.5万亿美元，过去20年为投资者提供的回报率达10.02%，超过各大证券市场。

营利性项目内生融资。成功的更新项目可为城市带来大量客流，进而产生可观的现金流。相较于各色直接或间接融资，这种内生性资本更具可持续性，成本低廉且不会对地方财政产生压力。上述巴尔的摩内港更新项目便为佐证，营利性项目带来的税收增加对该市更新项目的支持可延续数十载。

3.3.2　更新模式

保护与开发相结合，注重历史传承。近年，越来越多的城市摒弃了过往的大拆大建式更新，趋向于根据城市自身的特点量身打造更新方案，对拥有悠久历史的街区进行修复式更新，以期更好地延续当地的历史文化传统及特色。比如重视文物保护的英国官方对于伦敦巴特西发电厂项目的处理。电厂被弃用后，为留存这座欧洲最大的红砖建筑，当地政府通过旧瓶装新酒，用零售和会展功能完成置换式更新。

以人为本，将人民效用提升纳入更新目标。建筑和社区只是载体，而更新的根本目的在于更好地为其中的人提升福祉，任何更新举措都需以此为纲。比如在墨尔本的城市规划过程中，政府着力打造慢交通系统和重建步行道，只为让游客更好地体验城市。而以人为本的城市更新过程不能不聆听居民的声音。例如，在日本的"地域管理计划"中，居民委员会、NPO等民间团体挑起大梁，反映民间声音和意图，而官方机构则仅以制度配套进行规范和扶持。

3.3.3　政府角色

扮演主导角色，统筹整体规划。作为更新进程中最大的信息和权力拥有者，政府自上而下地对整个更新进程统筹规划仍不失为一种有效率的方式。从功能的确定，地块的获取、整顿及规划，资本的筹措等都亲身参与。虽然随着时代发展，更多关系方参与到城市更新项目中来，但更新项目的复杂性决定了政府仍需要在项目中起核心作用。

及时推出相应法律法规，以法规引导更新。政府需要在更新过程中通过建立相对完整的城市更新法律政策体系，以法制约束指导城市更新工作，使得城市更新有法可依。例如韩国市区重划工作，即借助完善的法律体系协调多种所有制下的土地配置及社会利益分配。

建立城市更新专项部门。由于更新项目涉及的利益主体多元，需要与政府内部的诸如土地、规划、建设、城管等各个部门对接，更新项目的推进流程冗长且繁琐，因而成立一个集合多方职能的综合部门专项负责城市更新很有必要。例如新加坡等国设立的"城市更新局"，在更新项目中的统筹协调作用明显。[①]

协调各利益相关方，促进社会各界共同参与更新。随着城市更新项目日渐复杂，且对于以人为本、满足大众诉求的追求也愈

---

① 参见李爱民、袁浚：《国外城市更新实践及启示》，《中国经贸导刊》2018年第27期。

发明显，社会各界的配合，甚至亲身参与更新实施必不可少。作为联结社会各方的核心节点，政府需作为牵头角色协调多种资源、统筹各方工作、聆听各界诉求，以此促进合力完成城市更新。例如日本在 20 世纪 80 年代的更新计划中推行的 "PPP 架构"，即政府以政策引导包括出资方、社区团体等私有部门参与甚至主导都市中心区各个项目的规划和开发，以期更多的资源能被纳入更新项目中来，成果也更能符合公众需求。

4

中国正在推进中的城市更新

中国城市更新的发展与政策制度的导向息息相关，在国家政策方针的引领下，国内城市经历了从"棚改"到"旧改"，从"大拆大建"到"更新提质"的发展历程。近年来，中国城市更新政策体系不断完善，城市更新的内涵日益丰富，全国各地的城市更新举措陆续出台。

Urban regeneration in China is closely related to the guidance of the policy system. Under the guidance of the national policy, China's cities have experienced the development process from "shanty reform" to "old reform", from "mass demolition and mass construction" to "renewal and quality improvement". In recent years, China's urban regeneration policy system has been continuously improved, and the connotation of urban regeneration has been increasingly enriched, with urban regeneration initiatives being introduced one after another across the country.

中国城市更新的发展与政策制度的导向息息相关，在国家政策方针的引领下，国内城市经历了从"棚改"到"旧改"，从"大拆大建"到"更新提质"的发展历程。近年来，中国城市更新政策体系不断完善，城市更新的内涵日益丰富，全国各地的城市更新举措陆续出台。

目前，中国城市更新正在逐步迈进以满足人民对美好生活的向往为中心，兼顾可持续发展多元导向的新阶段。在此过程中，城市更新的模式更加丰富，体现出城市高质量发展的时代特征和以人民为中心的城市建设思想。城市更新的目标更加明确，建立面向社会、经济、文化和生态等多维度的发展目标。城市更新的侧重点更加清晰，着重强调政策、资金平衡、模式路径、内容植入与空间再造在城市更新发展过程中发挥的重要作用。

总体来说，中国城市更新举措的不断迭代与优化，不仅给中国经济注入了新的活力，还带给人民群众更多的幸福感和获得感。新时代的城市更新体现了习近平总书记以人民为中心的发展思想，反映了"人民城市人民建、人民城市为人民"的重要理念，切实地将城市更新的工作转化为促进经济发展、不断深化改革、切实保障民生的务实行动。

4.1　中国城市更新的缘起与演变

城市更新推动城市相关制度的不断完善，而城市制度的不断完善，又对城市更新的开展提供了法律保障。明确城市更新的状态与发展阶段，有助于了解制度建设在城市更新演变进程中所起到的重要作用和战略意义。

4.1.1　第一阶段（1949—1989 年）：政府主导的旧城改造起步阶段

在新中国成立初期，北上广等大城市的中心城区是人口和产业的集聚地。中心城区的老旧住宅存量较大，居住和生活条件差，交通拥挤以及公共环境混乱等问题突出。在此阶段，国内众多城市老旧城区改造的需求迫切，因此城市更新的总体规划以住宅改造为主。

1953年，北京提出《改建与扩建北京市规划草案的要点》，明确对旧城既要保护、又要改造的规划原则，指出城市规划应侧重于老旧危房和旧城老街的改造。[1]1959年，上海发布《关于上海城市总体规划的初步意见》，提出"逐步改造旧市区，严格控制近郊工业区的发展规模，有计划地建设卫星城"的城市建设和发展方针。[2]1962年9月和1963年10月，中央先后召开全国第一次和第二次城市工作会议，明确城市的定位并强调城市工业要做好对农村的支持。[3]1978年3月召开的第三次全国城市工作会议强调了城市在国民经济发展中的重要地位和作用。在中共十一届三中全会后，中国城市建设进入新的发展阶段，国家高度重视城市规划和城市发展工作。1984年，国务院颁布《城市规划条例》，这是新中国第一部有关城市规划、建设和管理的基本法规，标志着中国城市规划制度的初步建立。其中，明确指出，旧城区的改建应当从城市的实际情况出发，遵循加强维护、合理利用、适当调整、逐步改造的原则，这对中国城市规划和城市更新工作具有重要的指导作用。紧接着，《中华人民共和国城市规划法》于1989年12月通过，并于1990年4月正式实施。该法案提出城市旧区改建应当遵循加强维护、合理利用、调整布局、逐步改善的原则，由政府统一规划并分期实施，强调逐步改善居住和交通运输条件，加强基础设施和公共设施建设，提高城市的综合功能。北京、上海等城市结合各地具体情况开展了大规模的旧城改造和城市功能结构调整。1982年编制的《北京市城市建设总体规划方案》提出

---

① 参见李浩：《首都北京第一版城市总体规划的历史考察——1953年〈改建与扩建北京市规划草案〉评述》，《城市规划学刊》2021年第4期。

② 参见《上海城市规划志》编纂委员会：《上海城市规划志》，上海社会科学院出版社1999年版。

③ 参见《时隔37年中央缘何重启城市工作会议？》，新华网，2015年12月22日。

"旧城逐步改建、近郊调整配套、远郊积极发展"的建设方针，总体规划方案第一次把旧城改建与保护历史文化名城结合起来，由此"旧城改造"的概念正式建立。1986 年，国务院批复《上海市城市总体规划方案》，对中心城区从住宅、公共活动中心、工业区几个方面提出了更加明确的规划指引。[①]1989 年，深圳罗湖区开始旧城改造，并编制了旧城改造规划，规划强调历史建筑保护，兼顾旧城风貌特色。

总体来说，该阶段中国经济发展水平有限，国家提出"重点建设，稳步推进"的城市建设方针。城市改造工作主要针对旧城区的住宅进行拆迁改造，并增加居民生活配套设施，旨在改善居民的居住条件、道路环境和城市面貌。

4.1.2 第二阶段（1990—2000 年）：政企推动下的城市大规模改造阶段

20 世纪 90 年代，土地使用机制正在发生不断的变化，伴随着房地产业的发展，政企合作的二元治理模式逐步形成。全国各大城市经历了以房地产开发为主导的城市改造过程，旧城改造的规模正在不断扩大。1990 年 5 月，为了改革城镇国有土地的使用制度，加强土地管理，促进城市建设和经济发展，国务院发布《中华人民共和国城镇国有土地使用权出让和转让暂行条例》。1994 年 7 月，《国务院关于深化城镇住房制度改革的决定》发布，确立了城镇住房制度改革的根本目的和基本内容。1994 年 7 月通过的《中华人民共和国城市房地产管理法》，对维护房地产市场秩序，促进房地产业的健康发展起到了重要的推动作用。1996 年 5 月，《国务院关于加强城市规划工作的通知》发布，提出城市总体规划应与土地利用总体规划相协调，合理保护土地资源，分阶段地制定城市人口和用地规模目标，不得突破总体规划与目标。

---

① 参见《上海城市规划志》编纂委员会：《上海城市规划志》，上海社会科学院出版社 1999 年版。

20 世纪 90 年代，上海、北京、深圳等城市旧城改造项目数量不断增加，规模也不断扩大。1992 年，在上海市第六次党代会上，市委、市政府进一步明确把旧区改造、改善居住的起点，落在结构简陋、环境最差的危棚简屋上，提出"到本世纪末完成市区 365 万平方米危棚简屋改造（简称'365 危棚简屋'），住宅成套率达到 70%"。^① 由此，上海拉开了大规模旧区改造的序幕。1993 年获得批复的《北京城市总体规划（1991 年—2010 年）》明确提出旧城改造。^②1996—2000 年四年间，北京完成拆除危旧房 500 万平方米。^③

在这一阶段，城市更新由过去单一的旧房和旧区改造，转为大规模的城市拆迁与开发改建。大拆大建的城市改造同时产生了一定的负面影响，引发城市保护建筑遭到破坏、城市失去活力特色等社会问题。

4.1.3 第三阶段（2000—2012 年）：城市更新体系探索与初步建立阶段

进入 21 世纪，为应对旧城大规模改造和城市规模快速扩张所带来的问题和挑战，国内的土地管理与规划的法律法规不断完善。2002 年出台的国土资源部令（第 11 号）提出，规范国有土地使用权出让行为，实行净地出让、招拍挂新模式。^④2007 年颁布的《中华人民共和国物权法》为旧城改造提供了法律依据，明确对城市拆迁工作进行规范化管理。2008 年，《国务院关于促进节约集约用地的通知》发布，对集约、节约用地提出了明确要求。

---

① 参见许璇：《上海"365 危棚简屋"改造的历史演进及经验启示》，《上海党史与党建》2015 年第 9 期。

② 参见《迈向二十一世纪的北京——北京城市总体规划（1991 年—2010 年）介绍》，《科技文萃》1994 年第 5 期。

③ 参见《2000 年北京将完成危旧房改造》，《中国房地信息》1996 年第 4 期。

④ 参见《招标拍卖挂牌出让国有土地使用权规定中华人民共和国国土资源部令（第 11 号）》，《城市发展》2002 年第 7 期。

在实践上，地方政府也积极提高城市治理水平，在城市更新过程中进行多层次和多维度的实践探索。2007 年 6 月，广东佛山市发布《关于加快推进旧城镇旧厂房就村居改造的决定及 3 个相关指导意见》，在全国首次提出"三旧改造"。2009 年 12 月，深圳颁布《深圳城市更新办法》，这是国内首部系统、规范的城市更新规章，实现了一系列的重大突破，并提出了城市更新的多种改造模式。同年，深圳成立城市更新专职管理机构——深圳市城市更新办公室，出台了《深圳市城市更新办法实施细则》等一系列政府规章和规范性文件，深圳城市更新的相关制度建设逐步向前推进。2009 年，上海发布《关于进一步推进本市旧区改造工作的若干意见》，提出"重点推进中心城区成片、成规模和群众改造意愿强烈的二级旧里以下房屋改造"。2010 年，广州形成由《历史文化名城保护规划》《历史街区（历史文化保护区）保护规划》和《文物保护单位保护规划》等多层次点、线、面相结合的名城保护规划体系。此外，广州 2010 年出台的《广州市旧城更新改造规划纲要》（征求意见稿）和"三旧"工作流程（征求意见稿），进一步明确了旧城更新改造的总体思路与"三旧改造"的具体工作流程。[①]

总体来说，在该阶段城市更新从大规模的推倒重建，逐步发展为注重保护社会价值和可持续发展的渐进式更新。地方政府在城市文化保护和旧城规划等方面出台多项政策文件，城市更新的政策体系框架逐步建立，城市更新的制度建设取得了一定的进展。

4.1.4　第四阶段（2013—2019 年）：城市更新体系与市场机制完善阶段

以 2013 年"中央城镇化工作会议"为标志，中国城镇建设

---

① 参见《广州旧城改造拆迁涉 60 万人资金超千亿》，中国广播网，2010 年 1 月 26 日。

进入盘活存量，注重质量提升的阶段。国家层面积极探索和开展城市与农村的存量改造和重建，陆续提出了"旧城改造""棚户区改造"以及"城市更新"等政策。2013年，国务院印发《国务院关于加快棚户区改造工作的意见》，提出"棚户区改造是重大的民生工程和发展工程，要重点推进资源枯竭型城市及独立工矿棚户区、三线企业集中地区的棚户区改造，稳步实施城中村改造"。2014年国务院政府工作报告中提出"三个一亿人"的城镇化计划，其中一个亿城市内部人口安置，针对的就是城中村和棚户区及旧建筑改造。2014年，第一轮城镇化规划《国家新型城镇化规划（2014—2020年）》明确提出，"要按照改造更新与保护修复并重的要求，健全旧城改造机制，优化提升旧城功能，加快城区老工业区搬迁改造"。2015年发布的《国务院关于进一步做好城镇棚户区和城乡危房改造及配套基础设施建设有关工作的意见》提出，制定城镇棚户区和城乡危房改造及配套基础设施建设三年计划，全国改造包括城市危房、城中村在内的各类棚户区住房1800万套。2017年，国务院常务会议决定，2018—2020年再改造各类棚户区1500万套任务，是棚户区改造的第二个三年计划。[1]中央相关政策文件出台推动实施老旧小区改造加快推进，中国城市更新逐步从棚改的大拆大建向老旧小区改造的综合整治转型。2019年12月，中央经济工作会议首次强调了"城市更新"这一概念，会议提出"要加大城市困难群众住房保障工作，加强城市更新和存量住房改造提升，做好城镇老旧小区改造，大力发展租赁住房"。[2]

　　顺应城市更新的形势需求，地方省市在城市更新机构设置、更新政策和实施机制等方面进行了积极的探索与创新。2015年5月，《上海市城市更新实施办法》指出，城市更新的主要工作指对本市建成区城市空间形态和功能进行可持续改善的建设活动。

---

[1]　参见《国务院确定1500万套棚改任务　棚改将进入三年攻坚期》，人民网，2017年5月25日。

[2]　参见《中央经济工作会议在北京举行》，人民网，2019年12月13日。

2014 年 5 月，深圳出台《关于加强和改进城市更新实施工作的暂行措施》，进一步加强和改进城市更新工作。2015 年，深圳市批准设立城市更新局，统筹推进全市的城市更新工作。2015 年 2 月，广州市广州城市更新局挂牌成立，标志着广州城市更新工作进入一个崭新的、常态化发展阶段，对全国的城市更新制度建设具有里程碑式的示范作用。2016 年，广州市出台的《广州市城市更新办法》首次提出"微改造"，要求采取以综合改造为目标，以修缮提升为重心的改造方式，注重发挥市场机制的作用，充分调动企业和居民的积极性，动员社会力量广泛参与城市更新改造。2019 年，深圳市城市更新局与土地整备局两者合并为深圳市城市更新和土地整备局，标志着深圳的城市更新管理工作迈上了一个新的台阶。

随着中央层面对于城市更新的认识不断深入，中国城市更新理论和相关实践不断推进，形成了较为全面系统的城市更新法规体系，初步建立了较为有效的城市更新管理机制，对中国城市更新发展起到重要作用，也为进一步推动城市更新奠定了理论和实践基础。

4.1.5 第五阶段（2020 年至今）：城市更新上升为国家战略阶段

2020 年 7 月，国务院办公厅印发《关于全面推进城镇老旧小区改造工作的指导意见》，要求按照党中央、国务院决策部署，全面推进城镇老旧小区改造工作，满足人民群众美好生活需要，推动惠民生、扩内需，加快城市更新和开发建设方式转型，促进经济高质量发展。2020 年 10 月通过的《中共中央关于制定国民经济和社会发展第十四个五年规划和二〇三五年远景目标的建议》明确提出实施城市更新行动，推动城市空间结构优化和品质提升。这是党中央对进一步提升城市发展质量作出的重大决策部署，也是将城市更新上升为国家战略的重要体现。2021 年 8 月和 11 月，住房和城乡建设部先后颁布《关于在实施城市更新行动中防止大拆大建问题的通知》和《关于开展第一批城市更新试点工作的通知》，指出为贯彻落实党的十九届五中全会精神，完整、准确、全面贯彻新发展理念，要积极稳妥实施城市更新行动，引领各城市转型发展、高质量发展，在各地推荐基础上，遴选决定在北京等21个城市（区）开展第一批城市更新试点工作。国家有关城市更新政策不断升级，推动城市更新在全国的快速发展。

在实践方面，2021年，全国各省市均提出城市更新，发布城市更新的相关政策。其中，深圳和上海完成了城市更新立法，广州的城市更新立法正在征求意见中。北京、成都、上海、天津、武汉、无锡等地陆续成立或准备组建城市更新公司和基金。在政策带动下，城市更新快速发展。2021年6月，北京发布《北京市人民政府关于实施城市更新行动的指导意见》，标志着北京正式开启城市更新工作，该政策同时具有一定的全国性示范意义。2021年，深圳出台全国首部城市更新条例——《深圳经济特区城市更新条例》。2021年7月，广州市住房和城乡建设局发布关于对《广州市城市更新条例（征求意见稿）》公开征求意见的公告。2021年8月，上海通过《上海市城市更新条例》，将城市更新实践上升为地方性法规，为城市的更新工作确立了权威的法规依据。2022年是上海城市更新全面启动之年，为完善上海城市更新框架体系，上海市城市更新促进会正式成立，这将成为推动上海城市更新可持续发展的重要平台。[①]

随着城市更新上升到国家战略层面，各地方城市陆续出台相关的城市更新行动计划和任务目标，积极探索可持续的实施模式，相关配套政策正在不断落地和实施，全国各地城市更新提质加速。城市更新对转变城市开发建设方式和经济增长方式具有重要意义，同时将提升城市的品质，满足人民群众的美好生活需要，并最终推动城市的高质量发展。

---

① 参见《再添新筹码！上海今年全面启动城市更新　又一重要平台今完成选举》，《新民晚报》2022年2月23日。

4.2 中国城市更新的特征与目标

4.2.1 中国城市更新的特征

1. 城市更新演进与城镇化进程相适应

西方国家城市主要通过城市更新优化和拓展城市发展空间，提升城市形象，提高中心城市的吸引力，防止城市退化衰败。中国城市更新则是中国特色城镇化的重要抓手，城市的更新演进受到城镇化进程的影响，在城镇化的不同阶段呈现出不同的特征。在城镇化初期，城市更新以改善居民居住条件和城市环境为主。在城镇化加速发展阶段，城市更新以大规模旧城改造和房地产开发为主，旨在改善居住条件和城市功能。目前，中国已经进入城镇化中后期，2019 年公布的《新型城镇化重点建设任务》提出"严控增量、盘活存量"的城市发展思想，城市更新转向以提升城市品质为主的存量提质，走土地集约利用和城市绿色低碳发展之路。

2. 城市更新体现城市高质量发展的时代要求

新时期，城市更新不仅是民生工作，可以改善城市人居环境品质，提升人民群众幸福感、获得感和安全感，而且也是发展工程，将成为当前扩大内需和加大投资的重要方式。城市更新将探索存量空间的盘活再利用，倒逼城市转型发展，通过推动多方资本参与城市更新，放宽城市更新市场准入，有助于提升城市的营商环境。在城市更新中推进基于数字化和智能化的城市基础设施建设，打造智慧生活平台，推进老旧楼宇、旧工业区和园区适应新兴产业发展需求，释放需求潜力，能够提升城市治理水平和产业结构转型升级，形成经济新增长点。这将有助于畅通国内大循环，提升经济发展质量，同时也是实现城市高质量发展的新路径。

3. 城市更新模式更加丰富与多元化

在城市更新模式方面，国外城市更新主要依托于政府、私有部门、NPO/NGO 和社区的多方参与城市更新运作模式，多元主体、各类资本相互合作保证多维度更新目标的实现，强调社区与利益主体的作用。① 中国城市更新模式先后经历政府主导、政府与市场共同作用等更新模式的演变。随着城市更新理念的转变、城市更新目标和更新方式的创新，政府不断地在探索可持续的更新模式，注重引入社会公众和第三方专业机构参与城市更新，推动中国城市更新模式的变革。越来越多的主体参与到城市更新的各个环节，形成了政府、开发商、社区居民、专家和非政府组织等参与主体，以交流、对话和协商等方式参与城市更新的互动模式，大大提高了城市的更新效率。

4. 城市更新目标体现以人民为中心的思想

习近平总书记指出："无论是城市规划还是城市建设，无论是新城区建设还是老城区改造，都要坚持以人民为中心，聚焦人民群众的需求，合理安排生产、生活、生态空间，走内涵式、集约型、绿色化的高质量发展路子，努力创造宜业、宜居、宜乐、宜游的良好环境，让人民有更多获得感，为人民创造更加幸福的美好生活。"② 当前，城市更新转向以公众需求为导向，践行人民为中心的思想，让市民享受城市发展的成果，满足人们对城市美好生活的期待。在城市更新中应着力于提升旧城环境品质和保护历史文化遗产，优先补齐城市短板，从物质和精神层面满足人们对城市高质量生活的需要。在城市更新中提升人民群众参与度，推动民众参与城市更新效果评价，以人民最关心、最直接和最现实的利益问题作为城市更新的出发点和落脚点，提升城市更新质量。

4.2.2 中国城市更新的目标

城市更新作为城市发展过程中的自我调节机制，是克服"城市病"的良方。城市更新不仅可以调节城市功能和结构，还能增强城市整体机能，满足居民生活和经济发展需要。西方发达国家的城市

---

① 参见朱正威：《科学认识城市更新的内涵、功能与目标》，《国家治理》2021 年第 47 期。

② 参见《以人民为中心推进城市建设》，《人民日报》2020 年 6 月 16 日。

更新以解决城市发展中的问题为导向，推进城市可持续发展。中国城市更新则更多的与城镇化进程相关，城市更新的目标在不同阶段的体现也有所不同。在城市更新的初期，主要是以城市物理改造为主，提升城市环境和改善城市居民居住条件。在城市更新的中期，城市更新则更加注重居民生活品质和城市功能的提升。

当前，城市更新已上升为国家战略，《中共中央关于制定国民经济和社会发展第十四个五年规划和二〇三五年远景目标的建议》中明确提出实施城市更新行动。在新发展理念下，城市更新行动要体现以人民为中心的思想，把城市更新行动作为高质量发展和构建新发展格局的主战场，从前瞻性、战略性、全局性和整体性的高度推动城市结构优化、功能完善和品质提升，转变城市开发建设方式，以城市体检为手段，统筹城市规划建设管理，目标是建设宜居城市、绿色城市、韧性城市、智慧城市、人文城市，走出一条中国特色城市发展道路。未来一段时间内的城市更新总体目标得以明确。

契合国家城市更新的总体目标，各城市提出了各自城市更新目标。2022 年 5 月，北京市人民政府发布《北京市城市更新专项规划（北京市"十四五"时期城市更新规划）》，提出保障首都功能、激发经济活力、改善民生福祉、加强生态保护、传承历史文化、提升治理能力六个方面的更新目标。2021 年 3 月正式施行的《深圳经济特区城市更新条例》提出，城市更新应当增进社会公共利益，实现"加强公共设施建设，提升城市功能品质；拓展市民活动空间，改善城市人居环境；推进环保节能改造，实现城市绿色发展；注重历史文化保护，保持城市特色风貌；优化城市总体布局，增强城市发展动能"的目标。2021 年 7 月，《广州市城市更新条例（征求意见稿全文）》提出城市更新的总体目标是，建设宜居城市、绿色城市、韧性城市、智慧城市、人文城市，不断提升城市人居环境质量、强化城市功能、优化空间布局、弘扬生态文明、保护历史文化，实现产城融合、职住平衡、文化传承、生态宜居、交通便捷、生活便利。

总体上，满足人的需求是城市更新的最终目标。在功能目标方面，城市基础公共服务设施更加完善，空间格局更加合理，强化历史文化保护，延续城市精神价值，增强居民的认同感和凝聚力。在环境目标方面，弘扬生态文明，城市人居环境质量不断提升，城市更加宜居。在经济目标方面，转变城市开发建设方式，引导促进产业结构转型升级，提升城市经济发展活力，支撑城市高质量发展。

4.3　中国城市更新的影响因素

4.3.1　政策对中国城市更新的引领作用

在城市更新的演进过程中，城市更新政策对城市更新起到顶层设计的作用，政府政策对城市更新的发展起到推进和引领作用。政策体系的制定和完善，直接或间接影响城市更新的进程。政府在城市更新中作为代表公众利益的主体，通过相关政策制定维护公众利益、为不同利益主体创造参与城市更新的条件，在城市更新中起到主导作用，并在城市更新中起到决策、执行和监督的作用。因而，政策在城市更新中的作用不可或缺。在当前城市更新上升为国家战略的背景下，国家和地方政府积极出台多项政策推进城市更新。各地城市发展和更新进程存在差异，支持地方政府结合各地实际在更新政策的制定和推进中进行探索试点突破，对于城市更新目标的实现具有重要意义。

4.3.2　资金平衡是城市更新顺利开展的关键

大城市特别是超大城市的城市更新，很多涉及比较大规模的棚改拆迁等，都需要大规模的资金投入。因此，稳定的资金来源，以及保证资金平衡是关系到城市更新顺利开展和实施的关键。

首先，国家在加大财政资金支持力度的同时，要充分发挥市场主体力量，探索和引导社会资金参与城市更新，畅通社会资本参与路径，鼓励龙头企业带动中小企业特别是科技型企业以多种方式参与城市更新。其次，政府鼓励国有企业搭建平台，确保关系民生的重大项目由政府主导或参股，维护城市更新中广大群众的利益，并加强与社会资本合作，探索设立基金、委托经营和参股投资等多种方式，实现资金平衡，推动城市更新有效开展。

专栏 4.1　百亿上海城市更新引导基金
正式启航助力上海可持续更新和发展

　　近日，上海城市更新引导私募基金合伙企业（有限合伙）注册成立并完成备案，注册资本为 100.02 亿元人民币。这是 2021 年 6 月发布的 800 亿元城市更新基金中的引导基金，其备案完成标志着上海在城市更新资金支持方面取得重大进展。

　　近年来，上海始终践行"人民城市人民建，人民城市为人民"重要理念，创新旧改新机制，跑出旧改加速度，确保在 2022 年内全面完成中心城区成片二级旧里以下改造任务。根据上海市委、市政府部署，上海地产集团努力发挥国有企业旧区改造主力军作用，与相关区合作，承担了上海 60% 旧改任务。

　　为了加快推进旧区改造，探索超大城市有机更新的新路径、新模式、新经验，上海地产集团联合多家行业标杆企业和大型金融机构，按照"政府指导、国企发起、市场运作"的原则，共同发起国内规模最大的城市更新基金。该基金采用"引导基金 + 项目载体"模式，总规模 800 亿元，其中上海城市更新引导基金规模为 100.02 亿元。由国泰君安证券旗下国泰君安创新投资有限公司担任基金管理人，与上海地产集团旗下城市更新投资管理公司共同担任执行事务合伙人，负责基金和项目的投资管理运营等相关工作。引导基金的投资领域将聚焦于上海市城区的旧城改造、历史风貌保护、租赁住房等城市更新项目。

　　城市更新、旧区改造事关千家万户，是民生工程、民心工程。城市更新引导基金成立，彰显上海地产集团与国泰君安证券及参与本基金的基石投资人的使命与担当，汇聚起共建共治共享人民城市的磅礴力量。后续城市更新引导基金将坚持市场化投资运作和体系化资本招商有机结合，为提升城市功能、激发城市活力、改善人居环境、增强城市魅力、贡献市场力量。

资料来源：《百亿上海城市更新引导基金正式启航助力上海可持续更新和发展》，上海市人民政府官网，2022 年 2 月 21 日。

4.3.3　模式与路径是城市更新的重要推动力

城市更新的模式和路径在城市更新进程中起到了重要的推动作用，不同的城市更新模式与路径将带来不同的更新效果。当前，中国城市更新更加注重社区大众的利益，强调社区和群众参与城市更新。城市更新对象也日益丰富，包括工业用地更新、住宅区更新、城市中心区更新改造、历史文化街区更新和城市微空间更新。不同的更新对象具有不同的特征，这也表明城市更新模式和路径不是固定不变的。因此，这就需要根据城市更新环境和特征采用多元的更新模式。城市更新要着眼于城市的有机增长与可持续更新，实现模式及发展路径的转变与革新，打破自上而下的城市更新管理方式，授权和支持地方政府试点先行，创新探索实施城市更新行动的有效路径。

4.3.4　内容植入与空间再造是可持续更新的重要途径

内容植入与空间再造作为城市更新的两个重要方面，将通过对城市功能和空间结构的内部调节推进城市的可持续更新。一方面，内容植入侧重于挖掘和重塑城市人文精神内涵，打造更具情怀的人文环境，力争在文化传承中提升城市功能和城市价值；另一方面，空间再造则更多强调土地的利用效率，激活城市空间和提高土地利用，以创造城市新的使用价值。未来，城市更新将更加注重内容植入和空间再造，在空间结构和功能布局方面不断优化，提升城市空间价值。与此同时，在城市更新中处理好内容植入与空间改造的关系，注重空间结构的深层次改造和统筹规划，为城市活力提供更加有力的支撑。

5

上海都市圈城市
更新的实践

上海都市圈地处长三角核心地带，是长三角区域中若干都市圈之一，在行政区划上呈现"1+3"的结构："1"即为上海，"3"指苏州、南通和嘉兴。从经济体量、人口总量和辐射范围来看，上海都市圈在长三角地区乃至全国均处于领先地位，随着城镇化进入下半场，城市更新将成为"十四五"期间各地发展的重要内容，上海都市圈范围内的上海、南通、苏州、嘉兴四座城市均已进入存量开发为主的城镇化发展阶段，在城市更新方面也开展了诸多实践探索。

Located at the core of the Yangtze River Delta, the Shanghai metropolitan area is one of the metropolitan areas in the Yangtze River Delta region. It presents a structure of 1+3 in terms of administrative division: 1 being Shanghai and three referring to Suzhou, Nantong, and Jiaxing. regarding economic volume, total population, and radiation range, the Shanghai metropolitan area is in a leading position in the Yangtze River Delta region and even in China. As the urbanization enters the second half of the period, urban regeneration will become an important element in the development of various places during the '14th Five-Year Plan' period. The four cities within the Shanghai metropolitan area, namely Shanghai, Nantong, Suzhou, and Jiaxing, have all entered a stage of urbanization where stock development is the main focus and have carried out many practical explorations in urban regeneration.

当前，中心城市和都市圈已经成为城镇化的两大重要形态。在较发达地区，都市圈成为城市化的主要形态；在次发达的地区，中心城市则是城市化的主要形态。都市圈是城市群内部以超大城市或辐射带动功能强的大城市为中心、以"1小时通勤圈"为基本范围的城镇化空间形态。

上海都市圈地处长三角核心地带，是长三角区域中若干都市圈之一，在行政区划上呈现"1+3"的结构："1"即为上海，"3"指苏州、南通和嘉兴。从经济体量、人口总量和辐射范围来看，上海都市圈在长三角地区乃至全国均处于领先地位，随着城镇化进入下半场，城市更新将成为"十四五"期间各地发展的重要内容，上海都市圈范围内的上海、南通、苏州、嘉兴四座城市均已进入存量开发为主的城镇化发展阶段，在城市更新方面也开展了诸多实践探索。

5.1　上海都市圈城市更新实践综述

由于发展阶段和发展基础的差异，上海都市圈范围内的上海、南通、苏州、嘉兴四座城市在城市更新实践方面呈现出较大的特征差异。

作为都市圈的龙头城市，上海在中心城区焕新之路上已探索了数十年，从大拆大建的粗放式更新向渐进式有机更新转型，过程中留下了新天地、外滩、衡复历史文化风貌区、上生·新所、杨浦滨江等一系列城市更新"代表作"。随着2021年《上海城市更新条例》的发布和上海城市更新基金的成立，上海的城市更新进入全新阶段。一方面，引入绿色生态、文化人脉、社会治理、共治共享，以及"人民城市人民建，人民城市为人民"等一系列新的存量更新理念；另一方面，采取"政府—市场"双向并举的方式，在"政府推动、市场运作"的框架下为社会力量和市场力量创造成长的土壤。

苏州在旅游城市的定位下，依托自身丰富的历史建筑遗存和产业要素基础雄厚的禀赋，历经多年探索，开辟出了一条以古城保护为抓手、盘活存量空间为试点的城市更新"苏州模式"。同时，随着 2021 年 11 月入选住建部全国首批城市更新试点城市，苏州未来将持续响应国家号召，探索建立政府引导、市场运作、公众参与的可持续实施模式；坚持"留、改、拆"并举，以保留利用提升为主，建立存量资源统筹协调和多元化资金保障机制，并探索建立城市更新配套制度政策和多元化资金保障机制。

嘉兴作为中国革命红船起航地和党的诞生地，积极抢抓建党百年重大历史机遇，于 2020 年推出了针对整个中心城区的城市更新计划，依据"尊重现状、价值优先、考古前置、风貌协调、特色鲜明、甄别保护和传承发展"的城市更新原则，全面开展风貌改造。嘉兴城区有机更新计划为后进者提供了一个独特的，以重大政策事件为发起契机、以自上而下的统筹规划为蓝本的超大更新规模的城市样本。

相较于各色资源云集的上海、历史文化悠久的苏州和具备重大历史意义的嘉兴，南通的现代城市发展进程起步较晚，城市老化程度相对较轻，城市更新尚处于实践的摸索阶段。近年来在住房改造、古镇保护、片区重建方面开展了城市更新探索，如崇川区任港路新村居民区改造项目、唐闸古镇保护性修复与置换式更新相结合的模式探索、开发区滨江湾重建式更新探索等，不断践行"符合南通实际、富有南通特色"的城市更新之路。

5.2 上海城市更新实践

作为都市圈的龙头城市，上海在城市更新方面的经验和实践也处于领先位置。上海城市更新经历了从大规模旧城旧居改造到快速城镇化时期的创意开发，再到强调以人为本和高质量发展的转型期，从粗放式更新逐渐探索出适应上海城市特色的内涵式、渐进式有机更新路径，随着《上海城市更新条例》的最新发布，目前正由探索期进入成熟期，各类型更新项目均有成功且具有标杆意义的落地实践。

5.2.1　上海城市更新发展历程及建设思路

在改革开放前，由于财力有限，上海主要采取"零星拆建"形式，城市更新工作难以大规模推进，旧区总体面貌改造不大。上海城市更新历程正式起步于 1978 年改革开放后，经历了四个阶段：20 世纪 80 年代以改善人民居住水平为目标的住房改造和部分商业改造。20 世纪 90 年代以发展经济为目标的危棚简屋"大拆大建"。进入 21 世纪，城市的历史文化价值得到进一步关注，对中心城区历史风貌进行保护的政策法规不断制定与完善。同时，伴随着大量城市工业用地转型，城市更新的重点也转向对于工业仓储空间的修缮与改造。2010 年之后，上海进入存量发展阶段，不断探索创新性有机更新，滨江空间及居住社区得到了更多关注。2021 年，上海首部有关城市更新的地方性法规《城市更新条例》发布，代表着上海城市更新进入全新时期。

1. 阶段一（20 世纪 80 年代）：以改善居住环境为目标的旧区及商业改造模式

改革开放后，上海城市性质从"以工业为单一功能的内向型生产中心城市"逐步向"多功能外向型中心城市"发展，城市更新工作正式起步。这个时期的上海城市更新以偿还"历史欠账"为主，通过住房建设改造及基础设施的补充来改善居住条件。

20 世纪 80 年代初期，上海市政府针对旧区改造确定了"相对集中、成片改造"的原则。针对闸北、南市、普陀、杨浦等区域房屋破旧、城市基础设施简陋、环境污染严重的地区，开展成片改造，逐步改善居民生活居住条件。代表性项目如普陀区药水弄、原南市区蓬莱路 303 弄等，是最早的上海旧住房成套改造的尝试。这一时期也重点实施了部分商业改造，包括人民广场、外滩、漕溪路—徐家汇商城、豫园商城、上海体育中心、淮海中路东段等地区。以豫园商城、淮海路、南京东路更新改造为代表，典型特征为"局部改造、提高商业价值、局部空间利益最大化"。由于该阶段上海经济建设以工业发展为主，工业用地仍布局在中心区，尚未开展搬迁。[①]

总体而言，80年代的上海开始了系统化的旧城改造，由改革开放前的"零星拆建"变为"成片集中拆建"，但改造规模仍然有限，大体延续了计划经济体制的运作模式。尽管从80年代末期开始，出现利用"商品房经营"的模式来解决资金问题的改造实例，如1988年黄浦区瑞福里、虹口区久耕里的改造，但整体来看，政府资金仍然是这一时期城市更新的主要资金来源，实施主体也主要是政府或政府主导的国有企业。

2. 阶段二（20世纪90年代）：以经济增长为目标的"大拆大建"模式

进入20世纪90年代，在浦东开发及"退二进三"战略推动下，上海的城市格局呈现出中心城圈层扩张和郊区城市化并行的特征。这一时期，土地、住房制度改革及分税制改革为快速城镇化提供了巨大动力，房地产业的蓬勃发展也助力城市更新向市场化运作转型。上海根据1991年修订的城市总体规划相关要求，进入了城市结构更新的快速发展阶段。政府在此阶段有计划、有步骤地开展大规模拆迁棚户简屋，搬迁和疏解中心区工业用地，同时开始关注城市历史文化价值的保护。

在90年代初期，上海城市更新以"大拆大建"为主要模式，追求"短时间大变样"，在规模上扩大许多。有部分以市政工程建设方式进行大规模拆迁，如南北高架建设、延中绿地建设；有部分以"365危棚简"改造方式拆迁，如占地面积近50公顷的"两湾一宅"（潭子湾、潘家湾、王家宅）改造工程、原南市区西凌家宅改造工程；也有相当部分以市场化再开发方式进行拆迁再开发，

---

① 参见上海住宅建设志编纂委员会编：《上海住宅建设志》，上海社会科学院出版社1998年版。

如原卢湾区斜三地块建设。这一时期的旧住宅区改造大多采取了居民外迁，旧住房全部推倒重建的方式，尽管有部分居民回迁，但是在市场化的推动下，居民全部外迁、特别是迁到近远郊区成为更主要的模式。[①]

随着1996年卢湾区"365危棚简"改造工作接近尾声，城市中心区的更新从最初"沿街改造""街坊改造"发展至"成片街区改造"，并且开始关注城市历史文化价值的保存。新天地、思南公馆、田子坊等项目在90年代末期开始启动，其中新天地项目引入瑞安集团，开启了市场化条件下，外资投入、政府和企业合作进行城市更新的新模式。

20世纪90年代以来，在国家启动住房制度改革、市场力量大量介入城市更新的背景下，这一阶段的上海城市更新实践更多的呈现出政府主导、开发商配合的公私合作的特质，企业型城市初见雏形。随着大规模的城市开发建设，特别是旧区改造的快速推进，历史文化风貌和历史性城市景观受到极大的冲击。[②]

3. 阶段三（21世纪最初10年）：历史风貌保护与工业用地转型并行的多元化模式

随着2001年上海市政府圈定1348万平方米的试点地块（307块），"新一轮旧区改造"的序幕拉开。相比以前相对单一的以住区为主要内容的城市更新，这个时期的城市更新呈现出多样化的特点。除了传统的对大量存量住宅的更新改造以外，出现了一大批优秀的城市更新案例。同时，上海市政府在2002年的专题报告中提出，上海旧区改造将由先前较为单一的"破旧立新"式的改造，变为"拆、改、留"并举。

随着2003年开始施行《上海市历史文化风貌区和优秀历史建筑保护条例》，2004年上海市政府发布《关于进一步加强本市历史文化风貌区和优秀历史建筑保护的通知》，历史建筑和历史风貌保

---

① 参见万勇：《上海旧区改造的历史演进、主要探索和发展导向》，《城市发展研究》2009年第1期。

② 参见郑时龄：《上海的城市更新与历史建筑保护》，《中国科学院院刊》2017年第7期。

图 5.1

上海新天地

资料来源：作者拍摄。

护得到前所未有的重视。新天地商业街项目无疑是历史文化风貌区更新的经典案例，采取"整旧如旧""翻新创新"的建筑改造理念，开创了中国城市旧城改造的全新模式，在更新改造中保留了石库门的外观风貌，对内部进行改造，形成集商业、办公、文化娱乐、居住等功能为一体的现代化商住综合区，为旧区成片改造探索新的模式。①

随着城市生产性功能的减弱以及去工业化过程的开始，工业用地逐渐被废弃并亟待转型，工业用地的再利用也成为新时期城市更新的重点内容。工业逐渐被现代服务业和创意产业所取代，如莫干山路 M50 艺术园区 1933 老场坊、苏州河仓库 SoHo 区、8号桥创意办公区、上钢十厂改造项目（2005 年，通过保留厂房，改建为上海城市雕塑艺术中心，成为集雕塑展示交流、创作孵化、作品储备、艺术教育多功能于一体的综合文化中心，为老厂房保护性改造、建设公共服务设施提供了有益探索）、上海啤酒厂改造项目等。同时，以工业遗产集中的黄浦江滨江地区改造为代表，2002 年启动的浦江两岸综合开发战略，以及 2010 年上海世博会

---

① 参见管娟、郭玖玖：《上海中心城区城市更新机制演进研究——以新天地、8 号桥和田子坊为例》，《上海城市规划》2011 年第 4 期。

图 5.2
上海城市雕塑艺术中心
（红坊）、前身上钢十厂

资料来源：作者拍摄。

的召开，都使得大量的产业建筑及其历史地段得到再利用开发，浦江老工业地区整体功能得到转型。

为迎接 2010 年上海世博会的召开，相关市政建设快速推进，城市公共空间也进行了大规模的更新改造。2007 年，上海市政府启动外滩综合改造工程，拆除了号称"亚洲第一湾"的延安路高架外滩下匝道，通过建设外滩地下通道，将地面交通空间释放为公共活动空间，以改善外滩环境、重塑外滩功能、重现外滩风貌。

21 世纪的上海城市更新实践中，更加重视城市历史风貌的保存与保护、工业遗产的修缮与改造，以及以文化创意为主导的空间更新模式，而更新的方式也从单路径的更新发展为多元化的更新，城市更新中的利益主体呈现多元化的趋势。

4. 阶段四（21 世纪 10 年代）：强调"以人为本"的渐进式有机更新模式

2010 年之后，随着城市更新政策的正式出台，在上海规划建设用地存量增长的背景下，上海开始步入稳步发展的渐进式更新阶段。2010—2018 年的城市更新，更加关注历史风貌街区的创新性保护、工业遗产的保护性再利用、滨江地区的再开发和城市社区的重建。该阶段以文化重建为主要特征，强调城市更新中的文化内涵，更多的与文化事件相结合，同时也强调包容社会、经济和环境等多目标的综合性更新。在这个时期，公众参与的创新形式在萌芽，体现了由下而上、公众主导、专家指导、政府协调、企业参与的小规模更新。城市更新朝着渐进式的、针灸式的有机更新模式发展。[①]

随着城市环保要求的日益严格，位于长宁区东部的上海生物制品研究所难以在此继续生产经营下去，在2016年整体搬迁至奉贤基地，园区交由万科进行改造运营。经过整体功能置换和更新，以"上生·新所"回归公众视野，转型为开放的商业、文化、办公功能复合的"城市客厅"，成为上海城市有机更新的地标之一。

为了高效推进滨江公共空间建设，上海市政府制定了《黄浦江两岸地区公共空间建设三年行动计划（2015年—2017年）》。

图 5.3
更新改造后的上生·新所

资料来源：作者拍摄。

---

① 参见上海市规土局、规划院编：《城市有机更新——上海在行动2015》，2015年。

由此，杨浦区依托 15.5 千米长的滨江岸线，将滨江地区建设为集商业、文化、休闲等多种城市功能为一体的共享开放空间。依托滨江地区众多的工业遗存建立起多层级的绿道体系，并利用步行动线与周边居民社区进行联通。此外，杨浦区采取工业遗存和自然绿色公园自然共存、相辅相成的改造理念，先后完成了对杨树浦水厂、上海制皂厂等历史建筑的修缮与改造，同时有机结合公益活动，快速引爆人气更新后的工业遗存成为杨浦滨江对外展示的名片。

5.2.2　上海城市更新机制探索

随着各项法规、经验的成熟，上海城市更新进入新的阶段，更加注重不同主体之间的协同。一方面，各方的利益关系更加复杂，需要不断地改进政策法规，协调各方诉求；另一方面，随着城市规模扩张，密度增加，城市更新更加需要兼顾经济效益与社会效益，实现多边共赢的局面，使更新和发展有机结合。与此同时，上海城市更新的核心政策也在不断演进。

1. 机制探索一：推出《上海城市更新条例》

早在 2012 年前后上海就开始有意识地开展城市更新项目试点，探索城市更新制度建设。2015 年 5 月 15 日，上海颁布《上海市城市更新实施办法》(沪府〔2015〕20 号，简称"20 号文件")，标志上海开始正式开展城市更新工作。为进一步完善城市更新政策，出台了《上海市城市更新规划土地实施细则》等一系列配套政策，为上海城市更新的开展提供了政策依据。与此同时，上海陆续开展了大量的有针对性的城市更新试点。[1]2021 年 9 月 1 日，《上海城市更新条例》正式施行，上海的"城市更新"首次上升到地方人大立法层面。

《上海城市更新条例》明确了城市更新的原则：坚持"留改

---

[1]　参见葛岩、关烨、聂梦遥：《上海城市更新的政策演进特征与创新探讨》，《上海城市规划》2017 年第 5 期。

拆"并举、以保留保护为主，遵循规划引领、统筹推进，政府推动、市场运作，数字赋能、绿色低碳，民生优先、共建共享的原则。条例还强调"区域更新、整体推进"，通过一系列制度措施设计，更有效地整体激活城市空间、功能、产业、设施等发展全要素活力；相较以往，除强调对历史文化的传承与保护外，还引入了绿色、低碳、数字化等原则。

2. 机制探索二：成立城市更新基金

城市更新项目体量通常较大，动辄几十亿或上百亿的总投资，而且更新开发周期比较长，对资金要求较高。目前，城市更新的主要角色是政府、社会投资人及土地物业权属人（村委会等），而随着更新模式和参与主体的多元化，金融机构将扮演更为重要的角色。根据过往的实践经验，资本参与城市更新主要有四个途径，即银行贷款、专项债权、专项信托及城市更新基金。结合当下的金融市场环境，从参与门槛、募资周期、操作难易度、资金监管和退出机制等五个维度来看，城市更新基金相较其他三种途径，有着更为显著而灵活的优势。

2021年6月，上海成立800亿元城市更新基金，该基金采用母子基金架构，分别是城市更新母基金、一级开发子基金及针对自持商业运营的子基金，由上海地产集团作为基金管理人。这标志着"创新金融+"模式正式进入上海城市更新，一方面是政府作为尝试加大金融政策支持力度，另一方面是利用地方国企背景推动市场资金进入。城市更新基金未来将定向用于投资旧区改造和城市更新项目，对于基建企业、金融机构、各类开发商参与城市更新提供新的路径。

上海从20世纪80年代的旧区改造伊始，到如今模式升级，走向新的城市更新，更加关注人的需求。在国内的城市更新实践中，上海具有丰富的样本和案例，也在城市更新的实践中走在前列。总体来说，上海的城市更新历经发展，呈现多元化趋势。

5.3 苏州城市更新模式与实践

苏州城始建于公元前514年，距今已有2500多年历史，其悠久的历史和自春秋时期起亘古不变的地理位置为苏州累积了丰富的历史遗存。苏州通过旅游资源的开发和利用，实现旅游产业的繁荣有序发展，年游客接待量近1.4亿人次。与此同时，苏州借助长三角地区一体化发展的契机和生产要素优势等特点，实现了以制造业为主、多产业协同发展的方式，并在2021年取得GDP全国第6名的优异成绩。如今的苏州已经成为闻名遐迩的国家高新产业基地和旅游目的地城市，并在城市更新的探索和发展过程中，结合城市自身特点，因地制宜地依托其丰富的历史建筑遗存和雄厚的产业基础这两大特点，开辟出了一条以古城保护为抓手，盘活存量空间为试点的城市更新"苏州模式"。随着2021年11月入选住建部全国首批城市更新试点城市，苏州将不断加快和完善城市更新领域"苏州模式"的探索和推广。

5.3.1 苏州城市更新发展特点

1. 特点一：古城保护，历史街区的活化利用提升

清代苏州籍画家徐扬的《姑苏繁华图》全景般展示了盛世苏州的市井繁华的景象，其画上的部分建筑风貌历经百余年的洗礼依旧保留至今。1982年，苏州成为国务院首批国家历史文化名城。自此，以姑苏区为代表、以历史建筑遗存为核心，苏州开启了古城保护型城市更新。

在城市更新的主体建设上，苏州现在已经形成了"政府主导、市场运作、社会参与"的多元化参与机制。政府主要负责政策制定、规划编制和项目开发主导等角色，优质企业和社会资本通过差别化的政策引导和合适的收益分配机制参与到城市更新的进程当中，同时老百姓的需求也最大程度通过城市更新得到实现。这种机制调动了社会参与城市更新的积极性，实现了城市更新的有

机发展。

在法规建设层面上，苏州先后制定并出台了多项法律法规。从最早的《苏州历史文化名城保护规划》，到如今的《苏州市姑苏区分区规划暨城市更新规划（2020—2035）》，各项法规在宏观上明确更新方向、时序、规模和策略，在微观上具体指导针对特定历史街区和建筑等的具体实施措施，并实时根据经济社会发展和古城保护的实际情况对规划和法规进行完善和优化。与此同时，苏州市规划局、市住建局等多部门均建立了监察队伍，确保古城保护规划的落实，依法依规有序开展古城保护与更新工作。

姑苏区拥有苏州数量最多和规模最大的历史建筑。在历史建筑的保护上，姑苏区坚持保持传统建筑的风格和纹理，保留苏式建筑"黑、白、灰"和"素、淡、雅"的色彩基调，遵守"修旧如旧"的修缮原则对历史建筑进行严格的保护和修复。同时严格控制周边新建建筑的高度，不再新建大型商业设施，原则上限制医院和学校的新建，最大程度地保留古城整体历史脉络。此外，针对多数历史街区的基础市政设施落后和现代生活设施严重缺乏的现象，姑苏区在对街区的人居环境更新改造中，以不改变整体历史风貌为前提，尽可能改善居民的生活设施，增加公益配套设施的建设，最大程度地利用有限空间改善居民的人居生活。

姑苏区在进行古城历史街区和建筑的修复与保护的同时，也在思考如何使苏州的"非遗"文化在历史街区中得以延续。姑苏区通过文商旅融合互动模式，将历史文化街区发展为重要的旅游目的地和旅游吸引物，大力引进知名老店、国际名店及名品特产，并不断组织节庆、会展和民俗活动，将古建老宅"活化"为如今众人打卡的网红商铺、精品民宿，同时将苏州的民间工艺和传统艺术等非遗文化融入历史街区，打造文化展示和文化创意平台，以文商旅深度融合的市场化机制推进历史街区的有机更新。

平江路历史街区是苏州古城迄今为止保存最为完整的一个区域，是姑苏区历史建筑保护和城市更新的典型代表。在街区古建筑保护方面，对原有建筑依照不同建筑风格修旧如旧，并完整保留原有的河街相邻的道路格局，限制周边新建建筑的高度，最大程度地保留了原来的历史风貌，打造江南城市古建筑博物馆。在对巷内生活区修护更新方面，在保持原有街巷空间布局的基础上完善街区的市政配套和公共设施的建设，实现保护与发展相结合、民生改善与社区活化相促进。此外，街区市场化开拓吴侬软语文化的代表——苏州评弹的商业演奏，同时推出"平江晒书节""中秋平江曲会""苏州国际设计周"等主体文化活动，加强商业街区的精细化运营，将街区建设成为展现传统江南文化的重要窗口。平江路历史街区于 2022 年 1 月 10 日入选首批国家级旅游度假区。

多年来，苏州以姑苏区为代表，开展了以古城保护更新为抓手的城市更新，通过"政府 + 多元"主体的模式和逐渐完善的法律法规体系，不断推进历史建筑的修复修缮，古城居民人居生活条件改善，文商旅深度融合，古城保护型城市更新取得成果。

2. 特征二：存量工业用地盘活，推进产业转型升级

苏州高新区作为首批国家高新技术产业开发区历经 30 年的发展，以苏州 2.6% 的土地面积，创造了全市 7% 的 GDP，取得了骄人的成绩。然而近年来高新区面临着增量空间紧张、土地利用率不高、亩均产出与先进地区存在较大差异等问题。城市更新通过推进低效用地再开发，提高土地资源要素配置和产出效益，成为苏州高新区促进产业转型升级的必由之路。

2021 年 8 月，高新区为更好推动城市更新模式下的产业升级，成立了苏高新城市更新中心和苏高新城市更新有限公司。其中苏高新城市更新中心作为政府政策主体负责全区城市更新的政策创新研究，宏观层面上负责制定总体工作方案和具体工作计划，执行层面上统筹全区城市更新项目的审批工作，成为城市更新工作的先行驱动。苏高新城市更新有限公司由苏高新集团全资组建，注资 20 亿元，主要负责区城市更新项目的投资、建设和运营，以及后续与属地政府和社会资本等城市更新项目的市场化合作。

位于高新区的枫桥街道的和枫产业园曾经以物流、装修、人

力资源、贸易产业为主，面临产出效益低、产业结构低等问题。该城市更新项目创新利用协议变更用地的方式和混合用地的模式，由苏州高新区牵头编制《和枫科创园片区城市更新单元规划》，将原有土地性质变更为工业、研发、商业服务业混合用地，实现了同一宗地上多用途混合。现在的和枫科创园建有 6 幢高层研发中心、1 幢展示中心和 1 幢商业服务中心，大力发展智能制造、互联网 +、数字经济等高新产业，成功引进百度 VR（苏州）赋能中心、南京大学数字创新研究院、枫桥（同济）数字信息科创中心、集成电路产业孵化中心枫桥分中心、苏州中科智能技术研究院等优质项目，以城市更新为路径，通过产业的"腾笼换凤"，实现产业转型升级。

苏州高新区通过试点推进低效用地再开发，采用混合用地的模式实现土地资源要素配置的提升、产业的升级转型及产出效益的提高，尝试了一种以盘活存量空间为试点带动产业转型升级的城市更新模式。

5.3.2　跻身试点城市，打造苏州样板

2021 年 11 月苏州入选全国首批 21 个城市更新试点名单，这是国家对苏州以古城保护为抓手、以产业升级为试点的城市更新实施路径的肯定。苏州未来将持续响应国家号召，探索建立政府引导、市场运作、公众参与的可持续实施模式；坚持"留、改、拆"并举，以保留利用提升为主，建立存量资源统筹协调和多元化资金保障机制，并探索建立城市更新配套制度政策和多元化资金保障机制。

苏州将以《苏州市城市更新试点工作实施方案》为引导，按照"建设人文、宜居、绿色、韧性、智慧城市"的要求，通过两年的试点工作，建设完成一批彰显"苏州气质"、具有示范效应的城市更新项目，初步建立起城市更新体制机制和政策体系，积累一批可复制、可推广的试点经验，打造城市更新模式下的苏州样

本。在具体实施方面，苏州将进一步依托姑苏区古城保护型和苏州高新区产城融合型城市更新试点工作，借助跻身全国首批城市更新试点城市的契机，强化历史文化名城的保护和利用，做好古城更新总体设计，呵护古城街巷肌理，打造苏式生活典范，加快优质产业的导入和转型升级，增强存量空间的盘活利用，并补足民生短板，持续探索和实践城市更新的苏州模式。

5.4 嘉兴城市更新实践

嘉兴位于上海大都市圈的西南角，占地约 4000 平方千米，是国家历史文化名城之一。自进入 21 世纪第二个十年，由于城区外扩难度加大，为求进一步发展，嘉兴进行了诸如存量改造、容积率提升等常规城市更新项目，更新进程稳定扎实。而时至 2020 年，作为中共第一次代表大会召开地的嘉兴，开启了以整个中心城区为作业范围的城市更新项目，以此作为给予党百年华诞的献礼，更新步伐赫然加速。

5.4.1 自上而下的"嘉兴市中心城市有机更新规划"

为迎接共产党百年庆典，2020 年嘉兴市推出了针对整个中心城区的"中心城市有机更新规划"。该方案以中心城区三环以内的 102 平方千米作为规划区域，由外及内地以重要性划分成三块待更新区域，即统筹更新、重要更新及核心更新范围。计划的整体框架设定为"一湖，九廊，两环，一城，八板块"（"1921+8"）：

"一湖"为以南湖为中心的景观区域，是嘉兴最为知名的城市名片，也是整体更新领域的中心点；"九廊"是苏州塘、长水塘、海盐塘等九条交汇于南湖的放射状滨水廊道；"两环"为环城河和南、北郊河两条环状的滨水带；"一城"即环城河内的老城区，面积约为 2 平方千米。是嘉兴最具有历史文化底蕴的片区；"八板块"即城北板块、城西板块等被"九廊两环"天然划分出的八个城市板块。

而针对如上各个不同板块及区域，规划者依据其自然禀赋和相应的规划赋予不同的片区功能。例如，嘉兴火车站坐落其间的城东片区被规划为交通枢纽商务区及现代生活聚集区；以出清低散乱企业以及重新开发为主的城北片区，目标则是引进高端服务业，打造产城融合新区；以"九廊两环"为特征的嘉兴水道体系，则将以"九水归心"为规划目标，即各水廊的相互贯通无碍，为南湖片区水上休闲旅游项目的落成奠定基础。

在规范实施如上规划的前提之下，以时间轴为参照，规划者为未来嘉兴的定位设定了宏大的规划目标：近期（2020—2022年），以嘉兴老城区和南湖为中心的"核心规划区"打造"最江南慢享古城"；中期（2023—2025年），启动"重要更新区域"的更新计划，打造世界级滨水城市；远期（2026—2035年），以整个102平方千米中心城区为更新范围，打造和谐宜居的"全球最佳人居城市"。[①]

5.4.2 更新空间的出清与精细化利用

嘉兴除宏观的更新规划，于微观处的更新举措也颇有亮点。时至2011年，嘉兴城区内土地已然紧张，摊大饼式的城市扩张进程告一段落。为继续高质量的发展，嘉兴于2015年开始了城镇低效用地再开发计划：通过诸如协议置换、收购储备、改变土地用途等手段为后续的发展积攒空间。例如，嘉兴地标的南湖边其时工厂云集，嘉兴绢纺厂、毛纺厂等皆坐落于此。通过几年的湖滨区域搬迁，改造提升工程，滨湖景观带业已成型。截至2019年，嘉兴腾退低效用地2.18万亩，在腾出的过往低效用地上开发的更新项目达27个。

---

① 参见嘉兴市住房和城乡建设局：《嘉兴市中心城市有机更新规划》，嘉兴市住房和城乡建设局官方网站，2020年。

图 5.4
嘉兴南湖

资料来源：作者拍摄。

对于有限空间的极致利用也是达成更新目标的有效举措。以公共卫生设施建设为例：2019 年伊始，嘉兴全力推进"厕所革命"落地老城区。经过三年建设，114 座相应设施落成。以"见缝建站，转角遇美"为宗旨，这些设施多利用城区间的碎片空间建设而成。其中的 25 间除基本卫生间功能外，更以驿站形式赋予城市额外的公共空间。以老城中山路的老建委驿站为典型：该站所处场地边界模糊，场地内四棵香樟树杂乱分布，本无任何利用价值。建设者通过将屋面置于香樟树冠底下，以各色楼梯、坡道构造立体空间，为公众提供了集阅读、休憩等功能为一体的公共场所。①

5.4.3 城市更新兼顾民生需求

虽是为党献礼，但"有机更新规划"终为民所享，因而对于民生的关注不可或缺。嘉兴各色民生更新中，最引人注目者当属"四个不带入"规划，即不将"筒子楼""手提马桶""城中村""断头河"带进小康社会。为此诸多举措业已开展：通过大面积的搬迁重置，让手提马桶，以及四个位于城区的城中村和大片筒子楼等景观逐渐消失；而更新规划中的"九水连心"水道体系的顺利

---

① 参见 ArchDaily:《城市碎片空间更新，嘉兴老建委驿站》，ArchDaily 官方网站，2021 年。

建设，则着眼于将城区内的大小断头河悉数联通，水体流通顺畅使得河道水质亦有所改善，III类水占比于2021年上升到91.8%。

追溯过往，以整个中心城区为标的开展城市更新项目的举措亦属罕见，"嘉兴城区有机更新计划"为后进者提供了一个独特的、以政策事件为发起契机、以自上而下统筹规划为蓝本的超大更新规模的城市样本。

5.5　南通城市更新实践

南通位于上海大都市圈北侧，与上海划江相望，总面积达8000平方千米。南通历史悠久，是中国141座国际历史文化名城之一。相较于同为古城的苏州和发展起步较早的上海，南通的现代城市建设起步较晚，城市老化程度相对较轻，因而城市更新的进程尚处于探索阶段。但后发者有其独有的后发优势，各发达城市的更新案例珠玉在前，为南通提供了可行的参考借鉴对象，而不必亲自将前辈城市曲折的探索道路重走一遍，因而在城市更新的模式上有其出彩之处。

5.5.1　重建式更新探索

以通州为核心的南通中心区域产业集聚，人口密集，多数历史文化遗址坐落其间。于此间实施大开大阖的重建式更新将耗费巨大且兴师动众，因而综合整治和功能改善类更新项目更适合在主城区推行。

经开区作为南通经济增速最快的区域，近年来可用地捉襟见肘，而存量工业项目产出低下，且多以老旧化工项目为主。有鉴于此，规划者于2021年设立滨江湾城市更新项目。滨江湾片区位于南通市西侧沿长江一带，总面积达到16平方千米，被崇川、海门、通州区三大片区环绕，隔江与苏州、上海相望，区位优势明显。规划者将其定位为未来的沿江科创带和滨江风光带，且设高额项目款为其规划招标。作为南通境内第一个大型重建式更新项目，滨江湾不仅将成为南通新的经济增长推动点，也将为日后市域内的大型片区重建项目提供可效仿模板。

5.5.2　保护式更新实践

作为历史名城，南通坐拥可观的历史文化资源。如何维护、修复相关资源，进而在维系历史文化脉络的同时亦创造持续的文旅价值，可从规划者对唐闸古镇的改造案例见微知著。

唐闸古镇位于崇川区北部，面积约 26 平方千米，作为中国近代工业的发祥地之一、近代实业救国第一人张謇的故乡而被誉为"中国近代工业遗存第一镇"。其近代工业遗存保留完善，工业门类丰富，因此大拆大建的更新方式极不可取。规划者为此给出了结合保护性修复与置换式更新相结合的更新方案：整个街区划分为"一轴五带八片多节点"的功能性结构，按历史重要性分片治理；以张謇彼时兴办的大生纱厂、造纸厂、油脂厂等工业遗存为基底，构建"南通 1895 文化创意产业园"，在保存当年生产、社会的基本风貌的前提下，以功能置换的方式添加旅游、休闲等公共服务功能；将核心区周边历史价值相对较小的老式棚户居民区改造成诸如"水色染坊""唐闸印象馆"等文化体验项目，增加创收机制；通过对贯穿整个街区的通扬运河的综合治理，对标志性的大生码头的保护性修缮，将运河夜景打造成了老镇景区地标。

至 2020 年，唐闸古镇核心区已达成招商 160 余家，营收总额 7 亿元，接待旅客量超 200 万人次，成为南通市内文旅观光又一标志性项目。

从唐闸古镇案例可一窥南通规划者对于市域内历史文化资源的开发思路，即在不破坏文脉传承的前提下，通过对内部功能的置换和添加，在完成历史街区的更新的同时建构可持续的发展机制。

图 5.5
唐闸古镇

资料来源：作者拍摄。

5.5.3　民生环境提升

如上所述，南通的城市更新历程较短，于两年前在崇川区任港路新村刚开启全市第一个破旧片区更新项目。任港路新村所在的区域是南通早期的工业聚集地，该新村也是南通最早成型的居民小区之一。由于年久失修而居住条件恶劣，1517 户居民的户均面积不足 50 平方米，因而被选择作为老城区更新的试点。相较于其他城市比较多见的整体搬迁模式，南通于更新伊始便选择了难度较大的原址拆除重建，原住民回迁模式。此种模式虽困难甚大，优点也显著：就地回迁坚持"拆一换一"原则，避免"拆二代"的产生，防止贫富差距恶化，同时也节约宝贵的土地资源。第一个试点项目的成功推动了规划者对于破旧片区改造的速度：2021 年，崇川区另开启了 9 个街道、278 万平方米老旧小区的改造工程。

除了直接攸关居民福祉的居住条件，环境也是民生更新的着眼之处：南通水文资源丰富，长江干流南通段长达 87 千米，市域内一级河道数十条，二级河道 105 条，配合毛细血管般的三四级水道一同构筑起一个纷繁复杂的河网体系。而通过诸如疏通断头河，建立"河长制"监督河流情况等一系列措施，南通域内的河流水质基本稳定在 III 类水以上；在绿化层面，规划者提出了"300 米见绿，500 米见园"的治理口号，通过规划控绿、建设增绿、整治添绿等专项行动，目前南通绿化覆盖率已达 44.4%，人均公园绿地面积 20.09 平方米，皆为省内领先。

综上所述，相较于上海大都市圈内的其他城市，南通的城市更新序幕才刚刚拉开。在借鉴其他城市的优秀更新经验的基础上，南通的更新举措不乏亮点，后续的展开令人期待。

6

从"锈带"到"秀带"
——杨浦工业区的前世今生

杨浦区位于上海东北部，面积 60.61 平方千米，是上海近年来发展最为迅速的片区之一。杨浦区作为上海近代工业的发祥地见证了上海乃至中国近代工业的发展历程，然而，随着时代变迁，杨浦在城市配套、产业结构和功能布局方面日渐落后，面临转型更新的迫切需求。

Yangpu District is located in the northeast of Shanghai, covering an area of 60.61 square kilometers, and is one of the most rapidly developing districts in Shanghai in recent years. As the birthplace of Shanghai's modern industry, Yangpu has witnessed the development of Shanghai and China's modern industry. However, with the changes of the times, Yangpu has become increasingly backward in terms of urban support, industrial structure and funct, ional layout, and faces the urgent need for transformation and renewal.

杨浦区位于上海东北部，面积 60.61 平方千米，是上海近年来发展最为迅速的片区之一。杨浦区作为上海近代工业的发祥地见证了上海乃至中国近代工业的发展历程，然而，随着时代变迁，杨浦在城市配套、产业结构和功能布局方面日渐落后，面临转型更新的迫切需求。

进入新世纪后，杨浦依托优质且集中的高校资源，通过大学校区、科技园区、公共社区的"三区联动"模式，促进学城、产城、创城"三城融合"，成功实现了从"工业杨浦"向"知识杨浦"的战略转型，并被确定为国家创新型试点城区。此外，杨浦抓住黄浦江两岸开发、2010 年上海世博会等契机，启动滨江老工业带更新，探索出一条传承历史文化、推动功能转型和可持续发展的新道路，为上海建设卓越全球城市提供新的样本，实现了从"锈带"到"秀带"的华丽转身。

6.1 从老工业基地到城市秀场

6.1.1 20 世纪 80 年代至 2000 年：更新探索期，以房地产开发为主导的去工业化发展

杨浦工业的发展历程可上溯至清末：其时杨浦诞生了中国第一家自来水厂、发电厂、煤气厂等中国工业的 13 个"第一"，工业产值一度占上海总量的四分之一，产业工人超 60 万。经历了辉煌的 20 世纪上半叶，后工业化时期的杨浦面临无可避免的衰退。昔日繁忙的工业区成了本地人眼中贫民集聚、不宜居住的"下只角"。区内人口数量为当时上海众区之最，且人口结构两极分化、消费能力低下。同时，20 世纪 90 年代的国企改制和产业调整造成大量人员下岗，就业压力剧增，社会维稳任务繁重。

杨浦的第一轮城市更新规划始于 20 世纪 80 年代中期。1986

年 10 月，国务院批准《上海市城市总体规划方案》，提出上海"将以中心城区为主体、市郊城镇相对独立、中心城与市郊城镇有机联系、群体组合的社会主义现代化城市"。伴随着上海实施产业结构和生产力布局调整，杨浦区也开始重点推进锻造、纺织、化工、出版印刷、船舶制造等"两高一低"产业退出，全面实施关停搬迁，尝试振兴传统产业的渐进式转型。

这一时期杨浦的城市更新主要以"拆旧建新"为主，通过拆除棚屋和厂房释放出大量土地，而其中 70% 以上的工业用地改造为房地产开发项目。据统计，1985—1990 年间，杨浦区每年竣工的住房达 70—80 万平方米，杨浦区内现存的诸如市光、开鲁、国和、工农、民星等容纳大量居民的新村大多建设于这一时期。但由于对房地产的高度依赖，这一时期杨浦尽管在土地置换方面取得了一定成效，但在产业更新和民生配套方面仍然滞后。大拆大建的更新模式带来了可观的短期财政收入，但产业转型和功能改造仍旧问题重重。

6.1.2 2000—2015 年：跨越发展期，从"工业杨浦"到"知识杨浦""创新杨浦"

进入 21 世纪，虽已进行数年的土地置换和用地调整，但杨浦区工业用地面积占比仅从全区总面积的 14% 下降为 12.8%。彼时杨浦对工业的依赖性强，区内工业门类齐全，市属工业企业多达 782 家，但产业仍多集中于服装纺织、机械制造等高投入低产出行业，这些产业随时代变迁对于区域经济的拉动能力逐年递减，已不具备发展前景和优势。同时，工业布局散乱、与居民区混杂，不仅无法形成集聚效应，而且对本地居民的生活环境也带来负面的影响。

1."知识杨浦"的确立

国有企业是当时背景下全国产业转型发展的支柱，虽然杨浦区云集大量的国有企业，但在当时的政策条件下，区政府对于国有企业并不具有绝对话语权，因此，依托国企带动的传统产业转型路径可操作性较弱。杨浦随后将目光转移到本区众多的高校资源上，彼时在杨浦行政区域内有 17 所高等院校，占全市高等院校数量的三分之一，其中不乏复旦大学、同济大学、上海财经大学等全国一流高校。但高校管理权不归属地方，该体制成为高校和地方之间的无形围墙。

2004 年，杨浦创新地提出大学校区、科技园区、公共社区"三区融合，联动发展"的理念，大学校区为整个城区的经济与社会发展提供智力支撑，科技园区为创新创业和就业提供载体，公共社区为校区和园区提供公共服务[1]，以此打破高校和地方联动发展的壁垒。

2004 年 5 月，上海市政府下发对《杨浦知识创新区发展规划纲要》的批复，随后杨浦紧紧依托各高校的强势学科，建成以现代设计为核心的同济大学国家大学科技园，以电子信息、新材料为核心的复旦大学国家大学科技园，以科技金融服务为核心的上海财经大学国家大学科技园，以光机电一体化为核心的上海理工大学国家大学科技园等一系列大学科技园区。

截至 2010 年，短短五年内"知识杨浦"的建设已初具雏形：现代设计、电子信息、新材料、环保节能等特色产业每年增长速度都在 40% 以上，第三产业的比重从 69% 提高到了 75%，知识型、生产型现代服务业在第三产业的比重超过 30%。[2]

2. "创新杨浦"的升级

杨浦区从"工业杨浦"到"知识杨浦"的转型成果得到了国家层面的认可与支持。国家科技部于 2010 年 1 月确定杨浦为国家创新型试点城区，杨浦的转型发展提升到了国家发展战略层面。同年，上海市政府印发《关于推进杨浦国家创新型试点城区建设的指导意见》，并专门建立组织推进体系。在建设过程中，杨

---

[1] 参见杨浦区人民政府：《深化三区联动，促进三城融合，全力创建全国双创示范基地》，《中国经贸导刊》2016 年第 21 期。

[2] 参见杨轩：《上海杨浦"知识创新城区"的成功经验》，上海市科学技术委员会新闻中心，2010 年。

浦区始终坚持高校和科研院所是创新发展的源泉，持续推动大学和科研院所的相关功能机构和平台落地，重点引导相关研究资源的共享、溢出和转化，将大学科技园区作为杨浦创新发展的驱动载体。

与此同时，杨浦区搭建了一系列助推企业创业的政策体系，包括产业政策、融资政策、人才政策等，以及配套的政府专项资金。杨浦政府用最好的土地、最优的政策、最有力度的财政投入，不断优化创新和创业环境，并以五角场城市副中心、新江湾城创新基地、环同济知识经济圈、大连路总部研发集聚区、滨江现代服务业发展带等五大功能区为重点，加快推进载体建设。

其中，五角场城市副中心五年间建成商务商业载体 65 万平方米，入驻企业超过 900 家，吸引了一大批世界 500 强企业及行业龙头企业，形成了软件、创意设计、现代服务业企业的集聚。环同济知识经济圈依托同济大学的强势学科，形成了现代设计产业集群，五年间聚集超过 1600 余家相关企业和 3 万名从业人员，总产值连年保持年均 20% 以上的增长率。

图 6.1
五角场

资料来源：作者拍摄。

6.1.3 2015年至今：发展成熟期，产业更新与空间更新并重，多要素融合创新

2014年上海市政府为高效推进滨江公共空间建设，制定了《黄浦江两岸地区公共空间建设三年行动计划（2015年—2017年）》。在此契机下，杨浦区依托15.5千米滨江岸线，启动了新一轮滨江地区更新改造，通过"市、区联合储备"工作机制，对滨江地区进行土地整体收储和综合开发。具体更新手法上，秉持"人民城市为人民"的理念，通过融合重建与改造、缝合商业与公益、借助多元活动等举措，将杨浦滨江改造为集商业、文化、休闲等多种城市功能于一体的共享开放空间。

融合重建与改造。杨浦滨江改造坚持"工业遗存和绿色公园自然共存、相辅相成"的理念，先后完成了对杨树浦水厂、上海制皂厂等历史建筑的修缮与改造。在原上海烟草公司机修仓库的改造过程中，通过将滨江一侧建筑斜向切削，形成台地式景观平台，并在平台和屋顶上布置有绿化与花卉；内部空间则改造为咖

图 6.2
杨浦滨江

资料来源：作者拍摄。

图 6.3
绿之丘

资料来源：作者拍摄。

啡馆、会客厅、办公等商务商业功能。改造后的"绿之丘"已经成为杨浦滨江的新晋网红打卡地，平日市民可以在咖啡厅小憩，亦可以登上平台远眺滨江两岸。

缝合商业与公益。通过建筑与商业以及公益活动的有机结合，让建筑作为城市功能的应用载体，为杨浦滨江注入活力。2018 年上海杨浦滨江投资开发有限公司对毛麻仓库旧址进行整体修缮，并于 2019 年作为公共活动举办场所对外开放，至今已成功举办了"2019 上海城市空间艺术季""2020 上海国际摄影节""曙光—红色上海·庆祝中国共产党成立 100 周年主题艺术作品展"等活动，被誉为"文化仓库"。此外杨浦滨江还汇聚有渔人码头、上海朗朗音乐世界等多个商业与公益并重的项目，成为杨浦乃至上海滨江对外展示的名片。

多元化活动。以举办多元的活动，如音乐节、赛事、品牌发布会等，作为滨江品牌的推广手段和引流驱动点，保证了滨江地区长期向好的发展。2022 年是冬奥之年，在申办冬奥会之初，中国对世界承诺推动三亿人规模的冰雪运动，杨浦滨江在推动冰雪运动上也做出了相应的贡献。2021 年 12 月 18 日至 19 日，杨浦滨江成功举办了为期两天的 2021—2022 国际雪联城市越野滑雪中国巡回赛，利用人工造雪将滨江"绿之丘"变成了一片临时雪场，让各国运动员在比赛时同时领略杨浦滨江之美。

经过近 30 年的更新历程，杨浦实现了从"锈带"到"秀带"的华丽转型，不但重塑了经济发展动力，也提升了区内居民的生活品质，更成为上海乃至全国城市更新的成功范例。习近平总书记在 2019 年 11 月 2 日考察杨浦滨江时充分肯定杨浦的城市更新探索，并提出了"人民城市人民建，人民城市为人民"重要理念，指导城市未来的更新与发展。

6.2　杨浦城市更新的困境与破局

回望往昔，杨浦城市更新过程中波折不断，历尽千辛。既有老工业基地的历史顽疾，也有杨浦特殊的区情原因。

首先是凌乱的用地现状带来的土地功能置换问题。在推进城市更新的过程中，杨浦面临的是一个老旧重工业厂区林立、破旧居民小区及棚户区交杂的复杂局面，与意图打造的立足于科技、知识的新兴片区大相径庭。而散落于其中的历史保护建筑又限制了大破大立式的改造方式。

另一棘手问题则是源于土地权利人主体众多的利益难以协调问题。杨浦诸多地块的土地权利人大多在体制内级别较高：有诸如杨树浦水厂、杨树浦电厂这般体量庞大，在上海城市日常运营中不可或缺的市属国企；有复旦大学、同济大学等占据大幅地块的高等院校、科研机构；还有诸如长海医院、上海海研所等部队机构。在更新过程中，市、区两级政府协调统筹工作面对的阻碍和难度极大。

最值得注意的，则是区内因城市更新改造而被迫搬迁的居民安置问题。杨浦历来是上海滩上人员密集处；第七次人口普查显示，截至 2020 年，杨浦区内常住人口达 124 万，人口密度在全国众多城区中排名第 18。区划内新增土地资源已经有限，安置拆迁居民的困难贯穿于整个更新过程中。

应对如上所述的复杂难题，杨浦区的城市更新在目标和理念上，体现了三个维度的兼顾和统一。

其一是社会维度。如何有效安置并保障动迁居民的权益、提升留守居民的生活品质和公共服务质量，应当成为一切城市更新行为的出发点。杨浦区在更新过程中，除了易地搬迁、货币补偿等常规处理手段外，也通过对旧区留守居民原有生活环境的翻新、公共服务的持续提升，增进留守居民的民生福祉。

其二是文化维度。城市更新不宜以对本地留存文化的铲除湮灭为代价。杨浦更新的过程中，一方面，将建筑作为文化的符号和承载，通过对历史保护建筑进行修缮保护，保留其特有肌理，传承其历史文脉；另一方面，利用更新释放出的公共空间，举办各类节庆及展演活动，在保留传统文化的同时，注入新的公共文化内涵。

其三是经济维度。城市更新的根本目的在于为城市注入新的发展动力，求得经济上的可持续发展。杨浦致力于在促进物质环境改善、建筑载体升级的基础上，通过内容的置换，在尽可能保留既有城市肌理的前提下，重新注入经济动力，对既有载体完成"再生产"，进而实现地区产业结构的调整和升级。

笔者尝试从杨浦众多更新项目中撷取数例典型，以期展示杨浦区于城市更新中如何贯彻以上三大维度，以及通过例如盘活存量资源、因地制宜、合作开发等现实手段，在不损及文化脉络传承的前提下，实现区域转型升级和民生福祉提升。

6.3 典型项目

6.3.1 杨浦滨江：从"锈带"到"秀带"的华丽转变

杨浦滨江更新以"还江与民"为理念，以文化和社会维度为核心，兼顾经济发展，通过盘活老旧厂房、传承杨浦百年工业文脉，注重拓展公共空间、建设生态滨江，实现了从"锈带"到

"秀带"的华丽变迁。

杨浦区拥有约 15.5 千米的滨江岸线，但在过去，由于密集的厂区和工业企业割据江岸，杨浦滨江地区"临江不见江"，成为该区域百年发展的一个城市空间难题。上海市政府为了推进滨江公共空间的建设，于 2014 年制定了《黄浦江两岸地区公共空间建设三年行动计划（2015 年—2017 年）》，而这也为杨浦滨江的更新带来了重大契机。

杨浦滨江的更新主要面临两大难题：一是如何改造历史建筑，保留并凸显有文化、有特色、有韵味的近代工业历史文脉；二是如何有效释放并利用公共空间，将绿色生态和城市功能融入滨江岸线空间中。为此杨浦区积极建设两个国家级示范：[①]一是活化利用滨江的历史保留建筑，按照重现风貌、重塑功能、重复价值的理念，争创国家文物保护利用示范区。二是按照绿色生态理念，把公共空间打造为让老百姓适宜的生活空间，争创上海市公园城市示范区。

1. 历史建筑活化

杨浦滨江沿岸重工业厂房林立。更新过程中，杨浦区将该类建筑以迥异的方式和谐嵌入滨江景观中：英式古典建筑自成一抹景观的杨树浦水厂原地原功能保留；以国际时尚中心的新姿重生的国棉十七厂为历史悠久的厂房灌注了时髦商铺等新鲜血液；而往昔岁月里以两根百余米高烟囱独步杨浦滨江的杨树浦电厂则化身遗址公园，用遗留的空旷厂房和大片绿地，为日渐繁华的江畔留下引人遐想的空白。

无法保留而需拆除的老建筑也并未就此离去，它们的碎片化整为零重新回归：景墙与步道所用红砖来自老杨浦粮仓；抵挡波浪的消波石置于路边用作讲解牌；可塑性佳的钢铁制品更以座椅、路灯、雕塑的形态，继续留存于它们已为之效力百年的这片区域。

浦西各沿江地段皆历史建筑遍布，但更新后的风貌各异：遗

---

① 参见界面新闻：《揭秘上海杨浦新一轮发展重点区域：杨浦滨江将用三年时间华丽变身》，2020 年 8 月 27 日。

迹较少，几乎从无到有打造的徐汇滨江时尚新潮；最为世人所知，以万国建筑博览群为标志的黄浦滨江大气厚重。尽管珠玉在前，但杨浦滨江利用独有的各色工业遗留建筑，展示了历史建筑融入现代景观的另一种可能。

2. 公共绿带建设

由于毗邻黄浦江，汛期防洪是杨浦滨江在更新过程中必须解决的首要功能性问题。在改造过程中，杨浦滨江以原有厂区遗存空间为基础，通过建立起多层的绿道体系，将防洪功能和公共空间有机结合，设计出雨水花园，把原本的积水区升级为一个汛期可以汇集雨水的低洼湿地。在遇到大雨天气时，该湿地可以起到调蓄降水、滞缓雨水排入市政管网的作用。[①] 在景观方面，加入部分钢结构为主的景观构筑物，呼应滨江百年工业文化，打造出一个同时具有生态功能和工业特色的景观环境，使得滨江地区以工业遗存与自然景观共存的方式既兼顾功能性要求，同时回归于民众。

类似上海这样的高密度大城市通常缺少开放空间，更缺少可供居民户外锻炼的场所。杨浦滨江地区在建设时充分考虑到了未来周边居民对户外运动的需求，将滨江漫步道、跑步道与自行车道组成为杨浦滨江的绿道系统，成为滨江空间从封闭到开放转变的一个重要里程碑。在升级改造的工程中，通过高架人行步道、滨江栈桥等方式将过去滨江岸线的所有断点，如轮渡站、厂房等，均进行了物理连接，最终实现了滨江连续的步行动线。如今，这里是"跑友们"沿着红色跑道奔跑的健身场，是孩子们踩着滑板车玩耍的游乐园。

此外，在步道沿线，杨浦区政府还每隔800米建立一个党群服务驿站，市民在站点内坐赏黄浦江两岸风光，在美景中享受阅读时光。不同的驿站具有不同的主题和功能。例如，在秦皇岛路码头站为游客提供浦江游览咨询；跑者驿站为在此锻炼的市民

---

① 参见章明、张姿、秦曙：《锚固与游离——上海杨浦滨江公共空间一期》，《时代建筑》2017年第1期。

提供更衣、补给和充电等服务；大桥公园站打造工业微展览，利用部分工业遗存让市民领略杨浦百年工业历程；电站辅机厂站通过党建结合，让市民游客感受到在党的领导下杨浦从"锈带"到"秀带"的华丽变迁。

6.3.2　长阳创谷：从老旧工业园区到"世界级创谷"的蝶变

长阳创谷是以转型升级、结构调整等经济维度诉求为核心，兼顾文化传承的典型工业更新项目。通过因地制宜地利用工业遗存，避免大拆大建，以空间的局部改造和提升实现内部功能置换，导入目标产业，进而带动产业升级。

长阳创谷所在地原为日商 1920 年所建的东华纱厂。抗战胜利后，东华纱厂由中国纺织建设公司接收，1946 年成立中国纺织机器制造公司，于 1952 年改名为中国纺织机械厂，并于 1992 年改制为中国纺织机械股份有限公司，隶属于上海电气集团。随着上海工业的转型，20 世纪 90 年代前后，杨树浦的纺织厂纷纷停业，中国纺织机械厂也停产关闭，厂房自此荒废闲置。

2010 年，杨浦区被确定为国家创新城市试点城区，经过多年的建设，发展了以校办企业为主的大学科技园区、以优质服务企业为主的创智天地等优秀载体，但缺少容纳大量普通青年创业者的双创类园区载体。2015 年，杨浦区政府和上海电气集团合作，成立长阳创谷企业发展公司，通过老厂房改造，修缮并提升空间功能，既避免了大拆大建导致的资源浪费，同时打破校区、园区与社区的边界，形成了无围墙、无边界、有生活的"创业者用得起的双创空间"。

厂房空间的再利用。在老厂房升级改造过程中，以老厂房主体建筑与内部功能转换有机融合为原则，实现建筑的功能转化与升级。B 楼曾经是中纺机的装备车间，同时也是园区的核心建筑，经过改造升级为总建筑面积 9100 平方米的 3 层办公展示空间。一楼沿街布置互动式、参与性强的商业功能。二楼和三楼在使用大面积玻璃提升采光后改造为办公空间。中庭利用原厂房的层高，升级改造为一个高 12 米、宽 21 米的公共空间——长阳会堂，该空间满足了园区创客项目路演、创新产品发布、设计生活展示、室内表演（小剧场、话剧表演）等复合需求，并在 2017 年 9 月成为全国"大众创新、万众创业"活动周主会场，活动期间参观人数超过 15 万人。

图 6.4
长阳会堂

资料来源：作者拍摄。

此外，在改造过程中对遗留厂房进行安全评估，对年久失修的危旧厂房不采取过去简单粗暴的拆除方式，而是通过对主体建筑框架进行加固，拆除存在安全隐患的部分，实现对厂房空间的部分保留，并将其改造为园区停车场，最大程度地体现杨浦百年的工业氛围。

工业遗存画龙点睛。老厂房内留有众多行车、吊臂、管道等工业遗存，设计师以简约的工业风为设计基调，将一件件锈迹斑斑的老物件变成宝贵的设计元素，最大程度地保留了这些见证杨浦百年工业变迁的老物件。如将原有的桁车和吊臂改造为过街廊道、园区装饰，对留存的控制箱、管道、铁轨、仪表等元素以

"修旧如旧"为原则进行保留，让锈迹斑斑的老物件涅槃重生。

改造前 B 楼老厂房的外立面是当时上海最大的马赛克拼图，拥有 40 年的历史，面积达 800 多平方米，如果进行原样保留，将极大影响改造后建筑的采光和人员的出入。设计师对其主体图案进行保留，利用最新材料，在不影响整体图案的前提下，增加建筑采光，最终实现保留重要记忆、维系园区精神文脉的目的。

绿色生态园区建设。除了对老旧厂房的改造外，在长阳创谷的设计建设中还充分考虑到园区的绿色和生态元素，将自然光和自然生态理念引入园区内。园区开创性地运用光庭、光塔、光斗的空间创新理念，增加建筑对自然光的利用度，避免发生过去传统工业建筑改建成现代办公空间中的采光量流失问题，减少对能源的使用程度，将清新空气、自然阳光引入改造后的建筑物内，为后续的创业者们创造亲切、舒适、自然的空间体验，以绿色建筑实现园区的低碳化发展。

园区在南北两侧各分别辟了一个 7000 平方米的中央草坪和 5000 平方米的果园，将开放的绿色生态植入园区，提升人与自然的交互体验。在长阳创谷投入使用后，中央草坪多次举办设计师之夜、毕业季音乐会、夏至草地音乐节等活动，极大丰富了创业者群体的业余文化生活。此外中央草坪还多次作为创客之夜、人工智能产品的体验空间、生命科学产业交流互动中心的场地，成为园区产业和空间联动的纽带。

如今，改造后的长阳创谷变成了占地 11 万平方米，总建筑面积约 50 万平方米，带动 2.5 万人就业的双创基地。此外，通过植入创业孵化器、提供创业基金、设立政务服务工作站（创箱及创业创新司法服务基地）等一系列举措，成功导入了文化创意、互联网经济、人工智能、生命科学等杨浦区主导产业，并吸引了流利说、小红书、沪江网、伦琴医疗、爱驰汽车、诺亚财富、赢彻科技、造就 TALK、智能云科等 300 余家双创领军企业和中小企业，以及来自斯坦福、哥伦比亚、清华、复旦、同济等众多全球知名高校的创业者。2018 年作为"我国首批双创示范基地标志性园区"案例入选"上海改革开放标志性首创案例"。同年 4 月，长阳创谷的厂房改造升级、新旧动能转换成果也得到了来此考察的李克强总理的充分肯定，曾经的老旧工业园区正完成着"世界级创谷"的蝶变。

6.3.3 杨树浦水厂：古今交映的百年工业见证

杨树浦水厂更新的特殊之处在于需兼顾三个维度的诉求。其一，作为市政保障性企业，原有供水功能需要保留；其二，厂区涉及多处文化保护单位，需要尽可能原址保留以传承延续文脉记忆；其三，对于占据滨江一线空间的厂区，也需要进行适度的改造以实现用地和空间的活化、功能的置换。

杨树浦水厂位于杨树浦路 830 号，紧邻杨浦滨江。作为中国第一家自来水厂，以其古典优雅的英式建筑风格闻名于世，厂内建筑群被列为全国重点文物保护对象。

水厂历史上及 19 世纪 80 年代，由英商自来水公司于 1881 年起始建该厂，建筑总面积达 1.28 万平方米，采用砖混结构的英式古典风格。20 世纪 30 年代末，水厂日供水能力达 40 万立方米，水厂占地亦扩大至 25.7 万平方米，成为远东第一大水厂。英商上海自来水公司于 1953 年为上海市政府征用，改名上海自来水公司，杨树浦水厂亦收归国有。目前，杨树浦水厂有 4 条制水生产线，11 座沉淀池，年供水 4 亿立方米，占上海总需求的四分之一。

杨浦滨江更新进程中，对于水厂的处理分外特殊：相较于其他著名工业厂房，如更名为 1933 老厂房、以创意产业园重生的上海工部局宰牲场，抑或正式停产、只作为历史遗迹而留存于世的杨树浦发电厂，杨树浦水厂不仅在地理位置上未作改动，甚至仍旧发挥着其创立伊始的运作功能。这般处理基于如下前提：作为全国重点文物保护单位，水厂内保护建筑林立，因而整体拆迁从来不曾被考虑；而重选他址另起炉灶耗费庞大，且伴随配套的地下水管的铺设等浩大工程，对于资源是极大的浪费；杨树浦水厂的基础设施于过往不同时间段都有迭代更新，至今仍运作良好，只需局部改良，依然可以满足当下及未来的居民用水需求。

然而保留原有风貌和功能并非易事，既要让厂区外观与周遭的新兴建筑和谐共处，又要在不损及园区建筑的前提下完成供水设备的更新，甚至还要创造出水厂面向未来的新功能，这需要细致又富创意的解决方案。

原有功能的保留与更新。杨树浦水厂内仅国家级文物保护建筑就有 9 处 12 栋，厂区内进行的任何改造都要避免损伤历史建筑群。例如净水系统的改造过程中，承包方采取各种措施极力保护水厂的空间格局、建筑风貌及整体天际线。通过多方寻找厂区原始设计图纸，甚至溯及 1935 年的手绘图，以及应用现代计算技术对厂区进行建模，务求清晰把握厂区内建筑的结构。水厂的日常维护亦如履薄冰，厂内诸多建筑都标有诸如 1883、1925 等数字，是为该建筑建成年份。对它们的修缮扩建须维持落成时的风貌。如上细致入微的维护工作确保了杨树浦水厂的外形依旧和百余年前落成伊始几无差别，历史脉络得以延续。

尽管保留了原始供水功能，然而水厂的初始净水工艺已然无法满足市民对于用水质量的更高需求，因而对于水处理系统的更新换代从未间断。2004 年，水厂对深度净水设备进行改造后成为国内首批通过 ISO9002 质量体系认证的制水企业；2020 年，水厂开始新一轮改造，务求到 2024 年改造完毕，为市民提供质量更佳、口感更好的自来水。

面向未来的置换式更新。虽然杨树浦水厂至今仍保留原本的供水功能，但赋予水厂更为多样化的功能以使其更好地服务大众一直是更新的目标之一。而厂区内颇具英伦风情的建筑和环境是发挥其观光属性的天然禀赋。

自来水科技馆。为了在不损及水厂现有风貌的前提下有效利用园区内空置的土地，同时也为展示杨树浦水厂的悠久历史以及科普公共供水系统，自来水展示馆于 2006 年开设于水厂园区中的一幢老建筑内。该馆占地约 1000 平方米，用三层楼以时间序列分别展示三部分内容:"历史·源头",即上海自来水系统以及杨树浦水厂的发展历程;"现代·科技",诉说现时上海的自来水供应的状况以及各水厂所用的技术;"未来·规划",畅想描绘未来城市的供水系统。展览运用大量诸如投影、图像识别等技术,同时辅以历史遗物、蜡像、历史场景等展示手段,试图以较直观的方式为游客呈现上海自来水系统的前世今生。展览整体以深蓝色为基调,辅以大量前卫、有科技感的设备及装饰,却陈列于有上百年历史的建筑里,给游客极具反差的新鲜感。

水厂栈桥。在杨浦滨江更新过程中,杨树浦水厂与厂外沿江带的贯通产生冲突,水厂成为滨江公共空间贯通工程的最大断点。如何处理水厂沿江处的工程设计,使之既能实现空间的贯通又不损及水厂,最终的解决方案是用一座总长500余米的栈桥在水厂外沿连通沿江两头。

栈桥的设计和建筑面临不少难点,其中最关键的是栈桥的外观不能突兀,需与水厂建筑相匹配。为解决如上困难,通过将生产防护设施与步行桥整合及防撞柱上延等手段,将其末端改造成遮雨棚、花坛、座椅等各色设施;同时栈桥建材选择了自然红棕色的菠萝格木材,不仅防腐性上佳,且配色与水厂建筑和谐统一。

如今从沿江处观察落成的水厂栈桥,它已然成为连结水厂过往与未来的纽带:一侧是建厂伊始便存在的水厂主建筑及蓄水罐;另一侧是虽有历史建筑外形,内部功能却焕然一新的水科技馆。栈桥不仅连通滨江空间,也为游客提供了在通过栈桥的过程中同时观赏黄浦江及杨树浦水厂双重景观的场所。

7

万国建筑历沧桑，百年上海再启航
——外滩历史建筑群更新案例

外滩历史建筑群是上海最著名的历史风貌保护区和对外文化展示窗口，随着"上海2035""全球卓越城市""创新之城、人文之城、生态之城"总体定位的确立，外滩以其"一城一带"中金融核心的角色为目标，探索以存量用地更新满足城市发展的空间需求，在做好历史文化保护基础上的渐进式、可持续的有机更新模式，实现了空间利用向集约紧凑、功能复合、低碳高效的转变。

The Bund is one of Shanghai's most famous historic preservation areas and cultural showcases to the outside world. With the overall positioning of the "Global City of Excellence", "City of Innovation, City of Humanity, and City of Ecology", the Bund, with its role as the financial core of the "One City, One Belt", has been exploring the use of stock sites to meet the spatial needs of urban development, and exploring a progressive and sustainable organic renewal model based on good historical and cultural preservation. It has transformed the use of space into an intensive and compact, functionally complex, low-carbon, and efficient one.

外滩历史建筑群是上海最著名的历史风貌保护区和对外文化展示窗口，随着"上海2035""全球卓越城市""创新之城、人文之城、生态之城"总体定位的确立，外滩以其"一城一带"中金融核心的角色为目标，探索以存量用地更新满足城市发展的空间需求，在做好历史文化保护基础上的渐进式、可持续的有机更新模式，实现了空间利用向集约紧凑、功能复合、低碳高效的转变。

7.1 更新背景

7.1.1 外滩历史风貌保护区范围与区域内老建筑群概述

外滩历史文化风貌区北起南苏州路，南至延安东路，东临中山东一路，西到河南中路，面积50.93公顷，有30个历史风貌街坊，是上海中心城区12个历史文化风貌区中发展较早、优秀历史建筑最集中、最具国际知名度、最具代表性的风貌区。建筑风貌基本形成于20世纪30年代，以金融贸易建筑为代表，具有鲜明的欧洲新古典主义和折中主义风格。区域内建成于1949年前的老大楼有177幢，其中，保护建筑（文物保护单位和优秀历史建筑）98幢，保留历史建筑35幢，一般历史建筑44幢，总建筑面积116万平方米。

外滩西侧矗立着风格迥异的中西建筑物，即今天称为"万国建筑博览"的建筑群，在北起外白渡桥、南抵金陵东路、长1.5千米的范围内，矗立着52幢各种风格的大厦，涵盖德式、巴洛克式、罗马式、古典主义式、文艺复兴式、中西合璧式等。著名的中国银行大楼、和平饭店、海关大楼、汇丰银行大楼再现了昔日"远东华尔街"的风采。

外滩老建筑群所代表的历史及文化价值使其成为上海最有名

的国际名片，其更新难度之大、复杂程度之高在国内首屈一指。

7.1.2 "一城一带"为核心的金融集聚区的战略任务

外滩是上海金融的起源和主体，早在 1864 年就出现了上海第一家银行。至 20 世纪二三十年代，外滩已发展成为亚洲金融中心和世界第三金融中心，有着"东方华尔街"之誉。新中国成立后，"万国建筑群"成为国营企业办公大楼，沿黄浦江一带外滩成为绿荫里的滨江公园。1992 年，外滩进行了开埠 100 多年以来最大的一次整修改造工程，新外滩向黄浦江心拓展数十米，并建有观光、商业、停车、绿化等设施。其后 20 年间，外滩不断完善道路交通，同时"外滩一体化"工程逐步实施。2010 年，外滩通道建设、滨水区改造、排水系统改建、公共枢纽和地下空间开发等项目完成。2011 年，上海外滩投资集团通过债券发行开始外滩源项目建设。2018 年起，结合外滩地下通道的实施，政府部门规划对北起苏州河、南至十六铺水上旅游中心北侧，岸线总长度约 1.8 千米的外滩滨水区域进行综合改造，以改善外滩环境，重塑外滩功能，重现外滩风貌。同时，以"外滩历史文化风貌区"为依托，对外滩源地段历史建筑群进行保护性开发。

20 世纪 90 年代以来，特别是上海市委、市政府提出加快建设以"一城一带"（即陆家嘴金融城和外滩金融集聚带）为核心的金融集聚区的战略任务以来，黄浦区按照"重现风貌、重塑功能"的原则，不懈地推进外滩地区老大楼保护性开发，金融机构集聚且金融生态日益完善，围绕打造上海国际金融中心核心功能区的目标，加快推进外滩金融集聚带形态建设和功能提升，基本形成与陆家嘴金融城错位互补、协同发展的格局。进入"十四五"时期，黄浦区已基本确定"一带引领、双核驱动、三区联动"的规划布局。其中"一带引领"指的就是以外滩金融集聚带为引领。未来，外滩金融集聚带将聚焦提升全球资源配置功能，围绕"资产管理"和"金融科技"两大新增长极，打造"三中心、三高地"。外滩"第二立面"更新与功能置换改造将推动外滩金融集聚带扩容增能，塑造具有金融历史及文化氛围的优质载体。

7.2 更新历程

外滩历史风貌区的更新进程主要分为两个阶段，在"十三五"期间的主要任务是黄浦江西岸沿线建筑"第一立面"的保护与改造，然后是沿线建筑后街里弄"第二立面"的置换与更新。更新历程中面临最大的挑战在于保护多元的万国建筑特色及江南水乡肌理的同时，探索出一套在城市更新中对于产权关系、资金平衡等核心问题的办法和制度。

7.2.1 "第一立面"与"第二立面"分阶段实施的外滩更新蓝图

外滩"第一立面"为黄浦江临江建筑群，于"十三五"期间已基本完成 36 幢建筑的置换改造。在"第一立面"保护性开发推进过程中，以单栋建筑为更新单元，更多注重金融产业及金融机构集聚，如中国外汇交易中心、中国银行间同业拆借中心、上海清算所、浦发银行总部、泰国盘谷银行等一批金融机构入驻，外滩金融集聚带功能显著提升。

外滩"第二立面"指外滩沿黄浦江"第一立面"建筑后排、西至河南中路的非临江建筑群。"第二立面"用地面积 51 公顷，包含 141 幢老大楼，区域整体环境与沿江的"第一立面"有着较大反差。"十三五"期间，外滩历史文化风貌区以"第二立面"置换为抓手，启动 141 幢建筑置换工作。在"第二立面"的保护性开发过程中，更注重以街坊为更新单位的复合功能综合性保护开发，如正在推进的 171—173 街坊（90 外滩源二期）、179 街坊（外滩中央项目）、160 街坊（老市府大楼项目）、187 街坊。在"第二立面"的改造过程中，更加注重复合功能与文化功能植入，

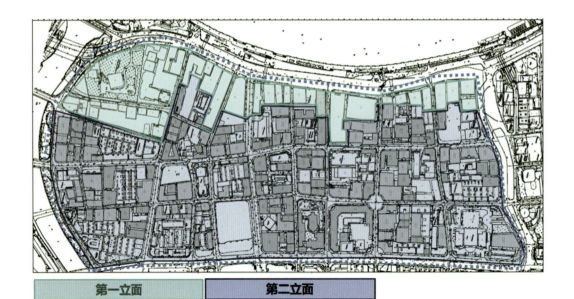

| 第一立面 | 第二立面 |

图 7.1
第一立面与第二立面范围

资料来源：作者绘制。

引进了中银集团、外滩美术馆、佳士得拍卖行、林肯爵士乐上海中心等金融机构与商业文化机构，使得外滩金融集聚带的功能内涵日益丰富。

7.2.2　历史街区更新中的产权、资金与空间难题

首先，产权关系复杂。外滩"第二立面"范围内有老大楼141幢，总建筑面积约100万平方米。房屋产权主要为久事集团、百联集团、光明集团、锦江集团、电气集团、住总集团、仪电集团等市属企业和市机管局拥有。这些建筑主要用于国企或改制企业办公、小型商业、经济型酒店、教育培训、居住等，涉及国企、个人、部队、宗教等产权，产权关系十分复杂，业态功能较为分散。已有的开发路径主要有协议置换和政府征收两种方式，均存在弊端。针对私房、系统产、宗教产等其他产权性质的老建筑采用协议置换方式，缺少法律强制执行措施做支撑，在实际推进中，面临着腾空成本高、置换周期难以把握等问题。而采用征收模式则受限于老建筑改造完成后的功能性质，如为商业、商务办公等，

则不适用国有土地上的房屋征收与补偿政策，因此大部分老建筑保护利用不能采用传统的房屋征收模式。

其次，资金平衡问题突出。前期动迁费用高，外滩地区已呈现动迁成本与市场楼板价倒挂的情况；对老建筑进行"修旧如故"式的保护性改造，限制条件多，难度大，改造费用高。一般老建筑改造后开发商需长期持有，以租金收益或经营收益回收相关投资，投资回收期长，融资压力大，资金成本高。建筑保护与修缮的资金投入压力大，投入产出平衡难，尤其是可持续的资金保障问题，成为外滩"第二立面"城市更新的主要瓶颈。

再则，空间使用杂乱。经调研，外滩第二立面仍有大量的老建筑尚未得到有效保护，多数处于消极使用状态：其中约70%的老建筑为居住功能，在使用中普遍存在缺乏养护、缺少配套设施、违法搭建、破坏立面等问题。基础设施落后，环境拥挤不堪，内部设施陈旧不堪，消防安全隐患丛生，与现代居住理念相去甚远。部分老建筑被企事业单位所占用，包括行政办公、商业展示、教育医疗、宗教文化、仓储工业等多种功能，甚至还有一些老建筑仍处于闲置状态。这些建筑利用效率低，未发挥其丰富的文化与经济价值。

7.3　更新模式

在外滩历史风貌区更新的进程中，针对产权及空间界定主要采取因地制宜、"一街坊一方案"的办法，以街坊为单位推动开发与规划；通过搭建国企融资平台，开展政企合作、银企合作等办法，实现从前期开发到后期运营管理的分步推进；开展金融合作，实现多元化的融资渠道，解决合作范围内城市更新及保护性开发工作的资金投入问题。

7.3.1　因地制宜，"一街坊一方案"

对老建筑进行普查认定，采取"一栋一册""一户一档"的模式，建立健全历史档案和信息库，对其建成年份、建筑结构、建筑面积、权利人、承租人、建筑类别、保护等级、置换改造进展等基本情况进行摸底。结合地理信息系统等新技术构建综合数据信息平台，将老建筑的地理区位、基本特征，以及征收、置换、租赁、改造、装修等信息收集管理，为进一步开发利用提供基础信息。据此因地制宜做设计，由专家反复筛选、评审，商定最合适的建设方案。一方面加强市区联手、政企合作，统筹资金，加快完成成片二级旧里以下改造；另一方面，通过"成片带征、配套建设、综合改造"等多种途径，加速零星旧改。从实际出发，对零星地块旧改制定差异化的标准和规范，优化制度供给。协调各部门与零星旧改形成联动效应，顺势消除负面因素，精准施策，靶向整治。

在项目推进过程中，主要以整街坊作为开发与规划单位，以便于进行各个产业、功能之间的综合协调考虑，如 160 街坊（老市府大楼所在街坊）（改造中）、179 街坊（外滩·中央项目）（已完成部分）、171—173 街坊（外滩源二期）（规划中）、187 街坊（规划中）等。以主干道而非支马路作为功能组团划分边界，不设物理阻隔，实现各板块功能侧重及板块间功能互补。

图 7.2
以整街坊作为开发单位

资料来源：作者绘制。

7.3.2　可持续的参与和支撑

外滩"第二立面"城市更新需要在金融创新上获得更多强力而可持续的参与和支撑。一是在区、市两级层面积极落实历史文化特色专项资金，明确专项资金的设立要求、支持标准、使用要求和管理要求。二是在资金保障政策措施的基础上，从出让金及税收返还、容积率转移、资产证券化等几个维度进行资金政策突破，通过更多渠道引进资金投入，确保外滩"第二立面"城市更新项目可持续发展。三是针对保护优秀历史建筑为目的的房屋交易，尝试通过暂缓缴纳交易税费或者委托开发主体参与管理的方式实施项目建设开发，帮助解决开发主体资金不足、收支难以平衡的问题。四是对于确定为属于"根据公共利益需要、确需征收房屋"的情形之一的保护利用历史建筑，以及符合旧区改造要求的建筑物纳入法定征收情形，由政府实施房屋征收，有效缩短房屋产权归集周期，以降低建设项目资金成本。推出税费优惠或减免，开发资金的补偿和平衡，激励更多民间资本和市场主体参与零星旧改。创新旧改方式方法，坚持征收、规划、出让"三联动"，实现资金循环效率最大化；搭建国企融资平台，开展政企合作、银企合作等。

7.3.3　政府主导、国企实施、分步推进

2009 年，黄浦区委、区政府决定整合上海新黄浦（集团）公司、黄浦区土地发展公司、外滩一体化公司等，由黄浦区国资委出资组建上海外滩投资开发（集团）有限公司，承担外滩金融集聚带建设和外滩地区城市更新任务。外滩"第二立面"城市更新的主要实施遵循"政府主导、国企实施、分步推进"的总体思路，由政府推动，通过市与区联手、市场化运作。

一方面，政府主要在政策、融资、招商服务等方面实现创新和突破，以支持市场主体更有效地开展相关工作，并构建"领导小组—旧改办—项目部—事务所"四级联动推进的组织架构，共同保

障旧改工作顺利推进。另一方面，充分发挥国有企业或社会资本等市场主体的主导性和能动性，承担项目总体开发的职能，统一组织实施前期开发、建设管理、项目招商、运营管理等工作，牵头协调项目推进中具体问题的解决，从而实现对项目规划、进度、功能等方面的总体把握。对于老建筑较为集中的区域，加强整体规划，总体功能定位从上海"五个中心"建设的全局进行考虑，服务于区域规划，并形成整体化发展的理念。在此基础上，明确各幢建筑的具体功能定位，制定"一楼一策"，在整体规划的指导下，根据项目重要性、改造体量、复杂程度、资金需求等因素，遵循先易后难、循序渐进、分步实施的原则，成熟一个、开发一个。

7.3.4 市区联手、市场化运作

2021年10月13日，"上海外滩城市更新投资发展有限公司"揭牌成立。上海外滩城市更新投资发展有限公司由黄浦区和地产集团下属市更新公司合资成立，通过创新体制机制携手打造、负责外滩地区城市更新工作。按照"统一功能定位规划，合理布局，统一规划设计"的总体要求，通过市、区联手，市场化运作方式，多方合作全力推进上海外滩地区城市更新，进一步做厚外滩金融集聚带，将外滩区域打造成为上海最具标志性的世界级金融文化中央活动区。通过政企合作共同组织开展对黄浦区外滩地区的城市更新及保护性开发工作，内容包括开展联合招商，推动项目和周边商业商务能级提升；共同出资组建合资公司，负责合作范围内的土地获取、经营性项目建设等工作，承接具体项目开发工作；开展金融合作，实现多元化的融资渠道，解决合作范围内城市更新及保护性开发工作的资金投入问题。

7.4 更新亮点

目前，外滩历史风貌区城市更新项目中已推出一系列两点及标杆项目，本章选取外滩 18 号、外滩源一期、179 街坊—外滩·中央项目以及 60 街坊—老市府大楼项目四个案例，阐述外滩整体空间品质与功能复合利用的提升。

7.4.1　外滩 18 号

外滩 18 号建筑面积 10677 平方米，共 5 层，历经两年，于 2004 年 11 月整修落成并开始营运。外滩 18 号原名麦加利银行大楼，这幢由著名的"公和洋行"设计、"德罗洋行"承建、占地 2.4 亩、建筑面积 9500 平方米、五层钢框架结构（局部六层）的"麦加利银行"新大楼建成于 1923 年，原为英国渣打银行驻中国总部。自 1955 年渣打银行迁址以来，历经多任不同单位使用。在 2002 年底上海珩意实业有限公司接手以前，上海市家用纺织品进出口公司、上海市机电设备总公司、中波轮船股份公司、上海水产总公司等单位都曾把该楼作为办公场所。外滩 18 号被列为上海市保护建筑，并荣获联合国教科文组织 2006 年亚太文化遗产保护奖。

2002 年，"上海久事"引进外资对外滩 18 号开始了修复改造工程，计划将这幢百年建筑在"修旧如旧"的同时，打造成国际知名品牌汇聚的"上海都市新地标"。整修工程由来自意大利威尼斯的 Kokaistudios 建筑顾问公司责，以尊重历史建筑和保护文化面貌的原则和高标准来修复这一历史文化遗迹。按照"公和洋行"原始图纸和各时期使用单位改建后的现状图纸作为历史资料，在尊重和还原老建筑本色的基础上，进行保护和更新设计，尽量以传统工艺实现古典气质与当代性的完美融合。

在大楼修复改造竣工后的 2004 年，外滩 18 号以"Bund18"的崭新品牌示人，大楼引进了卡地亚中国地区旗舰店与意大利国宝品牌 Zegna 亚洲最大旗舰店等世界名品店，还入驻了中国第一家法国米其林三星餐厅"SENS & Bund"及外滩老建筑里第一家屋顶酒吧"BAR ROUGE"。

正如本项目设计师们所期待的，改造工程并非仅仅照翻楼房原先的风格，而是在不同的部位实现了新旧设计的共存与对话，也在保存大楼历史遗产的同时实现了现代使用价值。外滩 18 号在尊重原有风格的基础上进行保护和更新，保持老建筑的历史性和标志性，在遵循原设计的精髓同时满足了更新功能的需要，历史、文化、时尚、艺术融为一体。现外滩 18 号内分布多个高端餐饮，以及久事艺术空间、高端零售等，成为汇集世界时尚品牌旗舰店、国际著名餐厅、酒吧以及艺术展馆的顶级综合消费楼。

7.4.2　外滩源一期

外滩源项目是黄浦江两岸综合开发的先行工程，位于苏州河与黄浦江交汇处，东起黄浦江，西至四川中路，北抵苏州河，南临滇池路，是外滩历史文化风貌区的核心区域，现存有 15 幢优秀历史建筑和一批建于 20 世纪二三十年代的风格多样的历史建筑。这一区域是上海现代城市的源头，在 19 世纪时是对外通商的前沿口岸。外滩源在黄浦江苏州河水岸一体开发中，自 2005 年起就开始了第一轮的历史建筑保护与修复工作。2010 年上海世博会期间，洛克·外滩源完成一期 11 栋历史保护建筑的修复；至 2021 年底，新的 VI 系统被同时启用，2022 年 6 栋新建筑和公共空间也将完成修建，呈现完整风貌。

外滩源一期项目于 2002 年正式启动，占地总面积 9.7 万平方米，总建筑面积 27.32 万平方米，是洛克菲勒集团投资中国的第一个项目，与百仕达控股有限公司合作开发。外滩源一期按照"重现风貌、重塑功能"的整体思路，以高端商务文化区、历史风貌保护区和公共社交休闲区为功能定位，是整个外滩源项目成功的关键。2006 年，洛克·外滩源力邀著名事务所戴卫·奇普菲尔德建筑事务所担纲历史保护建筑的修缮设计，并对众安·美丰大楼重新改建。11 栋历史建筑始建于 20 世纪 20 年代，分别为光陆大楼、广学大楼、亚洲文会大楼、中实大楼、安培洋行、圆明园公寓、女青年会大楼、哈密大楼、协进大楼、兰心大楼、真光大楼，承载了重要的城市档案。

老建筑的修缮修旧如旧，遵循历史的原真性，设计保留了圆明园路上的历史建筑及外滩源整体地块的沿街风貌，以使建筑充满活力而又不改变原有的区域风貌。城市原有肌理也被保留下来，与新的设计融合一体，使整个区域的肌理有贯通性和渗透性，新建筑与老建筑和谐共生。作为沿街建筑序列中的醒目标志，改建后的众安·美丰大楼成功实现了新与旧的共生。新建筑和公共空间被巧妙地置于沿街原有建筑的框架内，通过新旧并置实现现代生活的功能和公共空间的开放需求。新建筑采用了挑空、退台、错位、叠加等设计手法，丰富了零售业的商业街面，更重要的是使新建筑的体量更轻，让行人的视角保持舒适并且通透。与此同时，其他娱乐、休闲、餐饮、办公等业态也拥有更多的景观价值。多样、复杂的空间形态聚集了极高的人气，提升商业效益，优化社会效益。

历经 9 年的保护与开发，引入金融家俱乐部和高端文化艺术的展示场所外滩源壹号、国际知名酒店品牌半岛酒店、高端购物中心益丰大厦等项目，共同打造了既承载历史文化记忆，又融合高品质现代功能的顶级综合服务功能片区。

7.4.3　179 街坊——外滩·中央项目

外滩·中央项目位于南京东路—九江路—四川中路—江西中路围合，用地面积 9621 平方米。其更新目标是，打造成为聚集精致零售、特色餐饮、文化艺术、企业办公的"商旅文生活秀"体验综合体，将经典建筑与现代商业有机融合，成为城市地标。街坊内庭由四幢历史保护建筑合围而成，均为 20 世纪二三十年代建成的老建筑，外观风貌为新古典主义风格（中央商场、美伦大楼、华侨大楼、新康大楼），并有两条十字形内街（沙市一路、沙市二路）。按照"一次规划、分期实施"的开发原则，项目于 2012

年初开始，分两期开发，沿南京东路的一期中央商场、美伦大楼已于 2017 年 9 月底开业，沿九江路的二期计划于 2021 年底基本完工。

整个街坊的城市更新策略以功能置换和共享空间激活为抓手，形成集高端商业、金融办公和文化旅游为一体的多元复合全时段活力街区。项目设计尽最大可能打造内部街坊以及临街商业展示界面，并设置两处室外连桥串联各栋建筑多层商业线。此外，恢复十字街历史建筑的历史建筑肌理，并连续覆盖轻盈透明的玻璃穹顶，形成突出公共场景的中央广场，强化城市商业场所的多维度展示界面，营造立体的休闲共享环境。各单体建筑的设计方案遵循"尊重历史，重现风貌，功能重塑，提升形象"的理念，在修复历史风貌的同时，现代建筑风格的新建及还建部分在形体、尺度、色彩、质感等各方面与历史建筑相协调又易于区分。尊重历史、新旧共生，整个街区步行友好度及建筑可读性得到提升。

7.4.4　160 街坊——老市府大楼项目

黄浦区 160 街坊保护性综合改造项目位于江西中路—福州路—河南中路—汉口路合围的区间内，是上海市城市更新示范项目和外滩第二立面综合改造率先启动项目。街坊内核心建筑老市府大楼建成于 1922 年，其用地面积为 15325 平方米，现状总建筑面积约 3.6 万平方米。老市府大楼始建于 1914 年并于 1922 年竣工，曾先后用作公共租界工部局、民国上海市政府、上海市人民政府的办公场所，1989 年被列为上海市第一批优秀历史建筑和市文物保护单位。2019 年，黄浦区对老市府大楼启动保护性综合改造，定位为高端现代服务业经典历史街区，以商务办公、文化展览和商业配套为主要功能，融合国际金融办公服务平台、中央活动区文化标杆和城市共享公共空间，打造历史风貌保护和城市更新经典新街区。另一栋主要建筑于 19 世纪晚期建成，建筑面积约 2100 平方米，曾先后作为公共租界工部局卫生处办公楼、救火处消防员宿舍楼等。

在 160 街坊项目整体规划中，此楼作为历史保留建筑进行保护修缮，未来将用作文化商业等功能。本项目由上海地产集团下属世博土地控股公司、外滩投资开发集团合资的外滩老建筑投资发展有限公司建设，戴卫·奇普菲尔德建筑事务所担任主要设计工作。根据已基本确定的建筑规划设计方案和功能策划方案，项目占地约 1.55 万平方米，地上建筑面积约 4.2 万平方米，合围建筑庭院内将提供约 3000 平方米公共开放市民空间；地下建三层，建筑面积约 2.5 万平方米，将提供约 300 个停车位。同时，以该项目为载体，按照 70% 高端金融办公、20% 文化公共空间、10% 特色配套商业的业态结构定位，160 街坊将打造成为历史风貌保护和城市更新的经典新街区。项目于 2019 年 10 月开工，计划于 2022 年基本完成风貌恢复，局部对外开放，2023 年完成项目竣工验收，建成后将成为未来上海外滩的新地标。

走向大众的百年遗产
——上生·新所更新案例

上海生物制品研究所城市更新改造项目（简称"上生·新所"）位于长宁区东部，地处新华路、愚园路、衡山路至复兴路三个历史文化风貌区的中间区域，北至延安西路，东至番禺路，西临规划安西路，南至牛桥浜路，项目总占地面积约 4.7 万平方米，内部和周边聚集了大量的历史保护建筑，历史与文化底蕴深厚。

The Shanghai Institute of Biological Products Urban Renewal Project is located in the eastern part of Changning District, in the middle of three historic and cultural districts, namely Xinhua Road, Yuyuan Road, Hengshan Road, and Fuxing Road, with West Yan'an Road to the north, Panyu Road to the east, Anxi Road to the west and Niuqiao Bang Road to the south. The project covers a total area of approximately 47,000 square meters and is surrounded by many historic and protected buildings with a rich historical and cultural heritage.

上海生物制品研究所城市更新改造项目（简称“上生·新所”）位于长宁区东部，地处新华路、愚园路、衡山路至复兴路三个历史文化风貌区的中间区域，北至延安西路，东至番禺路，西临规划安西路，南至牛桥浜路，项目总占地面积约 4.7 万平方米，内部和周边聚集了大量的历史保护建筑，历史与文化底蕴深厚。

上生·新所内共分布有三栋历史建筑及数栋工业建筑。其中最值得一提的是位于项目中心的原哥伦比亚乡村俱乐部，它被评为上海市第三批优秀历史建筑，是 20 世纪二三十年代上海西区侨民居住区——哥伦比亚圈的起始点和重要构成，是近代上海外侨居住生活的重要例证，诸多外侨回忆录也记载了在哥伦比亚乡村俱乐部发生的历史故事。[①]

8.1　从哥伦比亚圈到上生·新所

8.1.1　哥伦比亚圈时期

哥伦比亚乡村俱乐部与哥伦比亚圈同为美国普益地产开发。1928 年，哥伦比亚圈的开发计划推出，土地被细分成 70 余个在美国常见的长方形地块，每个地块的面积一亩至两亩不等，总面积大约 7 万平方米。普益地产公司选择邬达克为建筑师，为哥伦比亚圈设计定制化的花园别墅。在哥伦比亚圈早期的住民中，外籍人占了多数，一些旧上海最有名的商人以及银行界人士、医生、公务员乃至服装设计师等也居住于此。

哥伦比亚乡村俱乐部选址于大西路 301 号（现延安西路 1262号）。美国建筑师——艾略特·哈沙德被聘请来设计该建筑，将社交活动空间以及体育娱乐空间整合在一栋建筑里面。该建筑于

---

① 　参见莫霞：《城市设计与更新实践：探索上海卓越全球城市发展之路》，《中华建设》2021 年第 11 期。

1923 年动工，主楼一层内设有凉廊、露台、烧烤屋、餐厅以及一个大宴会厅，其旁边的健身房（海军俱乐部）除了钟面式高尔夫球室之外，还设有壁球室、健身房以及保龄球道、桌球室等等。最具特色的当属"42 英尺宽、100 英尺长"的露天游泳池，泳池周围是西班牙式的凉棚，宽敞的休闲空间可以让观众看到北面水上运动的情况。受益于制冷系统，在冬季，游泳池可以变成溜冰场使用。[①] 这一巴洛克式的俱乐部全部建筑于 1927 年最终建成。

8.1.2 上海生物制品研究所时期

1949 年 9 月 1 日上海生物制品厂建厂，原址在天通庵路；1952 年，为了充实生物制品力量，上海市政府将延安西路 1262 号和番禺路 60 号划拨给了上海生物制品研究所，生物所也就从天通庵路全部搬至延安西路。

在上海生物制品研究所使用期间，为了南北向道路的疏通，将主楼与游泳池、健身房脱开，并在泳池两侧柱廊加建为二层，柱子之间增加拱券连接，二层走廊同一层，设置拱券，房间作为办公室使用。这是上海生物制品研究所时期中一次比较大的改造。在这 60 余年间，这块土地通过正交网格中不断建设经济适用的功能主义建筑，从一个原用于休闲娱乐的田园郊区转变为有序高效但封闭保密的科研园区。

8.1.3 上生·新所时期

2016 年上海生物制品研究所决定整体搬迁至奉贤基地，并通过公开招投标的方式将延安西路 1262 号地块园区交由万科进行改造运营。在取得承租权之后，万科邀请了社会上的多方力量共同参与此次更新改造的讨论研究，形成四条工作主线：

---

① 参见梁庄艾伦：《艾略特·哈沙德：一位美国建筑师在民国上海》，《建筑师》2017 年第 3 期。

其一，将原有封闭的园区进行打开，并对整体环境品质以及功能布局进行提升优化，为市民提供一个可憩可游的城市公共空间，改善城市人居环境，在15分钟社区生活圈的基础上将活力辐射长宁片区，推动城市公共功能的完善。

其二，上生·新所具有深厚的历史文化价值，对于场所文脉的保留将作为所有工作开展的核心原则。所以需要针对地块内所有历史建筑逐个进行专业评估，实现修缮更新一栋一方案，最大程度地恢复建筑历史风貌以及装饰特色，实现在地历史的传承；同时，以数字赋能，实现建筑的可阅读化，为人们构筑一个通向城市历史的窗口。

其三，上生·新所定位为以文化、艺术、时尚为特色的 7 × 24 小时国际化活力文化艺术生活圈，所以除了商业以及公共服务外，这里将引入各类文化、时尚、设计的先锋产业形成集聚效应，通过产业赋能以及长效化的运营去实现城市存量资产的能级跃迁，从城市的有机更新的存量中去寻找发展的增量，实现上生·新所价值的再提升。

其四，力争打造城市更新的先锋案例，在实践探索中推动上海城市更新发展与政策完善，通过对城市中的历史地段进行更新盘活来提高城市空间、内容、文化的影响力，增强城市的软实力建设，为上海的高质量发展贡献智慧。

基于这四条工作主线，改造运营方首先对街坊现状建筑逐栋进行了调研评估，结合上海最新的历史建筑普查工作要求，以"留—改—拆"次第原则，基本保留了50年以上的历史保护建筑。在此基础上，对于建筑质量较好，并具有一定工业类风貌特色的建筑，如疫苗研发大楼等，进行最大程度的保留。最终结合历史建筑的评价价值体系，确定了3处保留历史建筑、3处保留工业建筑、10处建议保留工业建筑，并对每种类型的建筑提出了有针对性的改造措施建议。对历史保护建筑的改造措施以留为主，通过外部最大程度保留原有外立面、内部空间格局以修缮为主等措施，精心保存历史文脉，用心留存文化记忆。

此外，由于大量的历史建筑均为低层或多层，还有3处历史保护建筑，新建建筑高度需要与保护建筑的高度相互协调。因此，更新方案提出新建的建筑原则上高度不超过场地中的既有建筑高度，8层高的疫苗研发大楼依然作为用地中建筑的制高点，新建建筑控制在3—6层，保持区域内以多层建筑为主的空间格局。建筑体量上，由于地块内大量建筑是50年以上的建筑，为了更好地控制与引导新建建筑，在控规图则中增加了附加图则，对新建建筑的范围进行了控制，通过建筑高度和体量控制，使新的建设延续建筑特质，并与整体风貌与空间关系相协调。①

历时两年的更新改造，封闭多年的园区重新打开，而这一区域正式被命名为"上生·新所"，寓意着这里的新生（图8.1）。自2018年5月向公众开放以来，吸引了不少市民来此打卡。同时，上生·新所开始通过引入多种艺术文化和学术活动，不断焕发新的活力。

图 8.1
上生·新所地块风貌鸟瞰图

资料来源：上海万宁文化创意产业发展有限公司。

8.2 空间与内容影响力的提升

回顾整个变迁历程，从哥伦比亚乡村俱乐部的兴建，到上生

---

① 参见莫霞：《城市设计与更新实践：探索上海卓越全球城市发展之路》，《中华建设》2021年第11期。

所迁入，再到上生·新所的更新，这块土地由半封闭的乡村俱乐部转变为全封闭上生所园区，再变为 7×24 小时全开放街区。贯穿整个过程的就是其在空间形态与其内在层面的改变。通过梳理这个过程，能够清楚地把握与感知上生·新所从诞生到再生的生命脉络。

8.2.1 疫苗研发大楼——创意办公

作为上生所时期扩建建筑的典型代表之一，疫苗研发大楼可以说是这块土地为满足新一时期的特殊需求而进行"空间改造"的标志；在当时，上生所为了研发办公而计划建造一栋研发大楼，最初的选址是上生所北边正门的西侧，也就是如今海军俱乐部旁；但由于这块土地不利于打桩造地基，所以这栋大楼建造的位置就挪到了上生所的南侧。

在介绍这栋建筑之前，不得不说一个人。1955 年，郭沫若之子郭博以优异的成绩毕业于京都大学建筑系，当时 36 岁的他在日本建筑设计界已是一位小有名气的建筑设计师；回沪后他前往上海市建工局设计公司工作，希尔顿饭店、太阳广场、国际贸易中心、延安饭店，这些知名建筑都是郭老的作品，这栋疫苗研发大楼的机电设计同样也出自他手。

在建筑设计上，这栋大楼可以说是当时中国效仿国外现代主义工业建筑的代表作，无论在建筑体量上，还是在长宽比的控制上，都与同期的包豪斯建筑风格非常相似，整体结构常采用框架式，其空间设计以功能主义至上，为满足特殊的生产办公需求，尺度一致的房间在每层排列着，反映到建筑外部就是每层规整的一行方形的小窗；整个建筑高 8 层，带有电梯，这个设计突破了原来上海市禁止建造五层以上建筑的规定，使得其在建成后也被誉为长宁区的第一高楼。这栋大楼见证了国家和城市的发展，具有重要意义，最终它于 1964 年 10 月 1 日完工。

在上生·新所时期，如何将这些工业建筑改造成为符合现代

图 8.2
改造后的疫苗研发大楼

资料来源：上海万宁文化创意
产业发展有限公司。

需求的空间也是个不小的挑战，最后确定在基于保留建筑自身特
色的同时，通过新材料、新手法的植入和改变，营造出历史环境
下的不同的感观空间，合理地将工业建筑遗产转换为园区创意与
办公的空间。本次改造对其本身的现代主义要素予以保留，南立
面更迭为落地大玻璃窗，获取更好的景观与采光，使室内更加通
透，西北角的原机房和配电间采用镜面不锈钢的新幕墙。建筑之
间相互影映，共同围合成一个历史与当代交融的公共广场，昔日
的充满严格秩序的研究所空间经过更新转变为了时尚创意、设计
类办公的聚集地（图 8.2）。

8.2.2 海军俱乐部健身房——时尚秀场

海军俱乐部最早的使用功能包含泳池、健身房、保龄球馆以
及更衣室，作为哥伦比亚乡村俱乐部的附属体育馆。

海军俱乐部在空间位置上与哥伦比亚乡村俱乐部游泳池沿轴
线相邻布置，建筑内主要空间平面基本对称；建筑外观上，其北
立面山花为巴洛克样式，黄砂水泥粉刷饰面，中央有绿色铸铁篦
子花窗，顶有宝瓶等装饰，线脚装饰十分丰富，具有较高的历史
文化价值。建筑内，俱乐部结构采用三角木桁架，形成 14.35 米跨
度、29.4 米深度的 420 余平方米的无柱大空间，这体现了当时的

大空间结构设计与建造水平，具有一定的科学技术价值。

基于其特殊的空间结构，上生所在进驻此地后将健身房改造作为蒸锅间与培育间使用。上生所首先是将大空间健身房与西侧的保龄球馆进行拆除，改建为砖混结构小房间作为设备用房，再将蒸锅设备搬入健身房的大空间内，并在健身房的内墙铺贴上白色瓷砖，外立面门窗改装排气扇等通风设备；另外为了便于使用，还在室内夹层北侧增加一处斜廊，开小门洞通往室外，后期搭建建筑平台，整体空间布局没有太大变化（图8.3）。

在万科接手后，第一步是拆除了上生所时期的后期搭建，修缮外立面黄沙水泥粉刷外墙、外门窗、屋架以及屋面，恢复原有的两处屋面的采光天窗，并将其作为大空间室内采光使用，在更新的基础上尽可能地延续建筑的历史风貌。对于上生所时期的印记，万科一方面是保留工业遗迹和历史痕迹。例如，留存室内靠近东侧的原蒸锅设备的除尘罩，以及灰色水磨石地坪和青蓝色内墙涂料与瓷砖。另一方面，运用创新思维，将蒸锅设备的除尘罩改造成为空调出风口。这很好地利用了遗留的工业设备，也节省了很多额外的改造工作，使得必须安装的空调设备变得更加隐蔽，尽可能保护了大空间的完整。

图8.3
上生所时期的哥伦比亚乡村俱乐部附属体育馆

资料来源：上海万宁文化创意产业发展有限公司。

图 8.4
改造后的海军俱乐部以及举办的秀场活动

资料来源：上海万宁文化创意产业发展有限公司。

修缮后的体育馆变身为海军俱乐部，现已作为商业活动的时尚秀场使用，已经举办过 Dior、Gucci、阿斯顿·马丁等诸多国内外品牌发布会及展览，同时还引入笑果文化、上海现代人剧社等，不间断举办脱口秀、戏剧节、音乐会等多样的文化活动，使得这个建筑焕发了新生（图 8.4）。

8.2.3 海军俱乐部游泳池——餐饮零售集合

海军俱乐部游泳池与北侧健身房相接，游泳池为露天泳池，环以粗壮的混凝土柱廊。泳池的北侧设有一有雕塑壁龛，两侧则为落地玻璃窗，这是游泳池最具代表性的标志之一。游泳池边为马赛克地坪，并用马赛克标识泳道，十分具有特色，是侨民们最喜爱的休闲活动场所。到了上生所时期作为内部员工使用的活动泳池，开放性减弱；在 20 世纪 80 年代，上生所又将原有两侧柱廊加建为二层，柱子之间增加拱券连接，二层走廊同一层，设置拱券，一层房间作为更衣室与设备间，二层全部改为办公室使用，整体建筑功能发生了一定的转变。

到了上生·新所时期，游泳池现状保存良好仍可使用，万科对泳池池壁、池底马赛克进行了精心修缮，清洗表面污垢，嵌补局部缺损，疏通好上下水管路，使泳池得到完整保护。同样得以保留的还有泳池两侧的立柱、八角间、壁龛和缸砖地坪，围绕泳池的环廊空间得到了恢复（图 8.5）。在此基础之上，再对建筑功能进行了再调整，将泳池周边建筑一层功能定位为咖啡、餐厅等对外服务功能，二层为瑜伽健身等非器械类活动室。而泳池也被赋予了新的功能：在此处举办了如 SWEET&SALTY 甜品节、轩尼诗美食品牌活动、城市更新展、世界遗产日等各类国际知名品

图 8.5
游泳池两侧保留的立柱

资料来源：上海万宁文化创意产业发展有限公司。

图 8.6
游泳池重新焕发光彩

资料来源：上海万宁文化创意产业发展有限公司。

牌发布会推广和文化节庆活动。原海军俱乐部泳池建筑成为上生·新所的形象代言，散发着独特的魅力（图 8.6）。

8.3　文化影响力的提升

对于场地内近百年的历史建筑文化影响力的再提升，是上生·新所时期更新项目最为突出的贡献之一。实现这一成果依靠的是两个"着手点"：其一，对于物理承载环境的历史风貌的保护与延续，依据整体性、真实性、可识别性、可逆性原则，以及最小干预和可持续利用原则开展针对历史建筑物的保护更新工作。其二，通过建筑功能的重置激发建筑活力，一方面力求与原有的空间气质相吻合，另一方面赋予其全新的、灵活的、能够满足现代生活使用需求的文化功能。两点合一，实现真正意义上的场所再造。

8.3.1　哥伦比亚乡村俱乐部——文化、美育策源地（茑屋书店）

哥伦比亚乡村俱乐部于 1924 年建成开放，与哥伦比亚圈相互辉映，成为当时上海侨民的聚集与活动中心。

哥伦比亚乡村俱乐部建筑主体为西班牙教会式样，原建筑面积 2012 平方米，两层砖混结构，平缓筒瓦坡顶，建筑高度约 10.62 米。底层立面中部为粗石砌筑的连续拱券落地长窗，二层中部退为大阳台，设三联券窗，左右为平券，中间螺旋形窗间柱上为三叶形券，上部出檐变为带巴洛克风格的宝瓶式山墙，入口、门窗等局部以粗石镶砌，具有较高的建筑艺术和历史文化价值。其建筑功能主要包括桥牌室、壁球厅、烧烤吧、舞厅和餐厅等，是供近代旅居上海的侨民休闲娱乐活动的场所。而到了新中国成立后的上生所时期，俱乐部的功能被完全转变了，娱乐房间被改作为会议、接待、办公、图书馆等功能。为了满足新的使用需求，上生所在主楼东侧原一层的露台上加建了外墙作为室内房间，一直延续至今。

万科在对哥伦比亚乡村俱乐部进行修缮开发的过程中，既着力延续历史文脉，又考虑赋予其建筑适合时代和未来城市发展的使用功能。针对建筑，经专家的评审后对建筑进行了谨慎的整体保护和传统工艺修缮。如针对外墙立面清洗所采用的拉毛工法，为了使外墙的肌理、效果、颜色、质感和原貌基本一致，做了几十个样板，通过一遍遍打样，从不同配比、不同工艺、不同大小、不同距离、不同角度进行比选，才最终达到令人满意的效果。建筑内部原有木材、石材均得到了全面的清洗和修整，残损的建筑构件全部重新打样制作归位，最好地呈现历史建筑风貌。

对于修缮好的哥伦比亚乡村俱乐部，在功能上，为了充分利用其历史文化的氛围，万科引入了以提供美好生活方式为理念的茑屋书店。以书为主角，打造集文化、艺术展览、咖啡、零售等多功能为一体的文化新空间，深耕优质内容及产品，用书店的专业和优势，持续发挥文化引力，通过学术分享类活动，强化文化艺术策源地定位，由点及面地提高整个地块的内容及文化的影响力，为这个百年建筑注入全新的灵魂。经历仔细修缮与功能重置

图 8.7
修缮后的哥伦比亚乡村俱乐部外观

资料来源：上海万宁文化创意产业发展有限公司。

图 8.8
修缮后的哥伦比亚乡村俱乐部内部

资料来源：上海万宁文化创意产业发展有限公司。

后的哥伦比亚乡村俱乐部重新焕发了新生，成为受到公众喜爱的极具体验感的场所（图 8.7、图 8.8）。

8.3.2 孙科别墅——历史与先锋艺术策展地

孙科别墅是著名建筑师邬达克为孙中山先生独子孙科设计建造的独立花园住宅，它将孙科和邬达克这两位中国近代史和上海近代建筑史上知名的历史人物联系在了一起，同时也是哥伦比亚圈的重要组成部分，蕴含着深厚的历史文化。

孙科别墅作为哥伦比亚圈的重要建筑，可以说是邬达克设计风格开始突破的一种尝试，也是其先锋设计风格的最初探索。整栋建筑为砖木结构，辅以红色陶瓦、手工菱纹抹灰、螺旋柱、铸铁阳台及拱券门窗，局部古典主义对称手法与整体的现代主义非对称布局，将西班牙风格与意大利文艺复兴时期的建筑风格完美地融合于一体。从建筑正面来看，三个尖券门洞优雅敞开，透过门洞，能看见三个圆形拱门依次排开。视线上移，四扇落地大窗拱卫中央铸铁栏杆阳台，三根陶立克柱子颇为精致地被置于四扇窗间，十分精美。从建筑平面布局来看，整个空间布局合理紧凑，主要功能用房均朝向南侧，采光和室外景观环境也十分良好，也被誉为上海近代花园住宅的优秀代表作之一。

1949 年，孙科全家离开上海之后将这套别墅转卖，辗转之后归属到国民党中央防疫处上海分所，在新中国成立后归到卫生部上海生物制品研究所。在 1953—2003 年间，孙科别墅一直被用作上海生物制品研究所的行政管理办公场所。2003 年后，上生所日益发展壮大，当时很多外宾来到所里谈合作，急需设置一处规格较高的接待室空间。于是上生所便自行斥资，参照老照片和图纸，以"修旧如旧"的态度修缮孙科住宅，尝试将 1930 年营造的空间作彻底的复原。修缮翻新后的孙科别墅接待过印度卫生部长、古巴总领事、孙中山的亲友团等重要人物。

到了上生·新所时期，对于孙科别墅再修缮的工作开始了，万科在原有资料及对历史建筑保护相关文件的研究基础上，秉持着整体性、真实性、可识别性、可逆性、最低限度干预的原则，对其建筑内外空间进行了精心的修缮。其黄砂鱼鳞状的外立面由于工艺复杂，纹路及颜色难以控制且无施工案例可参考，修缮难度极大。为了实现完全复原，技术人员需要在画板上进行反复试验与临摹，直至熟练后才可正式上墙（图 8.9）。就连其室内的木地板都需要经过多道工序，以实现与当年的铺贴样式与原色一致。

图 8.9
工人正在修复孙科别墅外立面

资料来源：上海万宁文化创意产业发展有限公司。

经过修缮后的孙科别墅时隔 89 年首次对外开放，这也标志着孙科别墅从住宅到办公，再到对所有人开放的公共空间的巨大转变。在此基础上，万科通过保护性开放运营的方式，对整个建筑空间实现了再利用，用文化植入重新激发空间活力，从吸引上万名观众参观的"理想之地——上生·新所城市更新及历史文献展"，到探索上海城市发展与历史文脉记忆关系的上海双年展延伸展，再到"都市观奇"展。如今的孙科别墅更像是上生·新所的一个文化符号，彰显着这块土地上的悠久历史。[1]

---

[1] 参见"理想之地——上生·新所城市更新及历史文献展"。

9

上海首个保护性
征收城市更新项目
——张园石库门

曾有"海上第一名园"之称的张园，是位于上海静安区核心地带的著名里弄街坊，由吴江路、石门一路、威海路及茂名北路围合而成。它曾经是近代上海著名的公共娱乐场所"张家花园"（又名"味莼园"）的所在地，后又演变为一个近代上海的里弄街坊，具有丰富的人文历史，是极其珍贵的城市及建筑遗产资源。

Once known as the "First Garden on the Sea", Zhang Yuan is a famous lane neighborhood in the heart of Shanghai's Jing'an district, enclosed by Wujiang Road, Shimen Yi Road, Weihai Road, and North Maoming Road. It was once the site of the famous public entertainment venue, the Zhang Family Garden (also known as the 'Taste of Ulva Garden') . It later evolved into a lane neighborhood in modern Shanghai, with a rich human history and a precious urban and architectural heritage.

曾有"海上第一名园"之称的张园，是位于上海静安区核心地带的著名里弄街坊，由吴江路、石门一路、威海路及茂名北路围合而成。它曾经是近代上海著名的公共娱乐场所"张家花园"（又名"味莼园"）的所在地，后又演变为一个近代上海的里弄街坊，具有丰富的人文历史，是极其珍贵的城市及建筑遗产资源。

作为上海现存最为完整、种类最多的中后期石库门建筑群，张园是上海首个保护性征收的城市更新项目，备受关注。所谓"保护性征收"，是指征收遵循"留改拆"的城市更新理念，采用"征而不拆，人走房留"的方式。人走，改善居民居住条件；房留，将修旧如故，保持历史风貌不变，完整保存街坊肌理和里弄肌理。2018 年 10 月 1 日，静安区委、区政府宣布启动张园保护性征收项目，至 2020 年 11 月 23 日，最后一户居民签约完毕。静安遵循"保护为先、文化为魂、以人为本"的原则，对张园进行保护性改造，一方面，建立"一幢一档"建筑历史资料档案，详细记录建筑的设计、人文、历史等内容，存续城市文脉；另一方面，对石库门内部空间结合新的功能需求进行调整。

现存的张园建筑多建于 20 世纪二三十年代，包含有旧式石库门里弄住宅、新式石库门里弄住宅、花园住宅、里弄公馆等建筑形式。张园街区的历史演变既有近代上海公共租界西区城市化进程的典型性，又呈现其时代更迭的复杂性，反映近代上海乃至近代中国历史变迁的丰厚而特殊的人文历史，是近代上海都市生活的生动写照和集体记忆，可称之为上海市中心的活态里弄博物馆。[①]

本章将通过考察张园的历史演变、建筑发展史、城市空间塑造及保护更新设计等问题，探讨张园留下的建筑遗产对于上海这座城市的意义，并在此基础上探究张园的保护再利用模式及其在城市更新中的价值与作用。

---

① 　参见卢永毅、钱宗灏、李燕宁、时筠仑：《张园历史街区的昨天与今天》，同济大学出版社 2018 年版。

9.1　从私家园林到里弄住宅的历史演变

9.1.1　私家园林时期

19 世纪时，张园位于今南京西路以南，石门一路以西的泰兴路南端，其地本为农田，1878 年由英国商人格龙营造为园。1882 年，中国商人张鸿禄自和记洋行手中购得此园，总面积 21 亩，起名为"张氏味莼园"，俗称张家花园，简称张园。

此后，张鸿禄（字叔和）又对该园屡加增修，他一改江南园林小巧而又不开阔、重悦目而不重卫生的特点，仿照西洋园林风格，以洋楼、草坪、鲜花、绿树、池水为筑园要素。至 1894 年，全园面积达 61.52 亩，为上海私家园林之最。1903 年，张叔和将张园完全开放经营，其中设立魔术表演、游乐宫、中西式餐馆等，成为上海最著名的具有娱乐性质的经营性私园。

尤其是 1893 年地"仿佛美总统宫殿"的高大洋房安垲第的建成，更令张园不但成为"上海阖邑人之聚点"，更是"我国全国人之聚点"。[①] 此楼由有恒洋行英国工程师景斯美[②]、庵景生设计，浙江名匠何祖安承建，1892 年 9 月 12 日动工，1893 年 10 月初竣工。此楼英文为 Arcadia Hall，意为世外桃源，与"味莼园"意思相通，中文取其谐音"安垲第"。建筑分上下两层，东北角有 5 层高四坡尖顶的高耸瞭望塔楼，红砖清水墙砌筑，砖壁柱支撑承重。整座建筑体量颇大，以不同形状的屋顶结合错落的塔楼和烟囱，构成华丽的立面变化组合，层次丰富高低起伏，是一座纯西式建筑，能容纳上千人，也是上海当时著名的登高点。

中国近代史上的许多重大事件和运动都发生在张园，由于进入 20 世纪后，张园所在的地区被划入公共租界，清政府无法进入租界执法抓人，张园成为清末民初进步人士理想的集会场所。如

---

① 参见（清）孙宝瑄：《忘山庐日记》，壬寅（光绪二十八年．公元 1902 年）十月十日，上海古籍出版社 1983 年版，第 589 页。

② Thomas William Kingsmill，1837—1910，上海最早的建筑师事务所有恒洋行创始人。

1897 年 12 月 6 日，上海道台蔡钧夫人在张园安垲第召开"妇女代表大会"；1916 年 7 月 17 日，孙中山在张园演讲《地方自治》；1913 年 4 月 13 日，国民党上海执行部在张园举行追悼宋教仁大会；1909 年，霍元甲在张园比武中惊走英国大力士；以及拒俄运动、抵制美货运动等。这些事件扩展了张园作为经营性私园的内涵，使得张园成为当时上海最大的公共活动场所，被誉为"近代中国第一公共空间"。这一点对于上海市民意识的形成具有重要作用，可以说，酝酿革命、筹划组织、讨论自治、形成上海意识，甚至上海话的逐渐定型、上海民风民俗的演变都与张园有一定的关系。[①]

光绪二十年（1894 年）十月十五日，上谕时为广东候补道的张鸿禄遭革职被勒令回籍，不准逗留上海，[②] 张鸿禄就把张园租赁给外国人经营。[③] 随着市民公园的大量出现以及城市公共娱乐空间的升级换代，张园的娱乐性花园受到极大冲击，经营维艰，不过其所在土地地价不断上涨。1919 年 3 月，张园被拍卖易主，土地被分割后出售，转做地产开发，安垲第也于这一时期被拆除。张园作为经营性私园的历史也就此结束。

9.1.2　里弄住宅时期

上海开埠后，浦西地区由于地价暴涨，土地级差剧增，不得不兴建大量的集体住宅，大约在 19 世纪 70 年代，出现了早期石库门里弄式民居住宅的开发建设。它采取类似兵营式的连立成行，对内联系自如，对外则必须通过主要弄堂才能到达马路。[④] 到 20 世纪 20 年代，由于里弄民居占地较大且不适应新的生活方式，因此逐步停止建设，转而兴建以西方近代联排式住宅为蓝本的新式石库门里弄住宅。

---

① 参见贡坚：《张家花园——一份关于上海传统城市居住形态的调查报告及思考》，同济大学，2005 年。

② 邓之诚《骨董琐记全编》的部分资料来自国史编纂处，可靠性较强，其中记录有《味莼园》。

③ 参见孙宝瑄《望山庐日记》光绪二十九年八月十六日的记录。

④ 参见冯浩：《近代历史条件下的浦东民居研究》，上海交通大学，2007 年。

在这个过程中，因公共租界不断向西拓展，南京路地价一路上涨，从南京东路延伸至南京西路，位于静安寺路（今南京西路）南侧的张园，其土地也越来越受地产开发商的欢迎。根据同济大学卢永毅教授等的《张园地区历史建筑研究》，1910年慕尔鸣路（今茂名北路）的修通使张园获得了临街界面，这对于房地产开发具有了更大价值，于是靠近此路的地皮从张园被划了出去，再分成三块出售。1923—1927年间，陆续建成了德庆里一至六弄以及荣康里三条弄堂和震兴里的三条弄堂。[①]

张园内的地块经多次析产，最后被分成28块并进行地产开发。根据1933年上海公共租界工部局地政处的在案记录，其中最大一块的面积为4.906亩（地籍号2212），最小一块的面积为0.535亩（地籍号2192）；每亩单价最高的为3.3万两银子，大部

地籍编号	道契编号1	登记业主	面积（亩）	单价（银两）	总价（银两）
2137	10746	Brandt,W.&Rodgers, Ltd	3.535	27000	95445
2139	11914	Brandt & Rodgers,Ltd	0.977	27000	26379
2140	11915	Brandt & Rodgers,Ltd	0.614	27000	16578
2176	10357	Wright,G.H.& Holborow,A.C.	0.958	27000	25866
2177	10777	Wright,G.H.& Holborow,A.C.	0.986	27000	26622
2179	10358	Wright,G.H.& Holborow,A.C.	2.751	27000	74277
2180	10356	Brandt,W.&Rodgers, Ltd	3.820	27000	103140
2181	10355	Credit Foncier d'Extreme Orient	2.212	27000	59724
2182	10354	Brandt,W.&Rodgers, Ltd	1.858	27000	50166
2183	10353	Brandt & Rodgers,Ltd	2.053	27000	55431
2184	10352	Brandt,W.&Rodgers, Ltd	2.501	27000	67527
2185	10351	Brandt,W.&Rodgers, Ltd	1.095	27000	29565
2186	10350	Brandt,W.&Rodgers, Ltd	2.053	27000	55431
2187	10349	Brandt,W.&Rodgers, Ltd	3.637	27000	98199
2188	10348	Brandt,W.&Rodgers, Ltd	2.940	27000	79380
2189	10347	Brandt,W.&Rodgers, Ltd	3.151	27000	85077
2190	* 2049	Brandt,W.&Rodgers, Ltd	2.371	28000	66388
2192	10876	Brandt,W.&Rodgers, Ltd	0.535	27000	14445
2198	12029	Brandt & Rodgers,Ltd	2.848	27000	76896
2205	9623 2	Brandt & Rodgers,Ltd	3.569	28000	99932
2206	13822	Brandt & Rodgers,Ltd	2.204	27000	59508
2207	9626	Macleod, R.N.&Gregson,R.E.S.	2.398	27000	64746
2208	9627	Wright,G.H.& Holborow,A.C.	3.298	27000	89046
2209	9628 3	Brandt,W.&Rodgers, Ltd	2.635	33000	86955
2210	9629	Brandt & Rodgers,Ltd	4.050	32000	129600
2211	9630	Macleod, R.N.&Gregson,R.E.S.	3.961	32000	126752
2212	9631	Macleod, R.N.&Gregson,R.E.S.	4.906	32000	156992
2213	9982	Brandt,W.&Rodgers, Ltd	2.223	27000	60021
			70.139		1980088

图 9.1
张园土地析产记录

资料来源：卢永毅等：《张园地区历史建筑研究》，同济大学，2015年。

根据1933年工部局出版<Land Assessment Schedule>中所载的相关数据编制
注1 凡未经注明的均为英册道契
注2 另有S.M.C.道契，编号为：107
注3 另有S.M.C.道契，编号为：208

[①] 参见卢永毅等：《张园地区历史建筑研究》，同济大学，2015年。

分均为 2.7 万两银子（图 9.1）。[①]

这些状况使得张园的地产开发具有了自身的独特性：

一是从上海的土地级差来看，1910 年的南京路外滩地价每亩达 10 万两银，[②] 到了 1933 年则达到每亩白银 36 万两，[③] 而同时期的张园所在地块则要低得多；不过，比起租界以西的愚园路等区域，张园的地价相对又高很多。这样的土地级差影响到张园的再开发模式。作为住宅为主的街坊，张园的里弄建筑不像地价较低的愚园路一带以联排大型的里弄开发为主，而是体现了见缝插针、精打细算的多样化小地块开发的特点。

二是由于张园区域的细分地块形状大小各不相同，要因地制宜进行开发，这使得张园所开发的住宅产品异常丰富，每条弄堂大小风格各异。从尺度上来说，囊括从单开间到五开间的多样化户型平面；从风格上来说，涵盖从 20 世纪 20 年代早期盛行的古典主义、折中主义到 20 年代晚期盛行的装饰艺术主义等多种风格特色。这不仅使张园能够适应城市不同住户对于住宅的需求，也使其成为上海目前石库门里弄中最为精美的集合。

9.2 张园的建筑类型、特征及价值

9.2.1 张园的建筑类型与特征

现存的张园建筑多建于 20 世纪二三十年代，共 43 幢，包含有旧式石库门里弄民居（35 幢）、新式石库门里弄民居（1 幢）、新式里弄民居（1 幢）、花园式里弄民居（5 幢）和公寓式里弄民居（1 幢），可谓是上海里弄建筑之集大成者，是上海中心城区极为珍贵的历史遗存（图 9.2）。

石库门住宅是张园建设得最多的住宅产品。张园内的石库门

---

① 参见时筠仑、李振东：《张园地区历史建筑研究》，《中国房地产业》2017 年第 11 期。

② 参见黄琪：《近代上海工业建筑保护和再利用》，同济大学，2007 年。

③ 参见上海档案馆藏：《上海公共租界工部局地价表》，档案号：U-1-1023、1044。

建筑品种多、档次高，既有早期石库门的三开间一堂两厢和五开间双进深两厢房，也有代表新式石库门的单开间一楼一底和双开间一堂一厢；其中有三堂两厢五开间的大宅，也有像沿茂名路一侧的联排石库门住宅如震兴里。其主要特征即是位于中轴线最前列的石库门，通常砌筑在高围墙中，实拼厚板做双扇大门，花岗石或青石做门头，外框使用砖砌柱墩；上面做额坊字碑，也有用砂浆粉刷的；门漆黑色，钉虎头铜环。

新式石库门里弄民居的结构多以砖承重墙代替传统的立帖式，造型上不再采用马头墙等传统装饰，门框也多采用斩假石等人工材料代替过去的石料，在石库门门楣等处有三角形或圆弧形西式山花与线脚装饰。

新式里弄民居基本延续了新式石库门里弄的建筑格局，建筑用料更为考究，但是取消了石库门，改为矮铁门，前天井改为前院，多种植花草。

花园式里弄民居多为独幢建筑，除了不规则的平面布局、较大的花园外，主入口的大厅、旋转楼梯，主人仆人路线分开也是平面上的主要特征，立面精美的欧式构件造型、阳台，也是无时无刻不在显示着主人家族丰厚的财力及较高的社会地位。张园现存最出名的花园住宅，是被称为"斜桥弄巨厦"的吴氏大宅。该房屋由当时沪上炙手可热的匈牙利裔设计师邬达克于1931年设计，建筑的主人是花旗洋行买办吴培初。邬达克在此建筑中充分体现了以客户为本的设计理念，并融入了他杂糅的折中主义风格的建筑技巧。建筑占地面积约3.64亩，建筑面积约2475平方米，采用了两个三开间并置的平面布局，主体三层，局部为四层。建筑造型高低错落，多拱型、尖券形门窗、螺旋形大理石柱子、筒瓦屋面等装饰构件丰富，在总体上统一的折中主义立面之内，西宅的内部装潢偏向中国古典元素，而东宅室内则与外部的西式风格保持一致。这一独特的建筑布局以及风格的选择，是因吴培初子女众多，故而需求具有多样化。1949年以后，吴氏卖出此建筑，随后一直作为公惠医院使用。

图 9.2
张园石库门屋顶照片

资料来源：作者拍摄。

公寓式里弄民居建筑最显著的特点就在于一梯多户的设定。张园仅一幢公寓式建筑，原设计为一梯两户，也分前后楼，同时也保留了前天井客堂间—楼梯间—后天井灶间的基本建筑格局。

9.2.2　张园的建筑遗产价值

1. 张园里弄建筑群是上海近代建筑建造工艺研究的范本

张园建筑形式的多样性也造就了建筑细部与建筑材料的丰富性及复杂性，为上海近代建造工艺提供了研究范本。

比如 20 世纪 20 年代初期张园的石库门建筑，其入户门框采用的是金山石料（一种产自苏州的优质花岗岩），石库门的风格多为繁复的古典主义风格。到了 20 年代中后期，石库门框则更多会采用水刷石饰面，石库门的风格趋于简化，并出现了装饰艺术风格的特征。这就体现了近代建筑工艺以及审美趣味的变化。

从建筑工艺来说，比如张园建筑的水刷石工艺，不同部位水刷石的粒径是有所区别的，在墙面的水刷石粒径在 3—8 mm，明显大于窗台、线脚部位的石子的粒径（1—2 mm）。同时，在现场

图 9.3
震兴里 220 弄外立面水刷石

资料来源：作者拍摄。

勘察中发现水刷石层并不是直接接触于砖墙表面，而是有一层纸筋泥灰打底，表面采用水泥石子抹面。这不同于当代的水刷石工艺的描述，[①] 但在张园现存历史建筑中却相当普遍（图 9.3）。

建筑的细部与用材既与经济性有关，也与其在空间的使用位置有关。比如花园式里弄的细部与用材会比石库门里弄更为考究和精美，室内的地面用材也集合了当时流行的水泥花砖、拼花马赛克、水磨石、大理石地面等不同的材料。本章研究团队在考察"斜桥弄巨厦"的地面用材时发现[②]：即使是木地板，建筑师也会根据不同空间的重要程度配以不同等级的木种，比如在会客厅、藏书楼、主卧室处采用橡木地板，在接待室、教学室、起居室等则采用硬木和柳安木地板。

2. 张园是展现上海近代城市风貌变迁的实物标本

张园从上海最具代表性的经营性私园，发展到具有丰富居住空间形态的里弄住宅阶段，其历史演变既有近代上海公共租界西区城市化进程的典型性，又呈现其时代更迭的复杂性。一方面，它是近代中西建筑文化交流的产物，反映出当时外来建筑文化在上海的传播方式，尤其是在租界地或类租界地，部分以国内生活习惯为原点。那种部分以国外建筑艺术为蓝本，以本土材料、工艺为建造手段的中西结合建筑文化的形成特征，是上海城市记忆的源泉，是上海文化底蕴的组成部分。

另一方面，它作为后期石库门里弄时代的典型代表，整体规

---

① 参见刘宇、赵继伟、赵莉：《屋面与装饰工程施工》，北京理工大学出版社 2018 年版。

② 这一发现由杜骞完成。

模保存得如此完好，非常具有典型性与稀缺性。这些都使得张园成为近代上海都市生活的生动写照和集体记忆，反映了近代上海乃至近代中国历史变迁的丰厚而特殊的人文历史，可称之为上海市中心的活态里弄博物馆。[1]

9.3　张园的保护研究与修缮设计

2005 年，张园地区成为"南京西路历史文化风貌区"的重要组成部分。2007 年，笔者带领的上海交大研究团队开始参与张园的测绘与调研。

2018 年，在张园成为上海首个保护性征收的城市更新项目后，正式开始"一幢一档"的编制工作，建立"张园历史建筑资料库"，详细记录建筑的设计、人文、历史等内容，为该街区历史文化风貌的保护提供更加详细和深化的保护依据和保护策略。2019 年，顺利完成了 43 栋、174 幢、2053 个房间的查勘测绘工作，这在上海乃至全国都属首例，对留存历史文化资源、实现区域环境提升、带动中心城区建立新的城市更新模式具有重要意义。

2022 年，已完成对张园石库门建筑的原材料原工艺分析，以及华严里 16—26 号的保护修缮设计方案（图 9.4、图 9.5）。

9.3.1　张园建筑原材料原工艺分析 [2]

在当前大量近现代历史建筑修缮中，往往只注重于形式的复原而忽略原材料的保存以及病害的处理，带来了材料的大量替换与涂脂抹粉式修复。因此，在对张园石库门修缮设计之前，进行科学、严谨的原材料、原工艺分析尤为重要。

该项目共覆盖张园全体 43 幢建筑，建筑总面积约 30000 平方米。由于张园建于上海石库门建筑的鼎盛时期，建筑形式、建筑

---

[1]　参见卢永毅、钱宗灏、李燕宁、时筠仑：《张园历史街区的昨天与今天》，同济大学出版社 2018 年版。

[2]　2021 年 7 月，笔者带领的研究团队对张园石库门建筑的原材料原工艺分析进行了项目结项。

威海路590弄56支弄32号历史建筑房屋结构信息汇总表

房屋信息情况							
房屋门牌	威海路590弄56支弄32号			房屋类型 (旧里标等级、 石库门标类型)		一级旧里	
房屋保护 类别	/	保护批次 公布日期	/	历年维修日期		1994年大修	
房屋用途	居住	房屋权属	国有	所属里		华严里	
建造年代	20世纪20~30年代	建筑层高	一层3.98M 二层3.60M	建筑层数		2层	
租赁户数	6	居住户数	6	户籍户数		6	
		出租户数	/				
建筑面积 (㎡)	202㎡	公用面积 (㎡)	11.9㎡	居住面积 (㎡)		190.1㎡	
		灶间数量 2	客堂数量 /	厢房数量 /	其他 2		
总搭建面积 (㎡)	23.5㎡	公搭面积 (㎡)	23.5㎡	私搭面积 (㎡)		/	
总搭建数量	2	公搭数量	2	私搭数量		/	
		天井数量 /	晒台数量 1	弄搭数量 /	其他 /	天井数量 /	晒台数量 / 弄搭数量 / 其他 /

威海路590弄56支弄32号历史建筑房屋完好程度信息表

门牌号：威海路590弄56支弄32号

房屋门牌	威海路590弄56支弄32号			房屋类型 (旧里标等级、 石库门标类型)	一级旧里
房屋保护 类别	/	保护批次 公布日期	/	历年维修日期	1994年大修
房屋用途	居住	房屋权属	国有	所属里	华严里
建造年代	20世纪20~30年代	建筑层高	一层3.98M 二层3.60M	建筑层数	2层
结构类型	砖木结构	完好率(%)	64%	建议保护级别	保留

重点保护 部位	屋面结构	桁条、木格栅、柱、钻架	承重墙	瓦屋面	各类屋脊	各种水落、水管	外墙面	门窗	各类线脚	楼地面
重点保护 部位完好 率(%)	60%	60%	57%	80%	60%	60%	60%	70%	60%	60%

房屋设备	容量	数量	原始/新增	备注
水	进出口6分管	6只	原始1只；新增5只	/
电	5A	6只	新增6只	/
煤	6m³/h	6只	新增6只	/
卫生设备	面盆	6只	原始1无；新增5只	已换新
	马桶	6只	原始1只；新增5只	已换新
	浴缸	2只	原始1只；新增1只	

图 9.4

张园"一幢一测"信息资料

资料来源：上海交通大学规划建筑设计有限公司编制：《张园地区历史建筑房屋档案》。

威海路590弄56支弄32号公共部位病害图像表

单元编号		公共部位	
建筑构件	照片编号	病害图像	
外墙	P-590L-56L-32-01		
厨房	P-590L-56L-32-02		
楼梯间	P-590L-56L-32-03		

图9.5
建筑病害资料

资料来源：上海交通大学规划建筑设计有限公司编制：《张园地区历史建筑房屋档案》。

材料与早期石库门建筑差别较大，其建筑形式之丰富也造就了建筑材料的多样性及复杂性。材料的内在属性决定了材料的耐久性和劣化机理，而上海的高湿度环境，为病害的发展提供了合适的条件；不同材料老化形式与程度的差异，亦加剧了病害的复杂性。对张园建筑进行原材料原工艺分析包括三方面内容：（1）原建筑材料的物质组成；（2）构造形式与建造工艺；（3）材料当前的物理、力学、化学性能。分析方法包括三个阶段：现场勘察、文献研究与实验室分析。下面将逐一简要论述。

1. 现场勘察

现场勘察，是历史建筑原材料原工艺研究的基础且常规性操作，其目的是详细地了解调查对象中现有材料的类别及保存状况，以视觉勘察为主，主要包括拍照、记录、核对图纸等几项操作。

对张园建筑的勘察，依据石库门里弄的特点，基本按照建筑构造进行划分，主要包括基础、墙体、梁柱、屋架、楼地面、楼梯、门窗、粉刷和油漆，旨在从中观层面把握构造特点，初步判

张园墙体尺寸统计表

外墙				内墙			
位置	类型	砖 (尺寸/cm)	砖缝	位置	类型	砖 (尺寸/cm)	砖缝
茂名北路德庆里 274弄15号	青砖	厚4	1	274弄19号	青砖	21*11*4	1
茂名北路220弄 /	青砖、红砖	/	/	274弄19号	青砖	21.5*11*4	1
茂名北路230弄 /	青砖、红砖	/	/	220弄3号	青砖	厚4	1.5
				/	青砖、红砖	厚3~4	1~2
				/	灰砖	21.5*10.2*4.2	1
石门一路251弄18号 — 主楼建筑的东和西立面、辅楼的东和南立面，附楼建筑的北立面	红砖	25.6*12.4*5.7	0.8	主楼	红砖	24*12*5.5	1.2
主楼建筑的北立面和辅楼建筑的北立面	青砖、红砖	青砖:21.6*10.8*36.7 红砖:19.4*10.8*3.7	青砖:0.8 红砖:1				
石门一路315弄 /	红砖	/		315弄19号	红砖	23*6*11.5	1
				315弄19号	红砖	24*6*12	/
				315弄19号	青砖	长24、厚4.5	
				315弄23号	青砖、红砖	青砖: 长24、厚4 红砖: 长23、厚4	
				315弄23号	青砖	厚5	1
				315弄23号	红砖	24*6*12	
				315弄33号	青砖、红砖	25*12*5	横向: 1.5 纵向: 1.3
修德里 东立面	红砖	/		5号	红砖	24*12*5.5	0.8~1
张园99 /				主楼	青砖、红砖	24*11.5*4	0.5~0.8
				辅楼	青砖、红砖	24*12*4	1~1.3

图 9.6
张园墙体用砖的尺寸统计

注：基本可以分为两种类型，即
21×11×4 cm，24×12×5.5 cm。

资料来源：上海交大建筑遗产
保护研究中心绘制。

定材料的大体成分与组成。这一过程伴随着取样位置的确定，尽量选取材料破损处或不重要的部位（图9.6）。

以建筑内墙抹灰的打底层为例，现场发现了柴泥层和灰砂层两种。如荣康里230弄的柴泥层，可见石灰、黄泥掺有较多的秸秆纤维，结构疏松；德庆里274弄的灰砂层，主要为石灰和砂子的混合物，且砂含量较高。两种抹灰均不同于现今的水泥砂浆打底层，虽强度偏低，但透气性好，是20世纪早期我国水泥尚未普及的阶段较为经济实用的做法（图9.7）。

2. 文献研究

在张园建筑原材料与原工艺研究范畴中，文献研究已经不是通常意义上的建筑原貌与历史沿革分析，而是更有针对性地寻找原材料与原工艺信息，主要通过历史图纸考证和民国工程类书籍查阅两个路径实现。

（1）历史图纸考证。由于张园建筑的建造商与设计师多为外籍人士，图纸采用英文标注。以张园建筑德庆里（茂名北路282、274、264）的图纸为例，用英文清楚地标明了地基、楼地面、屋架与屋顶的用材，有些材料甚至连原产地也有涉及，例

如天津红瓦（TIENSING RED TILES）、福州木檩条（PURLINS OF FOOCHOW），这些具体名称显然为原材料的研究提供了线索。通过图纸考证，也可以发现与当前做法不太一样的构造，例如在做地坪时，就包括了石灰混凝土（LIME CONE）、水泥混凝土（CEMENT CONE）、煤渣混凝土（CINDER CONE）的混合使用。

（2）民国工程类书籍查阅。虽然在建筑图纸中可以区别出材料的种类，但具体做法和材料配比则需依赖更为详细的书籍考证。在张园案例中，最具参考价值的是 1933 年徐鑫堂的《经济住宅》、1936 年唐英和王寿宝合著的《建筑构造学》，以及 1944 年汪胡桢编写的《中国工程师手册》。以墙体为例，《经济住宅》介绍了竹笆、二吋砖壁、三吋黄道壁、五吋砖墙、十吋空斗墙、十吋墙、十五吋墙的、乱石墙、灰壁、板壁的做法，并提到了"所用之砖，至少一吋六分厚，最好二吋，并应用上好灰砂铺砌；如灰砂被掺加水泥者更佳"。[①]

而对于砖，根据《中国工程师手册 B. 土木》："砖常用黏土制造，于烘烧之前原具受范性，一经于高温度烧成，则硬如石质。纯黏土（或高岭土）为白色，用以制造瓷器；较低级之黏土，则

---

① 参见徐鑫堂：《经济住宅》，徐鑫堂建筑工程师事务所 1933 年版。

國產磚料試驗結果（中央工業試驗所試驗）

名　稱	尺　度（厘米）	重量仟克/立方米	抗彎強度支距20厘米仟克/平方米	抗壓強度仟克/平方米	吸水量%
宏業建築紅磚	23.4×11.3×6.2	1751	43.2	199	15
宏業建築青磚	23.4×11.2×6.2	1664	376	173	15.2
德陽建築紅磚	6.4×11.0×22.5	——	138	551	——
德勝鋪路紅磚	10.1×10.1×22.5	——	149	459	——
黄春記青磚(陰坯)	5×11.0×22.5	1451	41	228	3.4
黄春記青磚(晒坯)	5.3×11.6×23.5	1040	22	153	19
名利手製青磚	6.6×12.0×23.7	1643	26	111	17
宏業機製建築紅磚	6.1×11.0×23.5	1734	47	179	13.4
宏業手製建築青磚	6.1×11.4×23.5	1619	24	175	15
大同手製建築青磚	11×5.2×23.6	1747	35	145	17
金城機製建築紅磚	11.3×6.4×23.6	1710	43	146	14
金城手製建築紅磚	6.5×11.4×23.4	1545	28	127	20
京華機製建築紅磚	6.4×11.1×23.1	1606	48	170	16.5
東南手製建築青磚	5.3×23.2×11.3	1422	21	70	25
李三和手製建築青磚	5.1×11.5×23.3	1714	60	182	17
同德機製建築青磚	4.7×11.1×23.8	1693	49	118	13.6
同德手製建築青磚	4.8×11.0×23.7	1619	29	144	17

图 9.8
国产砖种类

资料来源：《中国工程师手册
B. 土木》。

用以制造房屋砖。砖亦可用细碎之页岩制造"。[1] 同时，书中给出了国产砖的种类作为参照（图 9.8）。

再如《建筑构造学》，对水刷石的做法进行了记录："洗石子墙面，其做法先用水泥纸筋灰打底，其上再粉水泥砂浆，此上乃粉以石子水泥浆。以体积计，大约水泥四份，配以洗石子六

---

[1] 参见汪胡桢：《中国土木工程师手册 B. 土木手册》，商务印书馆 1944 年版。

份。"① 这些信息在当代基本失传，只有少量在民间工匠之间口口相传，准确性并不可考。而民国书籍的引用无疑是更具有说服力的参考，可以与现场勘察的结果进行对比。

3. 实验室分析

虽然有了现场勘察和文献研究的初步判定，但对于一些已经过时的材料，尤其是人工合成材料，仍需要实验室分析定性定量。通俗地讲，历史建筑材料的分析目的即确定建筑构件在建造之初时所采用的原料种类及配比，其难点在于根据材料类型和分析目的对分析方法进行优选与组合。

在本研究中，使用的仪器设备包括光学显微镜、偏光显微镜、拉曼光谱仪、X 射线衍射、红外光谱仪（IR）、高分辨场发射扫描电子显微镜。其中光学显微观察是实验室分析的基础，通过光学显微观察可全面地认识整个样品的基本组成结构，进而选择后续的分析方法。大多数的近现代历史建筑材料中，都含有无机胶凝材料和骨料。无机胶凝材料与骨料间结合紧密，不易分离，且样品量较少，为实验室分析带来了极大的难度。本研究通过不同方法的尝试，最终采用的方法如下：样品的无机胶凝材料中不含细骨料时，采用微区 XRD 进行胶凝材料的定性分析，根据岩相分析确定胶凝材料与骨料的配比，如水刷石、水磨石等；样品中含有粗骨料且无机胶凝材料中含细骨料时，采用机械方式将粗骨料分离出来，然后结合胶凝材料的 XRD 定量分析和岩相分析综合确定胶凝材料与骨料的配比。对于其他的有机类样品，则考虑红外光谱和气相色谱—质谱联用技术等。

以水刷石为例，采用的分析方法有光学显微、岩相分析和XRD。结果如图 9.9 所示。样品的剖面为两层，水刷石层厚度约为 1.5 mm，下层有纸筋泥灰打底，纸筋泥灰厚度约为 1.7 mm。

岩相分析表明，水刷石样品中，胶结物约为 60%—65%，石子约为 35%—40%。石子主要为方解石，另有微量石英、长

---

① 参见唐英、王寿宝：《建筑构造学》，商务印书馆 1936 年版。

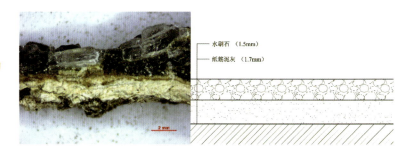

图 9.9
剖面显微照片和水刷石构
造图

资料来源：左图为作者拍摄；
右图为上海交大建筑遗产保护
研究中心绘制。

石、岩屑和不透明矿物。方解石粒径在 0.08—5 mm 之间，没有磨圆，绝大部分为单个晶体颗粒，个别为多晶体颗粒，可能为大理岩经人工破碎后形成。胶结物主要为水泥凝胶和少部分结晶矿物，在结晶矿物中可辨认出纤维状或针状的钙矾石（图 9.10、图 9.11）。

XRD 分析结果显示，水刷石胶凝材料的物相为氢氧钙石（$Ca(OH)_2$）、方解石（$CaCO_3$）、硅酸二钙（Ca_2SiO_4）、硬石膏（$CaSO_4$，少量）。其中，氢氧钙石、硅酸二钙是水泥的水化产物，方解石是水泥的碳化产物（图 9.12）。

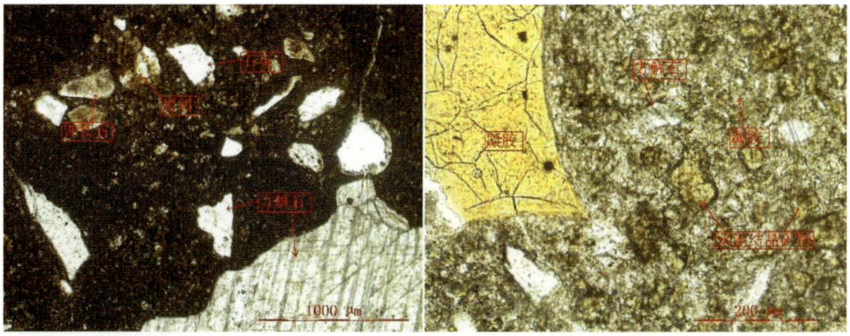

图 9.10
岩相薄片（－）和岩相
薄片（－）

资料来源：作者拍摄。

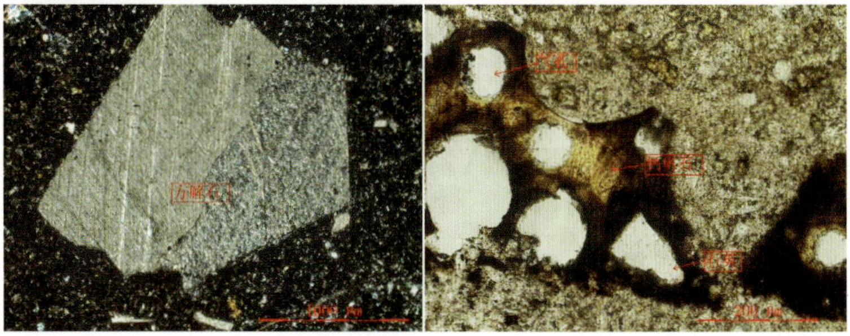

图 9.11
岩相薄片（＋）和岩相
薄片（－）

资料来源：作者拍摄。

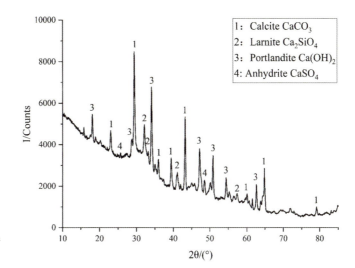

图 9.12
XRD 谱图

资料来源：上海交大建筑遗产保护研究中心绘制。

综上，水刷石的胶结物应为水泥，石子为人工破碎的大理岩。考虑到水泥水化硬化及碳化过程会导致体积膨胀，其膨胀率为 65.1%，因而原始配比中水泥：石子约为 1∶1.1，与文献研究中"大约水泥四份，配以洗石子六份"基本相符。

总之，对张园建筑的原材料原工艺分析，所采用的现场勘察、文献研究、实验室分析三环节相结合的方法论体系，总体上符合历史建筑调查的技术路线，在具体应用时，注重了前后环节之间的衔接，每一步骤实际是在缩小问题区间，并对前一阶段的结论进行反馈与修正。这一方法论逻辑具有一定合理性，如果没有文献研究，而直接进入实验室分析，则有可能造成实验仪器无差别使用，带来数据的冗余和科研资源的浪费，并影响最终结论的效度。如果缺乏实验室分析，则可能走向经验主义误区，盲目根据图纸和传统工法进行复原，忽略了对象本身的特殊性。

当然，本项目所展示的方法只涉及前期勘察，而具体修复中材料、工艺的选择仍需要后期研究解决。当不具备原材料、原工艺修复的条件时，应采用何种可兼容的材料、工艺进行替代？如何在呈现建筑美学价值、历史价值的同时提升其耐久性、舒适性？这些都是值得在近现代历史建筑保护中进一步探索，并有待建筑学、材料学等专业协作解决的问题。

9.3.2 张园的总体规划与功能设计

2018 年 2 月，上海市静安区人民政府、上海市国土资源管理局批准《〈上海市南京西路历史文化风貌区保护规划〉暨〈上海市静安区南西社区 C050401 单元控制线详细规划〉113、114、115 街坊局部调整规划》。这是在后续实际开发主体不明确时期的阶段，该版控规的关键词是"回归风貌""公共性""开放性"。2020 年版控规则明确了部分混合用地转变为商业用地，并为开发实施方案的编制预留了弹性。这是张园进行保护性开发的政策方向。

2019 年 6 月，在静安区委、区府的领导下，张园地区保护性综合开发方案国际征集项目正式启动。经多轮筛选，隈研吾 +PMO 设计团队、DCA 设计公司、华润置地、太古地产、明悦建筑、如恩设计等六家单位进入最后的成果汇报阶段。

2020 年 2 月，最终确定由 DCA（David Chipperfield Architects，戴卫·奇普菲尔德建筑事务所）主控上海张园的总体规划和功能设计。他们在上海曾开展过一系列历史建筑修缮改造计划，包括外滩美术馆、洛克外滩源、工部局大楼、西岸美术馆等。

DCA 的理念在于，城市更新不是一味地追求 100% 的历史复原，而是需要尊重功能性；也不是一味地追求现代性，而把历史建筑推到后面。具体针对张园这一项目，他们认为："保护里弄建筑要保护三样东西，第一是石库门建筑本身；第二是保护石库门的空间次序；第三是保护里弄氛围。石库门一进二进三进院的空间次序及结构需要保护，如果内部的空间全部拆除，这个跟厂房就没有任何区别。而里弄氛围是包括里弄整个边界围合的室外氛围，也包括里弄里面的生活场景。"

在张园的总体设计中，未来张园将以石库门为载体，完整保留保护石库门建筑，并集聚国际级创新文化场所、高端办公、特色住宅公寓、精品酒店及一系列零售和餐饮业态，多点引流高消费客群。同步将进行地下空间开发，地上地下通过下沉式广场连接，形成 15 万—17 万平方米的商业综合体。张园将被打造成集商、旅、文为一体的地标性区域，提升其商务能级，增强文化特色，增拓公共空间，大幅减少住宅用地比例，同时联动周边业态，协同发展。

场所的设计构思分为第一空间、第二空间和第三空间。第一空间是指公寓、住宅形式的家庭空间，这部分在张园规划中被压缩，占比为 10%。第二空间指工作空间，办公空间在张园规划中占比亦为 10%。第三空间为公共空间，是社区的锚点以及人与人之间沟通的场所。其中，商业占 60%，包括餐饮、零售、酒店、多变空间等。文化占 10%，包括活动中心和美术馆等，拟引入以戏剧、戏曲为载体的演艺文化，展示以非物质文化遗产为核心的中国传统文化，并成立以体验为特色的中国石库门建筑博物馆，展现以石库门建筑活化利用为特征的建筑文化，以设立大师工作室、画廊、拍卖行等方式，建设国家非物质文化遗产展示基地。另有占比 10% 的公共设施，包括图书馆、文化宫、幼儿园等。

从规划中可以看到，以商业为主体的公共空间打造是张园总体规划的重点，目标是将其打造为融合国际顶尖商业、高端商务，具文化活动及商住功能的综合性空间，形成"差异化""多样化"功能特点。通过招商进行组合及衔接，不断优化整个区域的业态及消费结构，提供更为丰富的城市区域功能。

张园的地下三层将作为地下空间开发，三个地下室都有各自的机动车入口，实现多种人流的连接。其中地下一层和地下二层设有餐饮/商业、酒店和后勤设备，并有部分停车场。地下三层将设 400 多个停车位，缓解周边停车难问题，未来也将实现南京西路地铁三线地下换乘，交通将更为方便。

在与周边环境的协调优化方面，张园将与东侧的环人民广场演绎和媒体圈、西侧的静安寺文化商业中心、南侧的沿延安中路会展产业带、北侧的北京路新闸路中高档住宅区等相互呼应，成为辐射周边的市民文化活动基地。对于周边道路条件的改善，因茂名北路（威海路以北段）为历史风貌保护道路，建议通过断面改造和管理手段来满足其复合型功能，并兼顾分时管制、步行优先的原则，结合人车高峰出行特征，在车行高峰时段保证车行功能，高峰后限制过境车辆通行，保证慢行空间。

茂名北路——延安路交叉口优化，或北进口调整为全右转，或压缩非机动车道宽度，交叉口确保两车道，一根右转专用车道，一根左直车道。石门一路南向北单向通行，因交通流量大，进出交叉冲突多，建议双向通行。威海路则落实规划道路红线（22 m），车行道路扩容至三车道，且保证有独立的非机动车道，扩容后用于项目交通集散。

总体而言，这一设计希望通过文化融合、空间重塑、功能再造，再塑张园，对比商业功能的开发和利用占比较重，对历史建筑需要进行一定的加建与改造，从而提升城市生活体验。

9.3.3　张园历史建筑修缮设计方案——以华严里为例 [1]

1. 背景资料

华严里建于 1926—1928 年，28—36 号现存五户，其中三户为两开间，两户为三开间，采用联排式布局，每户入口大门（石库门）位于南侧，由大门进入前天井，然后依次穿过客堂间、楼梯间、后天井、灶间、后门出。建筑为中西合璧样式，立面主要为清水红砖墙，窗框、门框、山尖上均装饰几何形欧式构件。建筑南立面设有天井围墙，围墙高度与二层窗台平齐，上施压顶。围墙处设石库门，门框使用石柱及石梁搭设，门框外设壁柱，上设简约线脚和装饰，均施水磨石饰面，门洞内安双扇木板门。西立面墙体中部亦高出屋面，并随坡度的升高做成尖角形。立面所

---

[1]　2020 年 4 月，本研究团队完成了对张园华严里 28—36 号历史建筑的保护修缮设计。

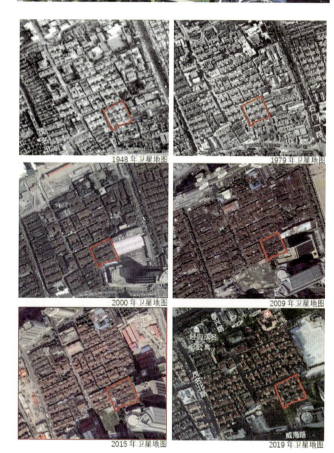

图 9.13
华严里鸟瞰

资料来源：作者拍摄。

图 9.14
华严里不同时期的变迁
对比

资料来源：上海交大建筑遗产
保护研究中心绘制。

开门、窗洞均为方额，内安木门、窗，木门窗形式不一。

整体风貌保存较好，均保存了完整的立面形式。室内保留有较多的原始装饰，例如挂镜线、踢脚线等，建筑内部的格局后期因使用问题被住户作改动，部分晒台、过街楼区域有搭建。

图 9.15
华严里修缮设计内容

资料来源：上海交大建筑遗产
保护研究中心绘制。

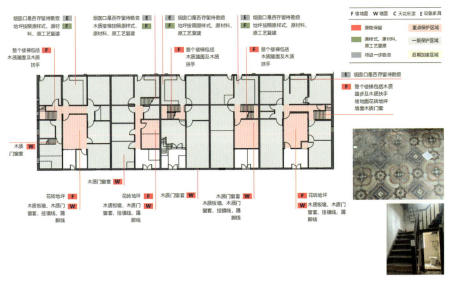

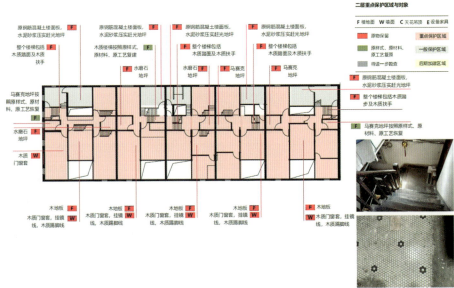

2. 重点保护部位及内容

根据《上海市文物保护条例》中三类保护要求——"建筑的主要立面、主要结构体系、主要空间格局和有价值的建筑构件不得改变，其他部分允许适当改变"，并依据华严里28—36号现状历史调查，得出如下建议重点保护部位：建筑各立面，屋顶形式，前天井，楼梯间，一层客堂间，二层卫生间，部分厢房。

建议重点保护内容为：

（1）立面：建筑各个立面的门窗洞口及装饰、外立面材料色彩。

（2）屋面：屋脊高度及形状、檐口、烟囱、特色山花、露台栏杆、铁质檐沟、木质封檐板、屋面瓦片、落水管。

（3）室内：柱础、天花石膏线脚、石膏灯盘、木踢脚、木墙裙、门窗套及门扇窗扇、挂镜线、壁炉木装饰及釉面砖、镜框、木挂落、室内木门、室内花砖/马赛克/水磨石地坪/木地板、木质雕线脚、木楼梯。

（4）天井：天井门窗及亮子、条石、水泥印花地坪（图9.15）。

3. 修缮设计原则与策略

（1）修缮设计原则。

整体性：在保护文物本体的同时保护文物所在历史区域的空间布局及历史风貌的完整性。

真实性：处理好与邻近新建建筑的关系，保证文物历史建筑的原貌原真性，力求最大限度地保留和恢复现有留存的历史原物。

可识别性：包括材料的可识别性与装饰构件的可识别性，以达到新旧区分的效果。

可逆性：可逆性原则是兼容性与可再修缮性的结合。在兼容性方面，所选材料不能对文物历史建筑产生不良影响，而在可逆性方面，必须保证现行保护措施不会与将来的重新修缮产生冲突。

（2）修缮设计策略。

外立面修缮设计策略：外立面修缮控制目标是恢复历史建筑

图 9.16
华严里修缮设计效果图

资料来源：上海交大建筑遗产
保护研究中心绘制。

历史风貌，真实地展现历史原貌和特征元素，并使之以一种真实的色彩、质感、沧桑感如实地展现外观形象，包括修补立面缺失破损部分，将后期改建加建部分复原，并清洗脏污痕迹。

室内修缮设计策略：对于重点保护部位的修缮要求采用原工艺原材料，包括重点保护部位中木楼板、木楼梯、木门窗、木踢脚线、木墙裙、木挂镜线及天花线脚等，一般历史空间可作风貌协调的设计。

4. 整体修缮设计说明

（1）重点保护部位的修缮。对重点保护部位及内容进行复位，并且以原材料原工艺进行修缮，根据不同材料及构造特征有针对性地选择修缮措施，外立面清水砖墙、水刷石施工前先对原工艺原材料进行取样分析，并对比制样，待小样确定后方可实施，室内木质门窗框及门窗套应进行全面检查，对现状松动的构件进行加固或替换，保证重点保护部位的修缮满足原真性与可逆性的修缮原则。

（2）功能重置，空间更新。重点保护部位空间还原，一般历史空间仅保留空间特征，并根据新功能进行更新设计。首层客堂及南侧厢房部分、楼梯间地坪重置为风貌协调的花砖地坪，首层

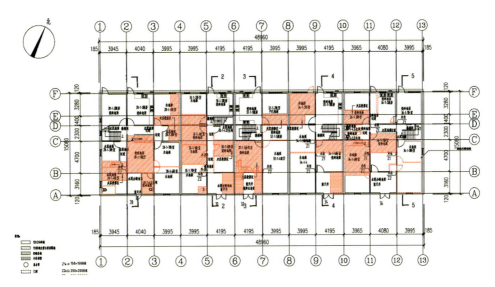

图 9.17
华严里拆改一层平面图

资料来源：上海交大建筑遗产
保护研究中心绘制。

图 9.18
华严里一层修缮平面图

资料来源：上海交大建筑遗产
保护研究中心绘制。

天井处为水泥印花，卫生间为马赛克地面及釉面砖墙裙，北侧厢房及灶间均为水磨石地坪；二层亭子间重置为水磨石地坪，卫生间拆除夹砂楼板，改为现浇混凝土楼板，面层为马赛克地面及釉面砖墙裙，晒台层去掉加建隔墙，修缮水泥铺地，重做防水层、找坡。

（3）机电设备更新及隐蔽设计。在保留历史线路及现有隐蔽线路的基础上进行机电更新，照明设施全部利用顶部原灯具灯盆

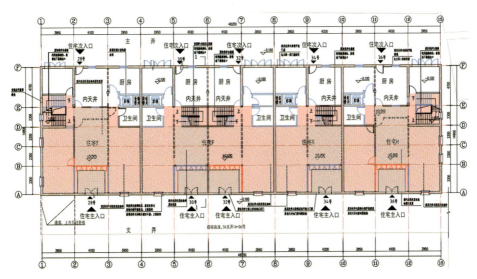

南立面现状图

图 9.19

华严里南立面现状图

资料来源：上海交大建筑遗产保护研究中心绘制。

位置，插座利用现有踢脚线插线位置，加设插座同样利用踢脚线及墙裙隐蔽处理，空调采用 VRV 系统，室内机设置为家具式，管线利用木格栅吊顶空间连通，竖向管井布置于北侧房间及利用壁炉烟道。

（4）建筑安全性能提升。通过室外消防环路贯通，室内外布置消火栓等措施，尽可能提升文物建筑防火性能。

5. 立面修缮设计说明

（1）水刷石面层修缮。整体表面水刷石材质保存状况较好，局部问题如下：外墙及阳台的水刷石面层勒脚透气孔附近被局部粉刷覆盖，窗套两侧及墙角等处有裂缝，入口大门两侧墙面泛碱、屋檐顶部及阳台底部存在潮湿现象，墙面部分有雨水冲刷造成的污迹。在修缮时应采用原材料进行局部按照原样修复，保持水刷石骨料及色彩特征；所采用的材料的强度、透气、透水等材料性

图 9.20

华严里南立面修缮图

资料来源：上海交大建筑遗产保护研究中心绘制。

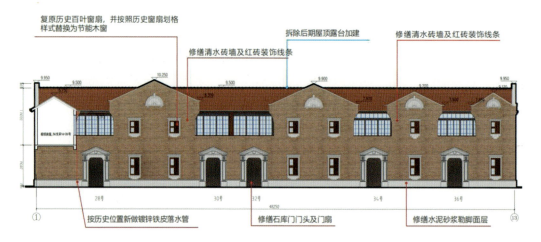

能宜与原有材料接近。

（2）清水砖墙修缮。保存情况良好，存在一些问题：后期加设出水口等导致砖块破损；后期开设的门洞扩大了原窗洞下沿，导致部分清水砖墙缺失；后期搭建覆盖了原清水砖墙，破坏了清水砖墙表面，部分表面有风化酥碱问题。表面覆盖涂料，修缮时需小心清除表面污垢，使用化学试剂清除表面涂料，使用原材料原工艺修复砖块表面及勾缝。对缺失较多的部分采用原砖块尺寸及材料，并采用原砌筑方式进行补砌；对缺失较少的部分，采用贴砖片的方式进行修补，并在墙面上涂刷砖粉饰面使其与原风貌类似。

（3）门窗及五金件修缮。一般宜采用原样保留按原样修复的保护措施；损坏缺失的可按原样恢复，恢复的材料、材性、形式、色彩、质地均应与原样相同。现状木质门窗保留较为完整，表面后期覆盖了棕红色油漆，排门木轴等保存较好，部分五金件经过后期替换。修缮时清除木门窗表面油漆，露出木质原色彩及纹理，并对木质进行防腐处理，施以清水耐候漆，保留木质材料色彩及纹理特征。

（4）屋面修缮。历史建筑屋面及烟囱一般采用原样保留和按原样修复的保护措施，应使用历史原物按原样修复，保证其真实

图 9.21
华严里屋顶修缮图

资料来源：上海交大建筑遗产保护研究中心绘制。

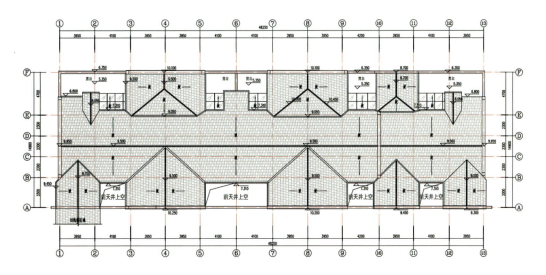

性和沧桑感。该建筑屋脊瓦及屋面瓦均保存较为完整，局部替换为红色机平瓦。修缮时对松动的瓦片进行加固，并替换掉破损瓦片，统一使用青灰色的机制平瓦。

（5）山花修缮。山花保留状况较好，但存在表面裂纹，部分缺失，并有雨水冲刷侵蚀的污迹。应保留历史原状，对破损部分进行修缮，并对脏污部分进行小心清洗处理。

6. 室内地面与装饰修缮设计

（1）木地板。现状保存的历史原物木地板均为竖拼形式，其中竖拼有多种不同尺寸的木板，现状主要为木料磨损问题。针对有基层损坏的情况，有地垄的木地板，如面层完好或损坏不是很严重时，应尽量不拆或少拆面层。可以在地垄内加固搁栅和沿橼木，新地板板材宽度、纹理等应与原有地板一致，厚度要比原有地板厚 1—1.5 mm，用钉或胶水铺设新地板，把新地板磨平至原有地板平。

（2）马赛克拼花地坪。现状保留的历史原物马赛克地坪存在于主楼二层阳台（完整），1 号辅楼首层入口台阶平台（局部）；设计保留现有马赛克地坪拼花式样、颜色特征等，对缺损的部分采用同样规格的白色马赛克进行修补，新旧材质加以区分，做到可识别性。修缮前首先进行表面清洗，小心剔除损坏的马赛克，对

图 9.22
华严里室内修缮效果图

资料来源：上海交大建筑遗产保护研究中心绘制。

基层进行处理后贴回替换的马赛克砖片，在台阶及转角处应考证同一时期马赛克做法，采用考证的拼接方式进行拼接。

（3）花砖地坪。清洗花砖地面，清洗过程中应注意避免对花砖的二次伤害。对保存完好和仅有轻微裂缝或表面轻微破损的花砖予以原状保留；对裂缝松动但基本形态较完好的花砖进行粘缝修补；对表面磨损严重、破损超过1/2的花砖予以整块更换，所有用以更换的花砖均需按现场样式进行定制。

（4）室内木质构件，包括楼梯、踢脚线等。现状木质装饰保留较为完整，经后期修缮，表面统一附着棕红色油漆，在复位修缮前应对木饰面下龙骨、木楼梯内木梁及龙骨进行强度和虫蛀检查，如有腐坏构件应采用同规格材料替换，保证木构件结构安全。对重点保护部位楼梯的风格形式、材质、制作工艺，栏杆及扶手的形状花饰和图案，栏杆中柱的花饰和雕刻，踏面板及踏步板的形式、材质、装饰及工艺，墙体饰面上各式其他雕饰等，进行测绘及三维扫描记录，确保木构件的准确复位以及原样原位的完整保留。

以上所有室内木质构件待全部复位修缮时应首先经过脱漆处理，清除表面棕红色油漆，露出木纹原材质纹路及色彩，经过防腐处理后烫蜡封层以保留木质材料色彩及纹理特征。

7. 室内户型设计

（1）功能。本幢建筑修缮后依然延续原居住功能。

（2）平面改造的必要性。房屋设计之初每户的平面布局为一正一厢或一正两厢，户型狭小，开间小、进深大，导致建筑采光较差，甚至没有独立的卫生间，且原设计中每隔两户设置一堵分户墙，每户之间仅使用隔墙，隔音效果较差，已无法满足现如今的生活需求；且单户建筑面积小，不利于统一划分防火分区。

本次设计中将两户合并为一户，在进行了相应的结构加固后，拆除两户之间的隔墙，较好地解决了建筑的采光及隔音问题，同时为建筑提供了较大的内部空间，使原先逼仄的建筑变得

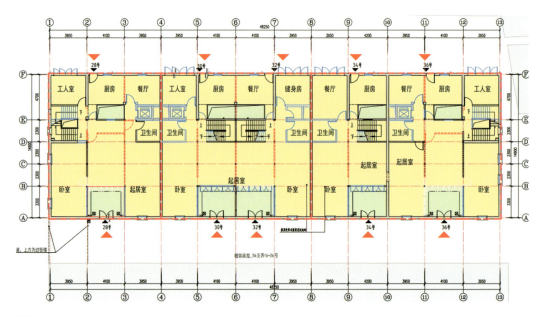

图 9.23
**华严里 16—26 号户型
功能图（一层）**

资料来源：上海交大建筑遗产
保护研究中心绘制。

宽裕，同时可以统一划分为一个防火分区，方便后续的消防进行
设计。

（3）结构实现的可能性。原设计中将建筑南侧设计为主楼，
主要供起居、活动、聚餐等主要生活功能，北侧为辅楼，主要供
生火做饭、杂物堆放、晾晒被褥等辅助功能，两楼之间通过天井、
钢楼梯作为连接，在结构形式上也有所区分，主楼以木柱、木搁
栅、三角木屋架结合砖墙的砖木结构为主，辅楼则是砖墙及现浇
的混凝土板形成的砖混结构。

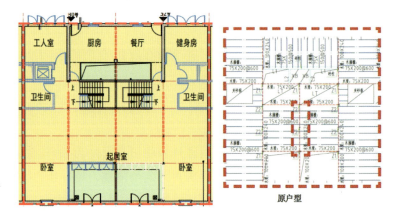

图 9.24
**华严里改造之后的户型
设计**

资料来源：上海交大建筑遗产
保护研究中心绘制。

本次设计中在对两户之间的隔墙进行拆除前需先对原木结构进行修缮，修缮的内容包括但不限于本幢房屋木柱、木梁普遍存在严重蚁蛀、腐烂现象，局部已蛀空或经修补替换（危险点）；28—36 号局部区域存在过火现象，立帖架木柱、木梁、木檩条等已烧焦且未替换（严重损坏、危险点）等结构损伤。

对腐朽严重及断裂的木构件应予以替换，对底层木柱根部可进行墩接处理并采取可靠防腐防潮措施；对存在蚁蛀的构件应进行维修处理，蚁蛀蛀蚀严重的构件应整体或局部替换；对承载力不足的木构件应采取适当加固措施或更换；对烧焦木构件应进行替换。修缮时，应对所有木构件进行防腐、灭蚁防蛀处理。隔墙拆除部分的木梁根据结构计算要求加大截面尺寸，保证结构安全性。

此外也对消防、电梯及厨卫进行了设计，以满足功能需求及安全需求等。

9.4　张园的保护与更新利用探索

9.4.1　石库门保护更新的四种模式

自 1998 年以来，随着住房政策的改变，位于上海市中心区的石库门里弄便始终面临结构性用地调整的问题。如何对石库门进行保护更新，解决保护与民生改善之间的矛盾，迄今已探索了四种保护与更新模式：

1. 新天地模式：只保存外貌的纯粹商业开发

新天地位于太平桥现代园区的西侧，与全国重点文物保护单位中共一大会址毗邻，是上海石库门里弄密集区之一。它彻底剔除了原有的居住功能，而成为餐饮、购物和娱乐等商业活动场所。为使原有建筑中细致分割的小空间满足现代商业的要求，更新中对内部结构进行了重新建造，仅保留了原有建筑的外墙面，并对精心保留下来的弄堂进行了公共空间设计，将"丰"字结构改变为广场形式，便于开展户外互动。[1] 这种改造保证了开发商能够谋求利润的最大化，也遵守了文物保护的某些法规限制，在一定程度上弥补了完全损害城市历史文化价值的消极后果。[2]

但总体而言，笔者认为这是一种"非保护"形式，对历史建筑的价值损伤较大，而且带来了比较严重的后遗症，可以说商业的成功使经济利益凸显，公众利益在某种程度上被忽视。新天地复兴路、马当路、黄陂路一带的几幅地块与原来的新天地里弄质量相近，却被拆迁殆尽，一定程度上导致了城市历史文脉的割裂。

2. 田子坊模式：保留原居民，引入创业产业

田子坊建设于 20 世纪 30 年代，位于泰康路上，当时在这个长约 140 米的老式里弄里汇集了 36 家作坊式小工厂，与石库门内的居民同时挤在狭窄的弄堂里。改革开放后，由于产业结构的调整，这里的小工厂逐渐走向衰败，原有的里弄住宅也进入老化期。

1998 年，田子坊的闲置厂房与浓厚的历史文化底蕴，吸引了陈逸飞在这里开办工作室，这是田子坊成为今天的创意产业园的开始。此后坊内的石库门建筑通过招租的方式开始转型，出租给艺术家、工作室等使用。政府出资对基础设施进行了改造，将底层采光差、安全隐患多的居室改造为商业店铺，弄堂空间则被改造为中高端消费场所。经过十年的发展，田子坊逐渐成为上海标志性的创意产业园区。虽然这里与新天地和建业里相比，建筑品质不是很高，也缺少整体规划，但它由微观市场自发生长形成，因此给人的体验更加原生态，也更具城市的活力。[3]

3. 建业里模式：商业住宅的开发

建业里位于徐汇区建国西路北侧、岳阳路西侧，1931 年由法

---

① 参见王萍：《上海石库门旧里改造的探索与实践》，《上海建设科技》2012 年第 6 期。

② 参见朱晓明、古小英：《上海石库门里弄保护与更新的 4 类案例评析》，《住宅科技》2010 年第 6 期。

③ 参见陈青长：《浅谈田子坊的再生模式》，《中外建筑》2012 年第 3 期。

国建业地产公司建成，是徐汇区历史风貌保护区的有机组成。从规模来看，建业里由东弄、中弄、西弄所组成，总占地面积17840平方米，总户数254户，原总建筑面积为20524平方米，为上海最大的新式石库门。虽然在1994年，建业里也被上海市政府确定为市级建筑保护单位，但在修缮改造中，这里三分之二的里弄被拆除，原样修建，并被定位于高端商业住宅。

建业里的改造是一种过度开发，因为商业开发的目的一定是营利，那就必须采取市场化、项目化的运作方式。但石库门优秀历史建筑群的根本目的是保护，而非资金运作，出发点不同，就会产生矛盾。类似建业里这样通过大片征收对建筑群统一注入新功能的做法并非不可行，但必须明确三大前提，即新功能是什么、成本能否负担、改建技术是否可行，否则将会导致难以挽回的历史建筑价值的破坏与文脉的割裂。

4. 步高里模式：居住模式的改善

步高里位于陕西南路和建国路交会处，旧上海法租界内，占地约7000平方米，是上海晚期石库门里弄的代表，整体建筑保存比较完整。2007年，上海市文管会投入100万元对其进行了里弄综合改造。外部改造中，"修旧如旧"恢复原貌，去除了过去屡次"画墙式"修缮留下的红砖粉和涂料，并采用国外先进技术对清水红砖和石材进行清洗和修补；内部改造中，推行了马桶工程、厨房工程、化粪池工程等，使居民们告别了几十年来倒老式马桶的日子，生活质量得到极大改善。步高里也由此成为"居住改善模式"的典范。[①]

上述这四种保护更新模式，从成本、技术到功能形态，都不是最优解，存在着各自的问题，如新天地单一模式的不可复制性，田子坊难以应对商业化的趋同现象，建业里的拆除将文化肢解得只剩下一个外壳，步高里马桶示范工程只具有"暂时性"……因此需要探索更为适宜、更具有可持续发展性的新模式。

---

① 参见王萍：《上海石库门旧里改造的探索与实践》，《上海建设科技》2012年第6期。

9.4.2 石库门保护更新第五种模式的探索：以东斯文里为例

适度绅士化以形成混合社区，是石库门保护更新的第五种新模式探索。

所谓绅士化，指的是在地块开发的过程中，若地块空间价值极高，而居住品质却非常低下，原住民多为中、低收入人群，则在地区改造、更新，形成新社区后，势必会带来更火热的住房市场，优越的区位条件，也必然吸引大量中高收入人群的入住。在这样的趋势下，相对低收入的原住民，或主动或被动都将离开该区域，这种现象被称为绅士化（gentrification）。[1]

社会阶层的替换是绅士化的核心特征，上海新天地、田子坊等分别是不同程度绅士化的案例。新天地是完全绅士化的代表，它可以产出相当庞大的经济效益，并成为上海地标之一，改善了城市环境，但破坏了原本的石库门建筑，使用者完全置换，城市空间关系断裂。田子坊的绅士化进程最初由原住民发起，发展模式相对平衡，改善了城市环境，在一定程度上保留了城市空间，但优越的地理位置导致绅士化进程不受控制，场所精神逐渐消退，发展模式不可复制。

过度的绅士化现象会导致场所精神的丧失、场所内社会结构的巨大改变，不利于城市发展。[2]而完全没有其他社会力量的介入，旧城区很难继续存活。因此，考虑到可行性的问题，需要进行适度绅士化，形成混合社区。在引入外部力量对旧城区进行更新改造的过程中，尽可能地保留中低收入原住民在原区域生活发展的权利（原住民回迁），保持居住环境的多样性，[3]使得社区可以满足不同阶层的生活需求，以达到既能保留场所原有的精神与文化，也能保证经济可行性的目的。

---

① 参见谢涤湘、常江：《我国城市更新中的绅士化研究述评》，《规划师》2015 年第 9 期。

② 参见曹仁宇、窦杉：《城市空间中的模糊场所研究》，《中外建筑》2013 年第 11 期。

③ 参见曲蕾：《旧城绅士化过程中的城市管理策略》，《城市与区域规划研究》2010 年第 1 期。

由于上海最大的石库门里弄东斯文里已具备发展成混合社区的条件，且处于绅士化进程的初始阶段，因此可通过对它进行混合社区理念指导下的保护与更新探讨，为后面张园石库门的保护更新提供借鉴与思考。

东斯文里是上海最大的石库门里弄，位于静安区新闸路，建成于1920—1921年，共计700余幢二层石库门旧式里弄房，砖木结构，当时命名为"忻（新）康里"。[①]产业几经转手，最终转至斯文洋行，斯文洋行将其更名为"东斯文里"和"西斯文里"，该名一直沿用至今。目前，西斯文里已经全部拆除，静安区拟对近3万平方米的东斯文里及其他有保留价值的历史建筑进行保留，居民已经基本动迁完毕。

东斯文里是典型的后期石库门里弄住宅，共有二、三层的砖木结构石库门住宅388幢，房屋总体布局方式为欧洲联排式。其整体空间格局保存较为完整，建筑风貌存在着不同程度的破坏，单体建筑搭建、加建现象泛滥，木构架、木构件、墙体均存在多种类型的病害。但这里社会关系较为简单，主要为老人、低收入原住民，以及外来务工群租住户等，绅士化程度非常低。

在东斯文里的保护更新中，以混合社区、适度绅士化作为指导理念，尽可能保留原有社会结构、空间形态、功能属性，同时引入外部资本，与政府扶持相结合，共同作用。

在具体做法上，一是进行人群混合，根据地块的相关经济指标、东斯文里保护建筑、新建建筑等进行计算，得出东斯文里的使用者构成：约20%的回迁民和约80%的外来人口。回迁的原住民能够传承原本城市文脉，保留东斯文里原本的生活方式，此外社会阶层多样性有利于维持社会稳定。

二是进行空间渗透，主要针对动迁前及较长一段历史事件内东斯文里居住空间无序失控的状态进行调整，拟将其恢复为较为有序及舒适的互相"渗透"的空间格局。东斯文里动迁前有居民

---

① 参见吴嫣：《20世纪上半叶北京上海两地居住形态比较研究》，同济大学，2003年。

2700 余户，人均居住面积为 5.8 平方米，与将近 19 平方米的上海市区人均居住面积有较大差距。出于对保证居住品质、恢复场所精神、建筑结构保护等因素的考虑，如今用作居住功能的石库门空间划分为"一号一户"或"一号两户"为宜。[①]

三是促进行为"交织"，这里商业行为与居住行为、社交行为关系密切，但缺陷也很明显，业态类型单一，规模小，利润低，经营满意度不高（57.1%）。因而在确保居住行为、社交行为的基础上，应当丰富商业业态，调整商业规模，提高店铺利润及经营满意度。引入中高收入阶层可以增大上台业态类型的选择面，扩大其规模，也可以提高店铺的利润及经营满意度，同时店铺的业态丰富及规模扩大也可以为回迁居民提供更多就业机会，促进东斯文里居住行为、社交行为与商业行为的"交织"。

通过从使用者构成、建筑功能类型、功能交互等方面进行保护更新设计，提高原住民回迁率，保护建筑空间格局和历史建筑，能够最大程度地保留东斯文里的场所精神，促进居住行为、社交行为、商业行为、南北地块城市肌理的共生，形成适度绅士化的混合社区。这种保护与更新方式，对于我们接下来探讨张园的保护与更新策略也具有同样的适用性与参考价值。

9.4.3 张园保护与更新方式的探索和实践

根据 DCA 对张园的总体规划，未来张园将以石库门为载体，文、商、旅联动发展，将传统海派文化与国际时尚文化相融合，增强文化影响力和国际辐射力，形成 15 万—17 万平方米的商业综合体。这同样也是一种商业综合体性质的更新利用模式，需要把石库门内部空间结合新的商业功能需求进行调整。对于此，足以引发我们以下思考：

---

① 参见邱笑羽、曹永康、周铭迪、郑思宇：《混合社区理念指导下的石库门里弄保护与更新策略研究——以东斯文里为例》，《建筑与文化》2019 年第 3 期。

1. 石库门建筑群为何最终都以商业形态重新示人？

从城市土地利用来看，石库门多集中在市中心，中心城区不断上涨的地价体现出城市对土地的渴求，也对石库门建筑群保护造成压力。

另一压力来自高昂的保护成本。据不完全的数据统计，在上海有大约 70% 的石库门建筑在城市建设的过程中遭到拆除，剩下的很多也遭到严重破坏。石库门遭到破坏的原因可以归纳为这样几点：利益至上，功能退化，价值偏颇，经费不足。但究其深层原因，则是在曾经实行的福利分房的过程中，不少房屋所有权几经辗转，导致了现在产权整合工作难度大，再加上居民有私自搭建的行为，更使得使用状况混乱。产权关系的复杂使得改造变得困难，大到置换一户居民释放居住空间，小到换一根电线、水管，资金投入和沟通成本都比预想要高得多。

此时，资本的影响就显而易见。不过，解决了资金缺口问题，也带来了新的问题。商业开发的目的一定是营利，那就必须采取市场化、项目化的运作方式；但石库门保护的根本目的是保护，而非资金运作，出发点不同，就会产生矛盾。类似建业里那样通过大片征收对建筑群统一注入新功能的做法并非不可行，但必须明确三大前提，即新功能是什么，成本能否负担，改建技术是否可行。

2. 石库门保护面临的最大课题是什么？

历史建筑的保护有六类措施，即一般保护、保养维修、部分修缮、整体迁移、落架大修和复原。干预程度依次递增，干预程度越大，建筑的历史价值就损失越大。但这些措施都是就技术层面对建筑本身进行修复，修复后的石库门究竟是完整保留居住功能，还是在居住功能的基础上适当引入新功能，这才是上海面临的最大课题。

理想的保护是基于现有四种模式的修正。田子坊保留了建筑和部分居民，是四种模式中较为理想，也是成本较为可控的，但在消防安全和技术性修缮上存在不便。商业再次激活了田子坊的生命力，但对原住民的干扰无法有效控制。上海可制定类似《长城保护条例》的法规，对石库门进行统一保护，其中有三条必须明确，即：制定相关政策引入社会力量参与保护；明确施工方资格认定标准；放开对石库门建筑开展学术研究的限制。

3. 张园保护更新模式的探索：继续做住宅是否更好的选择？

21世纪以来，人类文明正在经历由"绿色、可持续、低碳"为发展目标的革命。2020年，中国正式向联合国提出碳中和及气候中和的承诺，绿色转型成为国家发展重要战略。2021年，全国"两会"政府工作报告将"碳中和、碳达峰"纳入中国生态文明建设总体布局。2022年3月，住建部发布"十四五"建筑节能与绿色建筑发展规划。绿色建筑发展已是中国大势所趋，[①] 历史建筑的

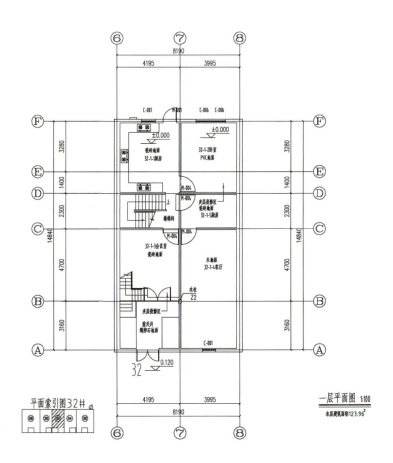

图 9.25
张园石库门 590 弄 56
支弄 32 号一层平面图

资料来源：上海交大建筑遗产保护研究中心绘制。

---

① 参见徐苏斌、青木信夫：《工业遗产的绿色转型思考》，《中国文化遗产》2022年第3期。

图 9.26
张园石库门 590 弄 56
支弄 32 号剖面图

资料来源：上海交大建筑遗产
保护研究中心绘制。

威海路590弄56支弄(28-36)3-3剖面图 1:100

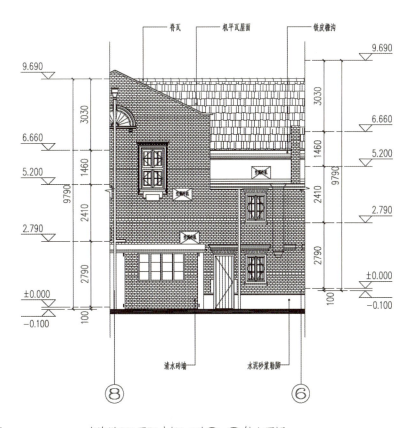

图 9.27
张园石库门 590 弄 56
支弄 32 号立面图

资料来源：上海交大建筑遗产
保护研究中心绘制。

威海路590弄56支(28-36)⑧-⑥轴立面图 1:100

绿色转型亦是重要课题。石库门原本是为节约用地、减少成本而建造出来的，空间设计本来就是为了居住，如果改造为商业，一是成本太高，二是也不适合商业功能，势必会造成能耗的加大，与当前"碳中和、碳达峰"的发展精神背道而驰。继续做住宅是否是最好的选择？

在具体的操作中，一是政府作为监管者，而不是开发商和老百姓的中间人，需要负责制定最合情合理的政策，为石库门的保护保驾护航。二是可以引入社会资源设立文保基金，为参与保护的企业提供税收优惠，为特定人群设立购房优惠政策等。三是专业的设计施工团队对石库门里弄的可持续性保护也具有重要作用。"石库门里弄建筑营造技艺"早已列入国家非遗名录，但目前这一技艺没有得到很好整理。需要培养工匠，将石库门保护这一专门的修缮技艺传承下来，这是保护的重要一环。旧改对历史建筑价值认知不足，加之参差不齐的设计施工团队，对石库门的破坏会非常大。四是上海应设置石库门专题保护制度。石库门里弄目前保护状况不容乐观的一个重要原因就是相关的保护制度不全、定位不准。比如，目前石库门被笼统归类在住宅类，由于没有专门的设置分类，很难使石库门区别于一般住宅，也很难体现石库门独特的价值。

石库门是上海的城市背景色，中国传统社会的"门户"概念在这里有最鲜明的体现，其"一院一户"的构造不仅反映了上海人"家"的概念，其"居中为尊、小辈住两厢、女儿住楼上"的空间分布，也恰恰折射出传统中国家庭长幼有序的伦理关系。作为上海现存最为完整、种类最多的中后期石库门建筑群，张园街区已经是日益珍贵的城市遗存，而街区内多形式独立式住宅的并置，巷弄空间的丰富格局，尤其是高规格的中晚期石库门里弄住宅的汇合，以及依然留存的浓郁的近代上海弄堂风貌，几乎已是中心城区同类历史街坊中的孤品。张园的妥善保护更新，对留存历史文化资源、实现区域环境提升、带动中心城区建立新的城市更新模式，具有极大意义，需要在现有模式下进行更多探索。

10

城市历史风貌的活力复兴——衡复历史文化风貌区更新案例

衡复历史文化风貌区总占地面积为 7.66 平方公里，是上海中心城区成片保护规模最大、历史风貌保护最完整的核心街区。该地区汇集了上世纪二、三十年代至今，以居住为主的各国风格建筑艺术精品。区域内历史建筑和历史街区相对集中，拥有深厚的历史人文底蕴，是上海城市文脉的发源地和承载区。

The Hengfu Historical and Cultural Landscape Area covers a total area of 7.66 square kilometers and is the core area in the center of Shanghai with the largest scale of conservation and the most complete protection of the historic landscape. The area is a collection of architectural masterpieces from the 1920s and 1930s to the present day, mainly in the residential style of various countries. The area has a relatively high concentration of historical buildings and historic districts, with a deep historical and cultural heritage, and is the birthplace and bearer of Shanghai's urban cultural heritage.

衡山路—复兴路（简称"衡复"）历史文化风貌区总占地面积为 7.66 平方千米，是上海中心城区成片保护规模最大、历史风貌保护最完整的核心街区。该地区汇集了 20 世纪二三十年代至今，以居住为主的各国风格建筑艺术精品。区域内历史建筑和历史街区相对集中，拥有深厚的历史人文底蕴，是上海城市文脉的发源地和承载区。

10.1　更新背景与历程

随着时代的发展，以及人们对物质、文化生活追求的不断提升，在城市空间拓展的同时，衡复历史文化风貌区的保护更新面临着巨大的挑战。如物质性老化、结构性和功能性衰退，传统人文环境和历史文化环境日渐丧失，基础设施不健全，土地利用率低下，周边环境恶化等。因此，需要通过城市更新的综合整治和改造，进一步提升风貌区的生活品质和内生活力，以此来延续城市文脉，保存城市记忆，改善环境品质。[①] 衡复历史文化风貌区的更新主要经历了两个阶段。

10.1.1　第一阶段：早期优化，规划先行（1999—2015 年）

1999 年出台的《上海市中心区历史风貌保护规划（历史建筑与街区）》中，首次提出"衡山路—复兴路历史文化风貌保护区"的概念，开启了衡复历史文化风貌区更新的序幕；2003 年 1 月，上海市政府批准在上海市中心城区划定 12 个历史文化风貌区。衡复风貌区是其中规模最大、历史建筑和空间类型最丰富、风貌特

---

① 　参见上海市徐汇区人民政府《徐汇衡复历史文化风貌区保护三年行动计划（2015—2017）》。

色最为鲜明的风貌区，衡复历史文化风貌区更新在上海城市更新中的重要地位由此奠定。

2004年，《上海市衡山路—复兴路历史文化风貌区保护规划》获正式批准，标志着衡复历史文化风貌区更新的要求和方向进一步得到了明确。此后公布的第四、第五批优秀历史建筑以及风貌保护街坊、风貌保护道路（街巷），将衡复风貌区的具体保护对象按照不同的保护要求进行了全方位认定。

徐汇区后续出台《徐汇衡复历史文化风貌区保护三年行动计划》，提出了更加明晰的目标，包括要将衡复风貌区的历史建筑、城市肌理、空间尺度、建筑密度和公共空间等核心要素有整体提高，在街面环境、居住功能、产业业态等方面体现深厚的海派文化底蕴和城市风貌，强化和提升衡复风貌区在上海新一轮城市发展中的地位和作用。

10.1.2　第二阶段：全面推进，持续优化（2015—2020年）

衡复风貌区全面推进"成片街坊"风貌修缮工作，深入推进重点特色历史建筑保护项目。完成了武康大楼、夏衍旧居、草婴书屋、张乐平旧居、伊丽包子铺等重点保护项目及微更新项目，提升了区域居住、商务、创意、休闲的整体环境。

同时，深度挖掘海派文化的精髓，打造一批高品质开放性城市文化空间，如"四居一馆一中心"（张乐平故居、柯灵故居、夏衍故居、草婴故居、衡复风貌展示馆、衡复艺术中心）等；推动上海京剧院、越剧院、沪剧院等项目完成改造工作并开放；将修道院公寓、黑石公寓等历史建筑腾空清理，布局与音乐或文化艺术相关的配套功能。

在塑造风貌文化品牌方面，立足衡复历史风貌区建筑保护、开发利用、文脉传承，打造衡复海派文化精品街区，包括打造汾阳路—复兴中路音乐文化片区、武康路—复兴西路历史文化街区、岳阳路—建国西路慢生活街区、武康路人文历史建筑融合区等。

此外，还健全风貌保护机制，成立衡复历史文化风貌区管理委员会，并依托"社区规划师制度"统筹开展风貌区综合治理工作和风貌保护工作，整体设计实施、实时跟踪调整、全生命周期的管控有效保障了风貌区的保护和建设品质。

10.2　主要举措

10.2.1　根据区域资源及特色，引导发展特色功能组团

借助风貌区内的历史和文化资源，聚合相关文化设施及文化产业，形成"文化聚合圈"，带动周边街区活力，构建多元特色集群体系。例如：结合上海音乐学院、上海交响乐团资源，对周边历史建筑及道路进行整治，布局如音乐艺术博物馆等与音乐文化艺术相关的配套功能，打造音乐文化特色区；挖掘巴金、夏衍、张乐平等文化名人故居文化内涵，并结合区域小型画廊、美术馆等功能提升区域人文生活气息；部分区域结合历史建筑载体更新以及其中长期住房租赁服务，吸引相关艺术家和文化创意人才，打造特色创新文化、体验商业活动区。

10.2.2　居住功能对外疏解与环境优化，打造特色品质居住区

"高品质居住区"是衡复风貌区的核心特征，从其最初开发至今一直保持着高素质、低密度、多元化的特点。基于当前历史环境下的居住功能发展变化的要求，管理部门除了不断提升建筑改造设计水平之外，还不断创新高效实施各类环境提升计划以满足衡复风貌区特色的展示功能，如行道树种植、公共建筑和公共绿地营建等。此外，还要求居住区域场所向公众开放所有的公家花

园绿地。这些有组织的监督和施压对地区环境品质提升起到了重要的作用。[①]

10.2.3 鼓励可操作可落地的公私空间优化工作实施

如同众多的"城市复兴"项目一样，衡复风貌区内大量的私人与公共产权空间相互交织。对于涉及整体的开发优化方案及措施，稍有不慎，极易造成公私产权冲突或引起相关开发矛盾。因此衡复风貌区在早期规划当中已要求规划实施的持续性及可操作性，着重解决城市更新操作过程中的共性问题，创新符合片区个性特色条件的工作方法。例如对于半公共空间区域，政府集合优势设计资源打造综合视觉元素系统，而鼓励单位个人在规划基础上，用局部装饰进行区域美化，实现半公共空间区域的"复兴"。

10.2.4 政府柔性管理与管制开发，多重利益群体参与发展

作为区域对外展示的重要一环，衡复风貌区对于内部商业及展示空间的规划设计也做出了不同于常规区域的规划管理机制。首先，对于建筑的临街及商业空间打造，广泛征求风貌保护专业领域以及居民、业主和游客的意见，设立商业负面清单，分类控制商业业态，即一类为不允许发展，二类为不允许占据大量街面，三类为不允许违规经营。其次，设立分层议事制度。第一层为风貌区总体级别，主要组织讨论和参与制定风貌区整体规划、计划和具体政策。第二层为街坊级别，主要讨论所属街坊的空间设计、业态更新、管理公约等问题。通过两层议事机制，给予更多人主动参与和发声的权利，以此顺势而为地做好大部分的日常管治。

---

① 参见忻隽：《衡山路—复兴路历史文化风貌区发展定位与策略思考》，《上海城市规划》2018年第3期。

10.3 典型项目

10.3.1 黑石公寓

黑石公寓由美国传教士 Blackstone 设计，于 1926 年建成，建筑面积约 4700 平方米。公寓里除了厨房、浴室、冰箱，还配备四季恒温游泳池、餐厅、舞厅、网球场和电梯，大楼顶层有一座屋顶花园，可以俯瞰当时的大半个租界。随时间流逝与抗日战争的发展，公寓的服务与品质逐步下滑，后沦落为普通出租屋。20 世纪 80 年代，由于毗邻徐汇区房管局，黑石公寓曾聚集大量房地产相关工作及人员，成为中国最早的房地产中介及管理市场之一。结合市场发展环境变化，公寓内部主要集聚了以居住、办公为主的功能，同时零星出现了小型艺术工作室这种介于文化生产与消费的业态。2016 年起，徐汇区开始重点对黑石公寓进行保护性修缮，截至目前，已经取得了较好的城市更新与优化的效果。其中主要举措如下：

积极响应衡复风貌保护区复兴计划，匹配区位音乐主题定位。

图 10.1
黑石公寓

资料来源：作者拍摄。

与上海交响乐团音乐厅紧密合作，联动周边办公建筑群发展，打造音乐特色的文化园区，内部的文化主题、商业内核、服务人群均以音乐元素为中心。

融合特色主题，打造城市独一无二的特色功能产品。项目内部打造了黑石幸福集荟，形成了上海第一处集音乐场景体验、音乐书籍欣赏、音乐文化交流融合于一体的音乐主题书店。另外，内部还打造了特色黑石 M+ 品牌酒店，一处以音乐为主题的小型精品设计酒店，充分满足了周边音乐厅相关人群个性需求。

极致精品的内部空间改造。项目整体由上海建筑装饰设计有限公司设计，上海徐房有限公司施工，承租给幸福里文化公司运营，保障了项目操盘团队的高规格与稳运营两大特征。设计师根据楼层特征及历史资料细节，采用了不同的装饰材料及设计风格，营造了不同历史时期及功能的"代入感"。运营人员结合区域内房间式特征，专门为每个"房间"配备了小书桌及阅读灯，完美展现了百年前公寓的空间功能形象特征。

贴近潮流，时刻优化的音乐元素。由于区域强烈的音乐文化属性，精准地吸引了音乐行业师生、交响乐从业者及众多音乐文化行业人员。项目根据主流人群及行业趋势的变化需求时刻更新内部产品及氛围打造，充分发挥项目音乐文化先锋展示与精品集萃的特征。

10.3.2　思南公馆

思南公馆占地面积约 5 万平方米，总建筑面积近 8 万平方米，坐拥 51 栋历史悠久的花园洋房，是中国上海市中心唯一一个以成片花园洋房的保留保护为宗旨的项目。目前内部结合百年历史的独立花园洋房资源打造了市中心罕有的花园洋房式酒店——思南公馆酒店，以及结合新老建筑交汇打造的特色商业街，十多条宽窄不一的步行街和六个大小开放空间穿插其中，尽显上海花园洋房等各式老建筑的独特氛围。

图 10.2
思南公馆内部街景

资料来源：作者拍摄。

10.3.3 田子坊

田子坊是 20 世纪 50 年代由弄堂工厂及居民区组成的街区，其占地面积约 7.2 万平方米。在改造初期（1988—2004 年），田子坊重点对区域内工业厂房进行创意改造，并联合知名艺术家共同推动区域创意产业集聚发展，截至 2002 年，共 83 家艺术商店、艺术创作室和展示厅入驻。自 2004 年起，部分居民房开始对外出租，文创企业规模逐步向外扩张，同时政府出台"居改非"政策，授牌田子坊为创意产业集聚区。2008 年，田子坊重新定位为海派文化展示地和世博主题演绎地，其范围进一步向外扩散，餐饮、服务等业态比例大大提升，发展成为旅游和体验式文化集聚地。

再现水乡古城
——苏州平江路更新案例

作为苏州迄今保存最完整、规模最大的历史街区，平江路见证了超过 800 年的城市迭代，历经五个阶段的发展更新，成为最具历史文化代表性的水乡街区。苏州平江路通过修旧如旧，最大程度地保留了建筑的历史风貌；通过政府主导开发，控制区域商业过度发展；通过加强当地公众规划参与度，保障原居住环境，促进了街区保护更新的顺利实施；通过赋予古建筑以新时代文化，使经济效益与古建保护有机结合，活化利用古建老宅。苏州平江路依托创新有机的城市更新举措，成功打造了多个典型项目，成为历史文化街区城市更新的典范。

As the best preserved and largest historic district in Suzhou, Pingjiang road has witnessed over 800 years of urban iteration and has undergone five stages of development and renewal, making it the most representative waterfront district in terms of history and culture. By restoring the old to the new, Suzhou Pingjiang road has preserved the historical appearance of the buildings to the greatest extent possible; by controlling the excessive commercial development of the area through government-led development; by enhancing local public participation in planning and safeguarding the original living environment, it has facilitated the smooth implementation of the conservation and renewal of the neighbourhood; and by giving the old buildings a new era of culture, making an organic combination of economic benefits and ancient preservation, and revitalising the use of the old houses. Relying on innovative and organic urban regeneration initiatives, Suzhou Pingjiang road has successfully created a number of typical projects and become a model for urban regeneration in historic and cultural districts.

作为苏州迄今保存最完整、规模最大的历史街区，平江路见证了超过 800 年的城市迭代，历经五个阶段的发展更新，成为最具历史文化代表性的水乡街区。苏州平江路通过修旧如旧，最大程度地保留了建筑的历史风貌；通过政府主导开发，控制区域商业过度发展；通过加强当地公众规划参与度，保障原居住环境，促进了街区保护更新的顺利实施；通过赋予古建筑以新时代文化，使经济效益与古建保护有机结合，活化利用古建老宅。苏州平江路依托创新有机的城市更新举措，成功打造了多个典型项目，成为历史文化街区城市更新的典范。

11.1　更新背景与历程

苏州平江路长 1606.8 米，位于苏州古城东北隅，南起干将东路，北越白塔东路和东北街相接，古名叫做"十泉里"，体现了"水路并行，河街相邻"的水乡格局，是苏州迄今保存最完整、规模最大的历史街区，也是最具历史文化代表性的水乡街区，堪称苏州古城的缩影。平江路作为拥有超过 800 年历史的城市古城街区，保存了众多的文物古迹和历史遗存及大量的历史文化信息，如何定义文化发展、商业利用、居民需求的关系，如何"活化利用"古建老宅，以及如何将经济效益与古建保护有机结合，都是平江路更新发展的关键考量因素。

2002 年，平江路风貌保护与环境整治先导性实验工程正式启动，并于 2004 年完成保护与整治工程。平江路历史文化街区实现了苏州文化基因的传承和延续，20 余条纵横的街巷，13 座布满历史痕迹的古桥，还有众多带着人文记忆的古宅、古井、古树、古牌坊，星星点点散落在平江各条古巷子里。平江路犹如一座没有围墙的江南文化博物馆，展现水乡古城风貌及苏式生活轨迹，诉说古城文化记忆。

平江路历史文化街区的更新历程可分为五个阶段。唐宋时期起为平江路的历史发展时期，最早记录于1229年的城市测绘图《平江图》——其体现了唐宋江南城坊格局，描绘了苏州小桥流水、粉墙黛瓦的街区空间特征。部分代表性建筑如全晋会馆、船屋、悬桥巷、士礼居等均在此时期建成使用，但后期部分建筑受到兵变、火灾破坏，区域内部发展出现分化。

1958年至1983年，平江路内部古宅分别被用于塑料厂、仪器厂房、工业局、仓库、民居等功能设施，内部建筑年久失修、破败不堪，平江路走向衰败破旧时期。

1983年至2004年，平江路开启了更新开发时期。1983年起，平江路陆续开启了老宅腾退整修，并改造开放了戏曲博物馆、耦园等文化设施。1986年，平江路历史街区在《苏州市城市总体规划》中被列为历史文化保护区。2002年至2004年，平江路保护与整治工程开启并完成，通过拆迁违章建筑、管线入地、道路铺设、维修旧房等措施，平江路主要部分再现了街区原有风貌。

2004年改造后至今，为平江路原有街区风貌的展示时期，区域基本以水乡原样示人，商业发展受到一定限制，游客基本可以完全体验平江路所蕴含的历史文化。苏州市平江路城市更新项目因其出色表现，荣获联合国教科文组织颁发的2005年度亚太地区文化遗产保护荣誉奖，被评价为"是城市复兴的一个范例，在

图 11.1
平江路历史文化街区

资料来源：作者拍摄。

历史风貌保护、社会结构维护、实时操作模式等方面的突出表现，证明了历史街区是可以走向永继发展的"。2009 年，平江路历史文化街区成为文化部、文物局批准的首批"中国历史文化名街"。

自 2020 年起平江路历史文化街区开始了二次更新的过程，正在进行局部区域内的居民腾退拆迁改造工作，未来区域将结合区域特质打造新的城市文化旅游功能。

11.2 主要举措

11.2.1 修旧如旧，保留建筑历史风貌

平江路作为历史文化街区主打修旧如旧的发展模式，本着"整旧如故，以存其真"的原则，疏通河道、铺设石板路、维修老房子等。在更新设计的过程中，对平江河上的 13 座跨桥全部修复保留，保持 80% 的建筑不动或少动，保留居住建筑的原有形态。为了不打破平江河两侧驳岸原有石块斑驳的效果，对每一块石板进行编号，完整保留了古味十足的石板路，十口古井也保留至今。街区周遭保留了大批老式民宅，河道西面的民居多依河而建，保留了白墙青瓦、木栅花窗及斑驳的外墙，体现了建筑的年代感和历史风貌。

11.2.2 政府投资主导，控制区域商业过度发展

政府投资修缮且按历史文化资源对待，放弃短期商业开发利益，对少量可出租的商业商铺在使用功能用途上有严格的限定，确保区域仍以历史传统的生活型街区示人。街区的整体开发采用"原生态"保护理念，始终将原居民的居住形态作为街区的文化核心而加以精心保护，开发完全遵从居民的利益和需求，避免了改造中出现"边缘化"倾向，开发后受到异地居民及游客青睐，同时街区依然承载现实中生活场所的功能，受到原居民喜爱。

11.2.3　加强当地公众规划参与度，保障原住民居住环境

平江路历史文化街区的区域更新开发借鉴了国外的城市规划理念，将公众参与的过程植入更新规划当中。街区保护更新与原住居民的生活密切相关，包括传统建筑维护、旧屋拆迁补偿、住户重新安置等保护与更新计划诸多方面。平江路历史文化街区在更新过程中鼓励公众参与，通过社区等层面发动社会各阶层一同挖掘历史文化资源，听取各方建议并得到居民的理解和支持，同时加强了居民的保护意识，促进了平江路历史文化街区保护更新的顺利实施。街区原来的老宅往往聚居好多家，生活拥挤不便。通过拆迁补偿，部分居民迁出后改善了居住条件。愿意留住的居民支付一定的改造费用后继续生活在这里，保证了水巷居民的原真性，强化了区域更新开发当中各方利益的权衡考虑。

11.2.4　古建老宅活化利用，重点建筑及建筑群的新时代文化利用

近年来，保护区、姑苏区相继对外发布了《古建老宅活化利用白皮书》《古建老宅活化利用蓝皮书》，吸引社会力量出资出力，逐步修复老宅。在恢复其原有风貌的同时，改善内部各项设施，实现活态化的保护利用。平江路历史文化街区沿街不少老宅已变为酒吧、会所，掩隐在木制门板之下，外表乍看起来与普通民居并无二致，并不张扬。部分传统建筑被开发打造成为博物馆等当代文化场所，在保留原有建筑风貌的同时，传承展现了苏州的代表性文化历史。

平江路历史文化街区还推出了"运河十景"项目建设，围绕老旧区域搬迁和改造、老宅院落保护修缮、特色街巷打造、精品酒店招商及运河文旅产品等方面，突破创新，做优做美运河及平江路历史文化街区的文化。项目包括：（1）打造特色街巷——挖

掘平江古巷的历史人文故事，根据不同路巷的文化气质进行改造提升，打造东升里、中张家巷、丁香巷、大儒巷等特色街巷。（2）保护古建老宅——包括洪钧故居、礼耕堂潘宅、顾颉刚故居等古建老宅，以及沈宅、全晋会馆等中国非物质文化遗产评弹、昆曲活态传承的重要载体。姑苏区积极推进古建老宅内的居民腾迁工作，以更好地保护古建老宅并焕发其活力。其中平江片区重点功能区已完成钱伯煊故居等20处院落收储，一期搬迁率达87%。（3）推进文旅融合——举办多式多样的文化活动为平江古巷增添人气和活力。

11.2.5　经济效益与古建保护有机结合

如何将经济效益和古建保护有机结合，是历史文化街区更新需要考量的重要命题。《古建老宅活化利用白皮书》中重点推出18处区属国企管理的古建院落，招引优秀企业总部及商业办公业态入驻。平江路历史文化保护区、姑苏区设置载体准入门槛，以"税收导向、项目为王"为筛选原则，探索制定合适的准入、退出以及税收对赌考核机制，为古建老宅匹配知名度高、行业前景广、经营状态良好的优质企业，将街区的优质载体与引入的优质业态相匹配，依托古城的文化资源禀赋优势激发新的经济优势。通过引进新业态、公益项目、精品民俗等，将经济效益与老宅活化利用新方向有机结合，为古建老宅引入社会资本深化合作开辟新路径。

11.3　典型项目

11.3.1　中张家巷 29 号

中张家巷 29 号占地面积 231 平方米，原本住着七八户居民。随着时间的流逝，老宅破损严重，居民陆续搬迁。2019 年，由保护区、姑苏区古城保护委员会指导，姑苏古建保护发展有限公司为建设主体，开展了对其建筑的全面修缮，这是姑苏区首批启动的古城保护示范工程之一。修缮过程中遵循不改变文物原状和最小干预的原则，以传统工艺、传统材料、传统手法着重于"修"。在修旧如旧的同时，为满足现代人的需求，布置了中央空调系统、新风系统、智能化系统、烟感报警系统、监控系统、地暖等设施，完成了传统与现代相结合的多维度提升。中张家巷29号曾作为"苏式生活展示馆"开放，内部空间按功能分为门厅、中堂、茶室、餐厅、书房、卧室，让参观者从不同维度了解苏州文化，让苏州文化与情感得到积淀与传承，保护并重现了苏式生活与人文历史遗产，在保留文化底蕴的同时，将新产业、新业态和新功能"装"进古宅。后期，中张家巷29号宅院将作为总部基地及展示接待中心使用。目前，已有30多家企业向苏州中张家巷29号老宅提出承租意向，包括金融证券、科技总部、中介律所、文化类企业等高端业态。经过筛选，最终选中一家优质税源企业正式入驻。

11.3.2　苏州状元博物馆

苏州状元博物馆为苏州状元潘世恩的故居，距今已有200多年历史，是一座典型的苏式园林建筑，现为江苏省文物保护单位。状元博物馆保留展示了状元的宅邸，呈现了古典园林、古居宅邸和书卷文学的浓厚文化气息。

11.3.3　耦园

耦园地处城曲河湾，占地12亩，为清末沈秉成修建的苏州古典园林建筑，至今仍保持着门临小巷、三面环水、车马冷寂的幽静环境，于2000年被联合国教科文组织列入世界文化遗产名录，2001年被列为全国重点文物保护单位。耦园的东部最初是清雍正

图 11.2
苏州状元博物馆

资料来源：作者拍摄。

年间保宁知府陆锦构筑的涉园，于 1876 年落成现有格局。"耦"通"偶"，取园名为耦园，除了东、西两侧各有一园外，更寓有夫妇偕隐、伉俪唱和的意思。耦园的住宅居中，东西花园分列两边，园宅后部以重楼贯通，这种独特的一宅两园布局在苏州众多古典园林中独具特色。

11.3.4　苏州戏曲博物馆

苏州戏曲博物馆是由原全晋会馆修复改造后的戏曲文化展示馆，设有中国昆曲博物馆和中国苏州评弹博物馆两馆，其前身全晋会馆于 2006 年被列为全国重点文物保护单位。馆内现藏有昆曲、苏剧及其他剧种、苏州评弹及其他曲种等各类文物古籍、珍贵史料三万余册。

11.3.5　苏州苏扇博物馆

苏州苏扇博物馆由原有老宅改造而成，是以收藏、保护、欣赏、研究及教育为目的的民办博物馆。馆内藏有众多名家作品、扇手工艺品、图书影像资料等，全方位呈现苏扇的风貌和艺术特色，展现苏扇文化。

11.3.6　猫的天空之城概念书店

平江路的猫的天空之城概念书店由临街老宅改造而成，定位为"书＋明信片＋创意产品"的复合型概念书店。作为国内第一家概念书店，猫的天空之城选址在平江路历史文化街区的小弄堂里，融入街区悠久的历史和浓郁的文化氛围中，满足都市人忙里偷闲、闹中取静的情调需求，同时丰富了平江路历史文化街区的业态，为其增添活力。

12

融入全新理念的传承
与活化——嘉兴火车
站更新案例

2019 年，为改善市民出行环境、提高居民生活质量、提升城市面容风貌，嘉兴市决定通过对火车站及周边区域提升改造，实现城市更新。更新改造后的嘉兴火车站规模扩大，拓展了地下空间，修建了站前广场，成为一个集交通枢纽、市民休闲娱乐、历史文化体验于一体的功能区，吸引了众多市民与游客前来打卡，感受其魅力。

In 2019, to improve the traveling environment of the public, the residents' quality of life, and the city's appearance, Jiaxing City decided to achieve urban renewal by upgrading the railway station and the surrounding area. After the renewal, Jiaxing Railway Station is bigger in scale, with expanded underground space and the construction of a station square, becoming a functional area integrating a transportation hub, leisure and entertainment for the public, and historical and cultural experience, attracting many citizens and tourists to come and experience its charm.

嘉兴火车站位于浙江省嘉兴市主城区、老城市中心——南湖区境内，距离市中心约 2 千米。嘉兴站属于沪昆铁路的中间站，上行距嘉善站约 18 千米，下行距海宁站约 28 千米，占地面积约 35.4 万平方米，建筑面积约 33 万平方米。

在改造前，嘉兴火车站站房面积仅有 4000 多平方米。随着城市的不断发展，候车能力不足，既有客运设施陈旧老化，车站动线混乱，车站内部嘈杂等问题逐渐暴露。同时，由于车站所在片区的主要功能仅为交通运输与相关服务，该片区与周边人群日常生活环境形成了较为割裂的情形，这也是大多数交通基础设施在城市中出现的常见问题。2019 年，为改善市民出行环境、提高居民生活质量、提升城市面容风貌，嘉兴市决定对火车站及周边区域实施提升改造，实现城市更新。

更新改造后的嘉兴火车站规模扩大，拓展了地下空间，修建了站前广场，成为一个集交通枢纽、市民休闲娱乐、历史文化体验于一体的功能区，吸引了众多市民与游客前来打卡，感受其魅力。交通线路的扩容也使得客运量显著上升，预计到 2025 年全面客运量将达到 528 万人／年，客运高峰时每小时可容纳 2500 人左右。[①] 值得一提的是，新建车站的外形以老站房为蓝本而设计，并且融入了嘉兴的红色历史文化，使这座车站不仅具有基本的交通运输功能，而且成为嘉兴不可多得的一处红色文化教育圣地，对传播当地历史文化起到了重要作用。

12.1　历史背景

初建时期（1907—1937 年）。嘉兴火车站于 1907 年开工建设，1909 年 2 月建成投入使用。同年 9 月 12 日通行沪杭甬铁路，嘉兴站成为当时沪杭线上重要的交通枢纽。初建时为二层楼，占

---

① 　参见 ZaomeDesign：《MAD 新作："森林中的火车站"落成！嘉兴火车站正式启用通车！》，2021 年 6 月。

地 446 平方米，共 18 间房。1921 年，中共一大部分代表乘火车来到嘉兴，火车站成为中共一大召开的重要历史见证。1936 年 7 月 15 日，嘉兴站通行苏嘉铁路。1937 年 11 月 8 日，嘉兴站在淞沪会战中被侵华日军飞机炸毁。

重建时期（1937—1993 年）。1940 年 11 月，嘉兴火车站完成重建。随着 1949 年 5 月 7 日嘉兴迎来解放，嘉兴至上海南列车在 8 月 1 日恢复通车。

扩建时期（1993—2020 年）。1993 年，嘉兴新客站开工建设，1997 年 1 月 16 日，嘉兴站扩建改造完成，东侧站房投入使用，车站建筑面积扩大五倍。[1]2006 年 9 月，嘉兴站随沪杭铁路（今沪昆铁路沪杭段），完成电气化改造。2008 年 1 月 1 日，嘉兴站首次停靠动车组列车。2019 年，由于火车站的客流吞吐量、配套设施、公共交通等已跟不上城市发展的速度，嘉兴站启动提升改造工程设计工作；同年 12 月 28 日，举行了扩建工程开工仪式。2020 年 5 月 6 日，嘉兴站暂停办理运输业务，正式启动车站改造。

改造时期（2020 年至今）。2021 年 6 月 25 日，嘉兴站完成改造并举行启用仪式，为建党 100 周年献上珍贵的礼物。至此，嘉兴站由原先 6113 平方米扩展到 1.5 万平方米，站场规模由 3 台 5 线扩大到 3 台 6 线，高峰时段最多可容纳 2500 人候车，拥有南北两个广场和站房，还有多个地下通道。2022 年 1 月 15 日，嘉兴站南进站口、南售票厅、南出站口正式投入使用。意味着火车站南、北广场全面贯通。[2]

12.2　更新思路

12.2.1　在传承活化中重生：坚持"修旧如旧"，保留历史建筑，传承历史风貌

中国许多历史文化名城的丰富文化积淀都可作为其进行城

---

①②　参见嘉兴在线：《嘉兴火车站，穿越百年烟雨再出发》，2020 年 5 月。

市更新的重要基础，传承城市的历史文化根脉与风貌也成为城市更新过程中需遵守的重要理念。嘉兴火车站在更新扩建之前，首先对预备改造的区域进行了调研，在梳理、评估与预测现有情况后，确认了需要保留的历史建筑与区域，如车站北侧的宣公弄历史街区，以及人民公园内的部分建筑与景观。但保护历史文脉并不等于单纯地保留历史遗迹，例如对于现存状况不佳的老站房建筑，则采用了复建的方法使其继续存留，避免了大拆大建，做到了"尊重现状、甄别保护"，体现了更新项目对片区历史的敬重，更实现了城市文脉特色的传承与活化。

12.2.2　在系统规划中更新：打造站城一体的城市公共空间，提高片区运行效率

嘉兴火车站在更新改造时，以站房为核心对现存历史遗迹、周边现状及布局进行了统筹考虑，并系统地评估了项目开发建设与历史文化遗产保护的关系。既考虑了现存文化遗迹在嘉兴的影响力，也结合了周边环境风貌，在最大限度保留片区特色的基础上做了整体统筹规划，最终通过串联人民公园，新建站房与南北站前广场，复建老火车站、宣公弄区域，将各节点组合形成了一个完整整体。同时，在新建站房内与站前广场的建筑内引入了商业、文化、酒店等业态，使该片区走向了集交通功能、自然生态、文化生活于一体的综合发展模式，不同功能在此有机交融，打造了站城一体的城市公共空间，进而形成集合效应，使人们的日常生活形态与层次更丰富。

12.2.3　在展现特色中延续：结合城市自身特色，量身定制更新改造路线

中共一大最后一天在嘉兴南湖游船上召开，当天代表团乘坐火车到达嘉兴站，使得老站房成为历史的重要见证。这一历史对

宣传爱国教育有着重要的作用，为嘉兴增添了著名的红色文化特色标签。后在火车站的更新扩建项目中，依照原比例复建的老站房，便专门用作了红色文化历史展厅，百年风云在此重现，做到了"以文化物，以物载文"。

嘉兴城市特色的另一重要体现在于其城市肌理。项目所在的南湖区是嘉兴的核心，江南水乡韵味在此展现得淋漓尽致。车站北侧的人民公园围墙被拆除是此次更新改造中的一个重要思路。此举不仅使公园中的绿色自然延展到了站前广场，更使公园中的水系呈现为开放状态，使嘉兴"水在城中、城在水中"的城市肌理特色更加明显，彰显了嘉兴江南文化的魅力风采。

12.2.4 城市扩张下的车站分工

城市的繁荣发展带来了市民对出行需求的显著上升，因此火车站这类大型交通基础设施的数量也随之增加。2010年10月26日，嘉兴高铁南站正式建成投入使用，用于高铁与动车停靠，而嘉兴老车站则取消了所有动车组，以后仅用于普通列车组运行。

在高铁南站建成十年后，嘉兴市政府于2020年对老车站进行更新改造并保留了其交通功能。其更新目的首先是为了增加城市的运载能力，保证满足城市日益增长的交通量。虽然嘉兴南站的建成有效解决了市民对高铁与动车的需求，但考虑到有的城市仍未通高铁或动车，且相对普通列车而言，高铁动车的票价较高，载体与单次运输量却较小，普通列车的市场与受众依然存在。因此，保留老站继续用于普通列车运行有利于满足市民的多样化出行需求，同时通过与高铁动车连接到不同目的地，扩大了嘉兴交通线路的覆盖范围。

其次，嘉兴站的存在使出行人流得到了有效分离。多个站点的分布形成了嘉兴城市内部的便捷交通网络，而高铁南站至嘉兴站约有12千米，市民在出行时可选择距离较近的车站，或根据高铁动车与普通列车的不同乘坐优势进行选择。基于此，在春运等时期，可以防止人流过度集中于其中一个站点，从而维持了城市交通的良好运行秩序。

另外，因在老站西侧、北侧、南侧分布有大量居住组团，将车站保留并将区域打造为开放的公共空间有利于满足周边居民的日常文化活动需求，同时周边居民也为车站区域的发展提供了充足的客群基础。通过与周边公园的统筹规划，更新升级后的嘉兴站为市民创造了更多的公共休憩空间，在悠久的红色历史背景加持下，老站也成功成为全市市民的打卡目的地。

最后，老站得以保留在于其本身的历史重要性。对于嘉兴人来说，老站不仅仅是成就了这座城市最初繁华的交通基础设施，更是成就了嘉兴红色文化属性的重要地标性建筑。嘉兴市政府也是在如此意识的指导下，对老站进行的更新改造。需要注意的是，更新后的老站并非仅作为红色文化打卡地，而是通过使其继续发挥交通运载功能真正致敬了历史，同时吸引了大量出行人流到此片区，进一步带动了周边配套升级发展。

12.3　具体措施

12.3.1　延展公园绿色至片区，全国首个"森林中的火车站"

人民公园的升级改造是嘉兴火车站城市更新项目的重要组成部分。人民公园紧邻嘉兴火车站，位于火车站房北侧，园内有多处文化历史建筑与古树，承载了当地居民对老嘉兴的很多回忆。在改造前，旧车站与人民公园的相互独立性使片区呈现一种较为割裂的状态，未形成较好的互动关系。因此，此次升级改造工作主要从两方面着手：首先，为了延续人民公园对于嘉兴的历史文化意义，园内的改造工作在保护和修复原有内容的基础上进行，多处核心古建筑与所有古树均得到了保留，园内亭台楼榭被平移，现存水系得到清淤，另外增加了亮化安装与更多景观细节。其次，为了使公园与整个车站区域更好地融合，此次改造拆除了原有的围墙，放大了公园的存在感，使之成为一个无边界的绿地。通过在站前北广场栽种超过1500棵不同品种的树木，使绿色与人民公园相连，覆盖了整个片区。公园内部的绿色自然延展到了开阔的站前广场，将自然还给了市民和旅客。

通过以上改造手段，嘉兴火车站片区成为一个日常、开放、绿色、人文的新型城市公共空间，被认为是多重维度并置的"森林中的火车站"，并且与市民日常生活完美融合到了一起，体现了"站城一体"的城市建设理念。

12.3.2　打破火车站传统概念，国内首个全下沉式站房

针对火车站本体，此次改造工作也在遵循其历史意义按原貌修建的基础上，突破了国内交通枢纽的固有形态，打造了国内首个全下沉式火车站。地面站体层数保持与老站房一致，仅消隐为一层高度，降低了人的视觉高度，旅客可以通过候车大厅的玻璃看到室外的城市广场绿地与复建的老站房。地下多层为进出站平台、售票大厅与候车大厅等主要交通功能，同时设置了部分商业配套，东西两

图 12.1
嘉兴火车站内部

资料来源：作者拍摄。

条通道连接起了南北两侧的站前广场，使游客实现了全地下通行，避免地面拥堵的情况发生。在设计手法上，通过为建筑内部引入自然光，打造了一个明亮高效、尺度宜人舒适的交通空间。

原地面混乱交织的交通枢纽，包括地铁、有轨电车、公交、社会车辆、运营车辆等，也被分散移至了地下，与下沉的市政道路直接接驳。地下两层共有 800 余个停车位供使用，并设置了网约车、出租车接客点。新的交通集散方式有效疏散了人流与车辆压力，提高了市民与游客的交通出行效率与便捷性，同时为车站商业带来了更多客流，保证了商业功能可以持续发展。

地面南广场上的七座圆环形塔楼以嘉兴七千多年前马家浜文化中的玉珏为原型，传统文化融入现代建筑，屋顶花园模拟了玉石的通透感。建筑内部引入了文化（例如书店）、酒店、商业（例如咖啡厅）等业态，使得片区商业氛围更加浓厚。紧邻站房的占地约 1 公顷的中心草坪，未来可用于举办节日市集、艺术节或音乐会等室外活动，为周边居民提供了环境绝佳的休闲场所。商业综合体与绿地交错，共同赋予了广场生命力。

12.3.3　历史站房 1 : 1 复建，宣公弄历史街区重建

初建于 1907 年的老车站对嘉兴来说有着重要历史意义。1921 年夏天，中共一大代表乘火车从上海到达嘉兴，老车站因此成为中共一大召开与中国共产党诞生的重要历史见证，但后在 1937 年战争中被日军摧毁。为了延续其历史底蕴，老站房被 1 : 1 复建，作为嘉兴火车站历史博物馆与红色文化历史展示厅，仅供展览与参观用，不再具备传统站房功能。复建的老站房在忠于历史原貌的原则下，保留了原建筑风格与站台风貌，高度还原了站台上的雨棚、天桥、月台等元素。站房外墙采用了清水砖墙材料，整栋站房采用近 21 万块在当地非物质文化砖窑用南湖湖心泥烧制成的青、红两色砖，其近 5000 块砖上都刻印了"建党百年""嘉兴1921""嘉兴2021"等字样，将红色文化元素体现得淋漓尽致，做

图 12.2
宣公弄历史街区——
宣公祠

资料来源：作者拍摄。

到了向历史致敬。

此外，火车站旧址所在的宣公弄区域，也是火车站片区提升改造工程的重要节点之一。根据历史研究记载，1921 年中共一大代表正是从老火车站站房走出后，穿过宣公弄区域，最终到达南湖召开了最后一天的会议。然而，随着后来老火车站停用，整个宣公弄区域也变得沉寂。直到火车站区域的更新改造，宣公弄区域被打造成为历史文化街区，作为红色旅游路线的一大景点。街区内新旧建筑相互融合，对历史进行了高度复制，游览路线遵循了原中共一大的行走轨迹。游客从新火车站出站后，将经过一段"时光长廊"到达 1∶1 复建的老站房，接着沿宣公路穿过一段历史街区，到达"宣公祠"，最后跨过环城河到达"狮子汇"码头。如此游线规划，让市民与游客能有机会感受到嘉兴与火车站本身的历史厚度。

12.4　案例对标——伦敦国王十字火车站

伦敦国王十字火车站于 1852 年首次建成，是当时区域内货物商品流通，如煤炭等工业产品的重要集散与转运站。发展至 20 世纪初，该站已成为伦敦重要的交通枢纽与工业中心。然而，在经历了二战与经济大萧条后，英国经济开始转型，由原本的制造业向服务业发展。去工业化随之带来的是铁路运输被公路运输取代，国王十字站与周边区域因此也遭受了转折衰败，逐渐变成贫困杂乱的废弃工业棕地。虽英国国铁在 1987 年已有对国王十字区域的改造计划，但后因种种因素未能付诸实施。直至 2008 年，政府正式决策启动该区域的更新重建工作，并在 2012 年完成了国王十字火车站的改造。通过连通新的线路，国王十字火车站成为英国规模最大的综合交通枢纽，每年可容纳 5000 万流动客流。

国王十字火车站的改造，融合了保留、修复、新建三种方式。列车棚周边原有现状良好的建筑，得以保留下来重复利用；车站本身被英国遗产协会判定为一级保护建筑，因此仅针对建筑立面做了复原。在此之外，本次改造的核心即为新建的车站西大厅，因其极富表现力的设计手法与周边空间及建筑的融合搭接，被誉为国王十字中心的"跳动心脏"，成为火车站区域对外展示的标志性建筑门户。

可以看出，国王十字火车站改造与嘉兴站改造相同，均为通过公共交通基础设施更新带动城市更新的典型案例，并且在重建手法上都做到了对历史建筑的复原。然而在具体规划理念方面，国王十字火车站采用的是平面展开式站房搭配宽阔站前广场的传统手法，以打造出宏大的车站场景。嘉兴火车站则是通过立体复合的形态，使空间与功能更加便捷与人性化，营造出了更加舒适宜人的空间尺度。同时，嘉兴站的改造更强调了与周边生态与城市功能融合，在"森林车站，城市绿洲"的主要思路引领下，通过打造下沉式的交通与商业，升级扩大地面公园，实现了绿色生态的最大面积覆盖，成功成为人们愿意在此停留放松的城市公共空间。因此，小而美的立体空间与绿色生态最大化是嘉兴站更新的特色之一。

在发挥文化价值方面，国王十字片区在 2011 年引入了伦敦最高设计艺术学府——伦敦艺术大学的中央圣马丁分校，有效带动了片区的文化艺术氛围，以文化为核心的片区基调因此得以奠定，并促进了创新产业孵化，最终依靠产业推动了城市更新。而嘉兴火车站的特殊性在于通过挖掘其特有的城市历史记忆与红色属性，成为当地红色文化发展的催化剂。凭借着嘉兴作为革命红船精神的起航地与升华地的优势，嘉兴火车站在更新后成为连接百年红色历史与当代城市风华的重要文化纽带。具体措施一是历史站房复建作为文化展厅，二是宣公弄历史区域改造更新。同时，利用其不可多得的地理优势，以上二者与站点南侧的南湖进行了有机连接，将区域建设成为具有嘉兴水乡特色的红色文化地标性街区，与南湖共同形成新时代"重走一大路"的重要节点，并以此为基础打造了真正还原历史场景的红色文化旅游路线，促进了嘉兴文旅产业的进一步发展。尤其在建党百年这个特殊节点上，嘉兴火车站的更新改造使城市红色文化得以有效重塑，车站区域也借此成为嘉兴当地的红色文化名片与对外交流展示的文化之窗。

12.5　结语

嘉兴作为国家历史文化名城，在社会发展进程中沉淀了无数珍贵灿烂的历史文化瑰宝。近年来，随着城市的开发建设，嘉兴同许多其他城市一样，也曾面临着历史印记消退、文化特色消失等相似问题。而嘉兴火车站的改造，给整个嘉兴的文化复兴与城市建设更新带来了转折性的启示，新建筑与百年历史建筑共存，当下与历史在这里对话，时间与空间互融，片区与城市的历史意义层次更加丰富。此类型的城市更新项目，基于"修旧如旧"的理念，对历史遗址进行保护性开发，将历史市政建筑或老旧公共建筑转化为符合现代使用要求的高质量人文城市空间，有利于更好延续城市源远流长的历史文脉与城市特色风貌，再现城市历史文化风采，使城市在传承活化中蜕变与重生，将城市发展推进到一个新阶段。

附录1 百年商业街的旧貌新颜
——北京王府井街区更新案例

王府井商业街位于北京市东城区，南起东单三条，北至灯市口大街，距今已有 700 多年的历史。作为北京最著名的商业步行街，总长度为 1172 米，平均宽度为 40 米，由三段构成：现状段，大纱帽胡同至金鱼胡同，总长 548 米；北延段，金鱼胡同至灯市口大街，总长 344 米；南延段，大纱帽胡同至长安街，总长 280 米。大街两侧分布着大型商业体共 17 处，现有品牌 1600 余个。

在这个商圈内，古都风韵与现代商业相融合，业态丰富。人气最旺时日均客流量可达 90 万人次。然而，随着商业的不断进步，商业地产项目在全国遍地开花，物流系统的完善与便捷，以及消费意愿和渠道的多元化发展，王府井逐渐失去了往日的辉煌。2017 年，王府井大街的日均客流量在 25 万到 30 万人次，仅为鼎盛时期的三分之一。王府井新一轮升级改造被提上了议事日程。

经过北京市政府、北京市东城区政府的不断努力，以及王府井商会的有效加持，不断升级改造后的王府井商业街，形成了集商业、服务、文化于一体的综合型商业区域，也是北京市的"黄金商圈"。王府井商圈于 2021 年被国家商务部评定为第二批"全国示范步行街"。

A1.1 更新历程及分阶段特征

王府井商圈的升级改造从未停止，以"传承历史文化特色，打造精准消费场景"为主线贯穿始终，其发展历程可归纳为四个阶段。

A1.1.1 第一阶段（1949—1991 年）：老字号品牌齐聚，全国商业中心初具雏形

1949 年新中国成立后，首都北京逐渐恢复城市建设，在工商业、农业和文教卫生事业都有序发展的影响下，北京的面貌发生着翻天覆地的变化。1955 年，王府井大街建成了新中国成立后北京的第一座大型国营综合百货商场——北京市百货大楼，占地面积 1.19 万平方米，建筑面积 3.7 万平方米，主要经营日用百货。北京市百货大楼的开业，成为第一个五年计划期间首都社会主义经济建设中的一件大事。与此同时，上海名店中国照相馆、雷蒙西服店、浦五房肉食店、四联理发店、普兰德洗染店等，都迁至北京落户王府井大街，满足了大众化的需求。这些举措，使王府井形成了以百货大楼、东安市场为代表的全国商业中心，成为首都第一著名商业街。

1957 年，根据《北京城市建设总体规划初步方案》，北京都市规划委员会对全市商业网的分布及构成进行调查研究，并在基础上编制了《北京市区商业网规划方案》。规划重点提出全市性和区域性商业中心的布局要求，其中王府井、前门和西单三个商业片区具有规模大、商业网点集中、业态丰富、交通优势明显等特点，被列为全市性商业中心。方案要求王府井大街重点打造成为占地广、商店多、人流量大的市级繁华商业区，主要为全市居民、国际友人及外地来京人员服务，商品定位逐渐高档化。1958年，王府井地区共有国营、公私合营和集体商业服务业网点 210个（不包括东安市场），如同上海的南京路、天津的劝业场、南京的新街口，成为城市的形象。

1985 年，北京市规划局在全市商业中心布点规划中，提出应重点对王府井、西单、前门三大传统市级商业中心进行扩容，每个商业中心的建筑规模需达到 20 万—30 万平方米，占地面积 8—10 公顷，每个商业中心以大型商场为核心，配套中小型专卖店，同时要注重文化氛围和公共绿地的打造。王府井著名的王府半岛酒店、外文书店、穆斯林大厦、华侨大厦等就是在此时期建成的。

A1.1.2 第二阶段（1992—1999 年）：购物中心相继落地，创造王府井鼎盛时期

1992 年，北京市政府为引进外资、扩大内需，决定对王府井进行改造，计划将王府井商业区打造成为世界一流的商业中心，改造基本规划思路是：改变"一条街两层皮"的单一商业街格局，向两侧纵深拓展，按照"成街成区、相互连通、人车分行、地上地下连成一体"的构想，形成以 40 米宽的王府井大街为主街，树枝状步行商业街为支街的 5 个商业区，共同组成大型现代化商业城。

1993 年，新东安商厦的动工拉开了这一时期王府井大街改造的序幕，东方广场、工艺美术大厦、百货大楼北楼等都相继开工。但在此时期，改造工程也暴露出了问题，过大规模的改造使王府井长期处于施工状态，影响正常的经营，迫使大量的老字号和知名品牌店铺迁出，使王府井失去了品牌优势，造成巨大损失。

1997 年，北京市政府决定将王府井的开发权交给东城区政府，由东城区自主决定王府井地区的开发建设。东城区政府借鉴国内外成功的步行街改造案例，并结合王府井特有的北京文化，通过保留商铺等做法，使得王府井原有的文化脉络得以传承。

1999 年，新中国成立 50 周年前，王府井大街阶段性改造完成。开街之后，客流量明显提升，开街当日客流量就达到 90 万人次。

A1.1.3 第三阶段（2000—2008 年）：精准治理与升级，打造国际一流商业中心区

王府井商业大街在发展过程中，也逐渐暴露出一些问题，为此，王府井地区又先后开展了新一轮的改造与治理工作，该轮整治工作分为三期：

一期：寻找重点问题，小范围整改。发现商业街存在的问题，如商业结构单一，缺乏餐饮、娱乐设施，周边交通不够便利，缺少绿化休闲广场等，并开展小范围的改造工作。

二期：围绕商业业态，以空间为骨架，对核心区域实行改造。为王府井地区实现集购物、饮食、旅游、休闲、娱乐等为一体的多元经营、错位经营格局创造条件，努力营造该地区的文化氛围，增加绿化休憩场所，形成王府井地区文化古都风貌与现代城市特色相交融的优美环境。本期改造重塑造金鱼胡同口、天主教堂广场、利生体育商厦、东安门夜市小吃街等重要节点，形成各具特色的空间氛围。通过二期整治，形成了王府井商业街北延、西进、东扩的"金十字"构架，提高了文化品位，丰富了商业服务内容，促进了古都风貌与现代城市环境的融合。

三期：围绕文化功能，对周边扩展区域进行改造。打通和拓宽王府井西街、校尉胡同两条道路，建立交通引导系统，缓解步行街设立以来不断增长的交通压力；同时，以中国美术馆、金帆音乐厅、人民艺术剧院、商务印书馆、中华书局等节点的环境整治为依托，突出文化功能，促进王府井商业街的升级；此外，针对本地区缺乏绿化的问题，着力建设了皇城根遗址公园。

2006年，为迎接奥运会，北京市提出"北京2468"景观规划（两轴、四环、六区、八线。具体为：（1）两轴：东西长安街及其延长线、南北中轴线；（2）四环：二环路、三环路、四环路、五环路；（3）六区：天安门广场及其周边地区、首都国际机场地区、奥运中心区、王府井商业区、北京站地区、什刹海地区；（4）八线：机场路、崇雍大街及其延长线、西单北大街及其延长线、平安大街及其延长线、两广路、前三门大街、朝阜路、中关村大街）。具体整治内容涉及建筑界面、道路交通、绿化植被、市政设施、城市照明等10项要素，该规划中，将王府井商业区列为重点整治对象，以问题为导向，环境为抓手，开展整治工作，取得了良好的效果。王府井建设成为有中国特色的国际一流商业中心区，成为文化古都、现代城市的标志，首都亮丽的窗口。

A1.1.4 第四阶段（2009 年至今）：纵向延长，横向拓展，推动片区繁荣发展

随着电商冲击和居民消费结构转型，传统商业尤其是百货业面临着前所未有的压力，王府井商业区的发展也受到明显冲击，北京商业地产进入存量提升时代。

2017 年，北京市政府决定以八号线地铁建设为契机，开启了王府井新一轮的综合治理、提升、转型工作。

结合王府井地区当时的开发现状、业态分布、地铁八号线与综合管廊等情况，确定分期实施步行街延长方案：第一期，向北延长至灯市口大街，步行段全长达到 892 米；第二期，向南延长280 米，至长安街；第三期，远期王府井步行段全线贯通，最终步行段达到 1172 米。本阶段具体改造内容可归纳为：

一是串联街区外围重点旅游景点。延长步行街，将步行街与故宫、天安门、中国美术馆等周边景点串联，形成步行街区，打造舒适的城市步行系统。

二是打通街区内部重要商业枢纽。利用步行街带动淘汇新天、利生体育商厦、银泰 in88 等商业，促进商业、文化、商务等多种资源的融合发展。

三是联动街区内部重要文化节点。将步行街与古人类文化遗址博物馆、儿童艺术剧院，天主教堂、吉祥戏院、首都剧院、中国美术馆、三联书店等文化设施串联，有利于街区整体文化的展示与传承。

2019 年 12 月 20 日，继 1999 年首次开街后，王府井步行街第二次开街，在原东单三条至金鱼胡同段 548 米长的基础上，向北延长至灯市口大街，大街两侧的景观、业态也随之升级，同时将王府井未来的发展从单纯的商业街向商业街区转变，以步行街为核心向周边拓展，提升辅街和背街活力，提供更为丰富的游览体验。王府井步行街也因此在 2021 年被国家商务部评定为第二批"全国示范步行街"。

A1.2 更新模式的经验

王府井商业街区的更新坚持"以文化功能为纽带，发挥商业功能的核心驱动力"的原则，实体公共空间改造与街区综合治理并行，在不断优化消费者购物、娱乐、旅游、休闲多重体验的同时，铸就独特竞争实力。

A1.2.1 文化方面

1. 挖掘文旅内涵，设置游览动线

北京市东城区文旅局推出"故宫以东"之王府井文化探访路，一条日游路线"穿越七百年的繁华——历史上的王府井"和一条夜游路线"从杂货市场到第一商街——夜幕下的王府井"。两条文化探访路线，串联了王府井南北段，深入街区内部，以主街带动辅街，横向拓展。用文化资源构建文化景观和场所，展示历史风韵。

2. 释放历史底蕴，塑造多元文化

王府井大街距今已有 700 多年的历史，形成了十分深厚的文化历史底蕴。梳理王府井的历史文化资源，包括 3 片传统平房区、24 条传统胡同、40 余处历史遗存、4 个街道对景、4 处历史名园、87 棵名木古树和众多非物质文化遗产。王府井在不断升级改造的过程中，将文化串联，形成文化特色片区。这些主题鲜明、风格迥异的文化特色片区激活了王府井的文化历史底蕴，使其焕发新的面貌。

王府井大街不仅商业氛围浓厚，文化氛围同样浓厚。如由中央美术馆、王府井古人类博物馆、嘉德艺术中心、中国儿童剧场、吉祥剧场、首都剧场等构成的艺术文化，由东寺清真寺、基督教救世军中央堂、中华圣经会遗址等构成的宗教文化，由王府府邸、四合院、名人故居、民国近现代建筑等构成的建筑文化，这些多元文化在王府井这片广袤的土地上相互交融，同时又赋予了这片土地新的文化内核。

A1.2.2　商业方面

1. 紧抓商业驱动，放大竞争动力

商业是推动王府井步行街发展的驱动力，是竞争力提升的本质及核心。截至 2022 年 2 月，王府井步行街区现有包括王府井百货、北京 APM、银泰 in88、王府中环等在内的大型商业体共 17 处，现有品牌 1600 余个；有包括王府半岛酒店、北京饭店、希尔顿酒店在内的高星酒店 17 家，体量规模对标世界一流商业步行街（区）。

商业步行街应是兼顾观光旅游和本地休闲两种消费属性。王府井步行街作为发展起步早的商业街区，同时又是北京知名旅游目的地之一，与其他中心城市的商业步行街一样，也面临着观光旅游客群占比较高，客群消费意愿较低的问题。为了使旅游 + 休闲能够更好地融入商业，在改造上做了如下两方面的努力：

一是业态改造，升级（年轻化）商业业态。引入体验式、话题性业态、网红店铺、沉浸式互动体验场景，一如在 2017 年底落位的大型儿童玩具零售体验店 Hamleys（哈姆雷斯）等，为王府井的休闲消费注入活力。

二是积极发挥文化的纽带作用，加强王府井的商业和文化的联动，巩固其观光旅游的消费属性。文化资源丰富的王府井不需要通过淡化旅游属性以增强本地休闲消费。相反，北向延展形成文化艺术体验区，西向联动打造文化旅游示范区，将商业核心区与周边的故宫、中国美术馆、隆福寺、首都剧场、老舍故居、惠王府等优质文化资源打通，丰富商业街区的文化历史内涵，又通过文化演艺、文化传播、国际文化交流、艺术品交易等活动，增添商业街区的文化艺术标签，最终实现文化旅游与商业消费的良性互动。

2. 荟萃"古今中外"，丰富客群圈层

以建设世界一流商业步行街（区）为目标的王府井，在品牌引进上力求"古今中外"的融会贯通，使本商圈的地缘文化底蕴得以传承发扬，国际化定位逐渐深化，功能业态愈发完善，服务客群圈层更加多元，吸引外地游客观光消费的同时，激发本地消

费潜力。

"古"：王府井的一大竞争优势在于其是中华老字号的汇聚地，通过留存、重新引进中华老字号名店、京商文化符号，例如内联升、同升和的鞋，盛锡福的帽子，同仁堂的药，承古斋的古玩玉器，瑞蚨祥的绸缎，稻香村的糕点，吴裕泰的茶叶，瑞珍厚的牛羊肉，东来顺的涮羊肉，全聚德的烤鸭，六必居的酱菜，天福号的酱肉，以及四联美发厅、中国照相馆等，使它们在时代的变迁中传承、发挥该类品牌的文化影响力，彰显王府井的"老北京味儿"。

"今"：各大商业体中亦不乏许多现代潮流品牌，常见的快消时尚、奢侈零售、家具日用等品牌自不必说，品类应有尽有，以满足全年龄段消费客群的多样需求，同时引入备受年轻客群青睐新型体验消费业态，如王府井集团自创的文创品牌"王府井梦工厂"、熊本熊咖啡馆、%（ARABICA）咖啡等品牌，制造（流量）话题、提高知名度，打破王府井作为传统商业步行街的固有印象。

"中"：除了体现在老字号的京商店铺中外，更有紧跟时事的冬奥和冬残奥会的特许商品旗舰店、北京首家老北京文化体验店"和平菓局"、李宁全品类标杆店、泡泡马特北京城市旗舰店、XIAOLI、XUZHI、SHU SHU/TONG 等本土"网红打卡地"落位王府井，为王府井本地化增添一抹亮色。

"外"：国际化是王府井商圈改造升级的另一主题。Zara 亚洲最大门店、斯凯奇超级大店、王府井乐高旗舰店、ONITSUKA全球首家精品集合店、FILA 首家全球全新概念店、兰蔻全球旗舰店、维多利亚的秘密全球旗舰店等，无一不在为王府井提升国际消费吸引力。而王府井商圈自建成以来秉承"敢为天下先"的精神，进而体现在其重视国际化首店经济的实践上。凭借着开发商的资源优势，陆续引进了 CAFE LANDMARK、伊夫·萨洛蒙等首次进入中国内地的品牌，芝乐坊餐厅、HOLZWEILER、ANDERSSON 等首次登陆北京的品牌，以及潘多拉旗下全球第一家 PANDORA Café、KOLON SPORT 中国首家城市概念等创新跨界、新型玩法的店铺。

3. 汇聚潮流元素，激发消费活力

围绕"商业＋科技"，与时尚潮流元素接轨，布局前沿数字消费体验，打造"夜京城"地标。王府井致力于升级商业消费场

景，新增数字化创新空间，常态化线上直播活动，鼓励老字号"触网"，联动线上线下资源建设"文化金三角"（故宫—王府井—隆福寺）。另外，北京apm、王府中环、百货大楼等商业体延长店铺营业时间，又不断推出日/夜间高品质快闪店、日/夜间文娱主题活动，聚集人气，通过精细化运营"夜经济"，激发全时段消费活力。

A1.2.3 公共空间方面

1. 焕新公共空间，优化空间构造

公共空间的改善是这条历史悠久的步行街区更新工作中至关重要的一环。围绕整合遗存建筑资源、调整设计景观资源，在尽可能保留原有建筑风貌形态特点的同时，让文化这条纽带进一步巩固并协调了街区各处的公共空间属性。

整合遗存建筑资源，古建今用，活力焕新。以东安门小吃街片区的更新改造为例，原报业职工的篮球运动场地被经济日报社及车库、人民日报社、国机集团的办公旧址合围，经改造后，将成为未来的公共活动广场。而曾经有着老北京四合院形态的报业办公室，也将在保留其历史底蕴的基础上，改造成为报业发展历史展览馆。原儿艺剧场、首都艺术剧场等建筑前区在改造前为附属停车区域，经改造后，将成为开放式集散广场，使得视野更加开阔，优化游逛体验。

2. 改造单体建筑，升级外观风貌

建筑形态上的改善与系统性的治理措施相结合，先行确立"一楼一策"的定制化方针，"突出建筑风貌特色、改善建筑轮廓线秩序"的策略，以及"分段控制"的建筑色彩搭配原则，使改造后的单体建筑更好地融入整体街区。在长年的发展历程中，由于街区过大、开发主体不一等因素，难以避免开发结果与当前的发展需求不相协调，例如王府井步行街中的各建筑体随着时间的推进也面临着外立面被遮挡，广告牌、楼宇标识、夜间照明呈现

纷杂等问题。因此，在保护中重塑单体建筑风貌，并且兼顾协调整体形象，也是解决公共空间改善问题的关键所在。在2017—2019年的"一楼一策"治理项目库中，对工美大厦、穆斯林大厦、中国儿童剧场、王府井书店等多个建筑体自身面临的问题进行定向改造，具体方案包含净化外立面、恢复历史建筑色调、扩大窗墙比、调整橱窗展示面、提升首层通透度、重设夜间照明、重设地面铺装等。

3. 重塑景观小品，美化街区设计

景观小品方面，一是针对王府井街区面临的是绿地资源匮乏的问题，通过巧妙的设计，见缝插针地利用增设沿街绿植小品、扩大绿植覆盖范围、新建口袋公园等措施提高绿化率。其设计思路是由点、到线、及面的，即以多个口袋公园为节点、金十字主街和林荫道为骨架、传统平房区为绿色片区。例如，结合拆违、腾退，开辟小型绿地、口袋公园等绿色空间节点；根据主街、辅街、背街、小巷的实地条件设置林荫道，实现"绿色网线"覆盖；以点状分布的现存古树名木为中心，在其周边开辟小型休憩场地，动静结合，形成绿色便民空间；在三个传统平房区，增设绿色景观小品，打造绿色宜居片区。二是除以上提到的绿化区公共休憩设施外，在外摆景观上，结合街面改造、道路治理，设置临街外摆，打造后街休闲餐饮街；在商业体一楼以上的店铺（餐厅、酒吧）中为消费者提供视野良好的室外休闲空间，升级消费体验，提升店铺附加经济价值。三是在片区内配置人性化的电子导视系统，包括街区地图、引导牌、护栏等小品，推进智慧商街建设，提升行人游逛体验，塑造品质步行街区。

A1.2.4　综合治理方面

1. "一楼一策"领航，打造精致形象

早期的王府井由于历史久远，建筑风格多样化，缺乏特色。并且建筑立面被遮挡问题严重，改造中明确了"突出建筑风貌特

色、改善建筑轮廓线秩序"的策略。具体包括，对第一轮廓线（建筑天际线、基地控制线和橱窗控制线）进行修补和精细刻画，对第二轮廓线（建筑广告牌匾和夜景照明），开展有序的构建，增强街区的统一感，清除对建筑物外立面的遮挡，通过对两条轮廓线的整治，使得整个王府井大街呈现出建筑风貌的统一感。

2. 专业服务指导，力求再创辉煌

王府井在升级改造的历史进程中，第三方机构提供了多角度多门类的专业意见。其中包括综合规划单位北京市城市规划设计研究院，广告牌匾与夜景照明设计单位清华大学美术学院，商业策划单位世邦魏理仕。来自各领域的专家团队不间断的陪伴式规划服务，满足王府井不同阶段的发展需要。从最开始的展现建筑风貌，到文化的传承与融合，再到依托城市大事件所进行的环节整治，在每一次的转型发展中，无一不体现了王府井升级改造技术方面的科学性。

3. 政府统筹安排，协调组织发展

组织平台：以王府井建管办为主要责任部门，统筹协调规划国土分局、区城管委、区园林局、区交通委等政府相关部门。

技术平台：王府井商业区形成"1+3"规划，包括王府井商业区控制性详细规划、王府井商业区业态规划、王府井商业区交通改善规划、王府井商业区城市设计。从顶层规划层面建立科学高效的工作架构，为王府井的升级改造保驾护航。

4. 地面交通"疏""理"，营造良好环境

早年前王府井大街"停车难"的问题，一直困扰着来此消费的居民。通过对步行街两侧街区约 1 平方千米范围的勘察，统筹空置的经营性停车位和居民停车缺口，通过共享车位原则解决了停车难的问题，同时划定了四个停车共享区，以"就近停放，价格调节"为原则实施共享。该举措不仅解决了停车问题，也释放出了更多的地面空间，优化了步行街区环境。

附录2 修旧如旧，建新如故
——广州永庆坊更新案例

A2.1 项目概况

永庆坊项目位于广州恩宁历史文化街区，街区内历史建筑、传统文化积淀深厚，是广州重要的历史文化街区。

"永庆坊"城市更新项目，位于广州市荔湾区恩宁路99号，东连老广传统商业旺地西关上下九，南衔5A级景区沙面，周边为广州传统建筑"骑楼街"。项目所在的恩宁路历史文化街区是广州26片历史文化街区之一。[①]

街区内有骑楼、竹筒屋及李小龙故居等历史建筑，粤剧曲艺、

图 A2.1
永庆坊区位示意图

资料来源：谭俊杰、常江、谢涤湘：《广州市恩宁路永庆坊微改造探索》，《规划师》2018年第8期。

---

① 《国企要闻 | "永庆坊–荔枝湾"历史文化专线正式开通》，广州国资官网。

武术医药、手工印章雕刻、剪纸、西关打铜、广彩、广绣等传统文化积淀深厚。该更新项目分两期开发，其中"永庆坊一期"占地面积8000平方米，建筑面积7200平方米，范围包括永庆大街、永庆一巷、永庆二巷、至宝大街、至宝西一巷。"永庆坊二期"项目范围为恩宁路以北，多宝路与元和街以南，宝华路以西地段范围内，总占地面积约90000平方米，其中更新建筑面积约72000平方米，修缮约36000平方米，复建约36000平方米。①

"永庆坊一期"项目对包括李小龙祖居在内的旧建筑原样修缮，建筑部分有万科众创办公（万科云）、青年公寓（万科泊寓）、教育营地（梅沙教育）。并引进了以设计、广告、传媒、艺术动漫产业为主的创客企业。同时植入了丰富的活力特色商业包括24小时营业的"钟书阁"华南首店、"喜茶"西关主题店、"周大福Z+"玩物所、"Hea"岭南文化店、老字号美食节、恩宁精品咖啡、多远美食和无人超市等。

更新后的"永庆坊"街区荣获了国家4A级景区、省级旅游休闲街区等称号，并在2022年初被评选为中国首批国家级旅游休闲街区。项目"针灸式"推进街区更新，活化知名历史建筑打造成文旅热点、网红打卡圣地，充分利用公共空间举办具有西关特色的公共文化活动，以点带面，激发片区活力，引领老街业态转型升级，并且弘扬区域传统文化，助力西关传统人文特色的继承和发展。

A2.2　更新历程

永庆坊更新历程与广州城市更新宏观政策息息相关。直至2015年广州成立城市更新局、出台相关管理办法并通过公开招引选择万科作为实施主体，永庆坊更新才从形象更新迈向内核更新，从无序改造到系统发展。

---

① 广州市规划和自然资源局：《以城市更新推动城市高质量发展实践案例——永庆坊》。

A2.2.1　广州城市更新宏观发展背景

　　自改革开放以来，广州城镇化进程既为庞大的农村人口进城就业提供了机会，客观上也生成"城市包围农村"，导致"城中村"林立的局面和一系列问题：城中有村，村中有城，村外现代化，村内脏乱差。"城中村"内往往采光通风差，缺少公共绿地，道路建设、供水供电、垃圾处理等基础设施不完善，在居住和治安管理上都存在巨大隐患，与广州城市经济、社会空间发展极不协调。

　　申办亚运会成功后的 2005 年，广州对整个城市空间进行优化的任务被摆上市政府议事日程。位于天河区的"猎德村"成为首个整体改造的城中村项目。改造中引入市场资金，通过政村企合作，在实现区位价值最大化的前提下保留当地岭南水乡历史文化，如宗祠迁建、修缮沿河旧建筑等，尽量保留"乡愁"。

　　有了"猎德村"成功的改造经验，加上 2008 年国土资源部在广东试点土地集约节约化优惠政策，从 2009 年起，广州城市更新进入了以"政府主导，市场运作"为总体原则的快速发展阶段，并根据城市发展状况日渐完善。至 2015 年，广州成立了城市更新局，将实施难度较大的全面改造与微改造更新区分开，兼顾了城市更新的长期效益和实施效率，有效地整合了城市改造工作。永庆坊也随着广州的城市更新宏观发展进程开展了多轮更新工作，探索出了广州模式特色的历史街区改造经验。

A2.2.2　永庆大街时期

　　诞生于 1931 年的恩宁路，是广州有名的历史文化保护街区。其间遍布文物古迹，包括八和会馆、李小龙祖居和詹天佑故居，以及连片的西关大屋和竹筒屋等岭南传统民居。岭南风情尽显，历史文化气息浓厚。恩宁路北接龙津西路，东连第十甫路与上下九步行街骑楼，保存着全广州最完整和最长的骑楼街与西关文化精髓，是晚清南部中国核心经济区域，见证着一个时代的商贸繁华。然而，伴随着岁月的"洗礼"，到 21 世纪初，恩宁路周边已是广州市危旧房最集中的区辖之一。

如今，从荔湾区黄沙地铁向北步行约 300 米就可望见挂着"永庆坊"三个字的牌匾。"永庆坊"原为永庆大街，具有 50 多年的历史，是恩宁路上一条具有浓厚生活气息的内街，紧邻恩宁路主街，区位优势十分突出。原先的永庆大街与恩宁路在岁月长流中变得破败，街区面貌、居住环境都差强人意，人员外流，危房集中，连带着使传统西关文化的光彩也变得暗淡。对于永庆片区来说，若想延续文化，更新焕活既是大势所趋，也是必经之路。

随着 2006 年广州市政府推动恩宁路片区改造，永庆大街将遵循"修旧如旧、新旧共融"的城市微改造精神，结合广州千年商都的中西荟萃的岭南文化历史风貌，在原有街坊里弄的城市肌理上，保留和修复西关骑楼、西关名人建筑、荔枝湾涌、粤剧艺术博物馆、金声电影院等城市乡愁记忆符号，营建以"坊、巷、里、弄"为格局的开放式、低密度的新体验场所，整合"新文化、新商业、新生活、新产业、新居住"五大城市新业态。

A2.2.3　永庆坊改造之路

21 世纪初，粤剧文化式微，广州城中心东移，社区老化，"永庆坊"片区内建筑存在诸多问题，房屋建筑结构老旧，安全隐患突出。2006 年，广州市政府首次筹划推动恩宁路片区的改造规划，推出以大拆大建为主的《荔湾区恩宁路改造试点规划方案》。次年永庆坊改造项目开始按红线拆迁，场地清平，卖给市场。但过程中受到部分市民、学者及非政府组织等的强烈反对，由此衍生了对永庆坊片区骑楼去留的关注与热议。2009 年，荔湾区根据社会意见进行了规划调整，更新思路由开发转向历史文化保护，同时公布了《恩宁路历史恩宁路历史文化街区保护开发规划方案》。

华南理工大学建筑学院受政府委托进行恩宁路的规划设计，

社会各界人士也参与其中，共同制定了《恩宁路旧城更新规划》。2011 年，广州市规委会全票通过了《恩宁路旧城改造更新地块控制性详细规划导则更改》，经过公示后，同年 11 月，广州市规划局正式予以发布。根据该规划所示，永庆片区除了李小龙故居、八和会馆等属于文物古迹用地之外，其余地块均属于商业金融业用地。

"永庆坊一期"地块内建筑密集，单体建筑面积小，居民公共空间缺失。改造前，永庆坊建筑密度达 84.2%，容积率却仅有 1.29，整个片区只有 11% 的建筑面积大于 100 平方米，叠加辖区建筑高度限高、建设总量控制与历史文化街区保护等严苛要求，项目无法获利，开发主体望而却步，导致项目改造短暂停滞。

直至 2015 年，广州市成立城市更新局，并出台了《广州市城市更新办法》。同年，荔湾区对"永庆坊"片区内 43 栋征而未拆的房屋进行了安全鉴定，拥有 50 多年历史的街区已不符合现有建筑规范，采光、通风和卫生、消防等环境条件较差，违建、加建情况严重。安全鉴定发现共有 32 栋为严重损坏房，其中多栋已严重损坏，几近倒塌，街区修复工作刻不容缓、迫在眉睫。为此，城市更新局提出以恩宁路"永庆坊"作为试点，推进"微改造更新"。最终由万科中标"永庆坊"片区的改造项目，并以 BOT（Build-Operate-Transfer）模式运作，政府将 15 年运营权交给万科，由万科改造、建设和运营，15 年运营期满后交回给政府。

经过十个月的改造建设，"永庆坊一期"改头换面，于 2016 年 10 月正式开放。历史风貌依旧保持，整体环境焕然一新。"永庆坊二期"同样由万科承建，并于 2020 年 12 月 25 日正式亮相。

A2.3　更新策略

政府监管、市场主导，遵循"修旧如旧、建新如故"，围绕新文创植入产业与消费内容，是永庆坊更新的三大特征。

2016 年起实施的《广州市城市更新办法》创造性地提出"微

改造"的城市更新模式，明确不再对老城区大拆大建，改为循序渐进的修复、活化、培育，让其保留生机，让老城区老而不衰，魅力常在。

永庆坊的更新正是围绕着"微改造更新"手法展开，遵循"修旧如旧，建新如故；交通梳理，肌理抽疏；基础完善，消除隐患"的设计理念。即在维持场地现状格局、保留街巷肌理、尊重历史文化、保存特色景观的前提下，通过对老旧建筑局部拆建、历史建筑物功能置换及保留修缮，实现建筑面貌和功能更新的一种策略。此外永庆坊在对历史街区修缮与保护的基础上，通过完善基础设施和植入新业态等活化手段，打造了一条能够吸引新一代消费客群与符合新消费业态气质的网红街巷，实现了历史文化与当下潮流的有机融合。

项目通过空间改造与产业融入，对街区受损的空间肌理、格局与社会组织进行缝补修复，以丰富的传统文化资源聚合创新产业，为街区注入新活力，带动老城价值提升，改善地区经济衰败及产业老化的问题。永庆坊为广州"微改造"城市更新模式设立了可借鉴的落地样本。

A2.3.1 采用 BOT 模式由市场主导更新

根据制定的《永庆片区微改造建设导则》和《永庆片区微改造社区业态控制导则》，广州尝试采用"建设—经营—移交"模式即 BOT 模式进行恩宁路永庆坊一期项目的改造提升。该模式由政府主导并负责前期的征收拆迁，从 2007 年项目启动至 2012 年恩宁路项目拆迁与安置完成，政府总计投入约 18 亿元，除 12 户居民外，政府拥有永庆坊所有房屋和土地的所有权。

2015 年，在保持房屋所有权不变的前提下变更房屋使用功能，政府通过公开招商引入广州万科投资、建设及运营此项目，并给予其 15 年经营权，期满后回归政府。以政府与广州万科之间达成协议为前提，由政府向万科颁布特许，允许万科在一定时期内筹集资金建设并管理和经营永庆坊，并享有入驻企业的招商、管理、活动策划等权限。整个过程中的风险由政府与万科分担。按照约定，特许期限结束时，万科将该设施移交给政府部门，转由荔湾区指定部门经营与管理。随着社会资本的引入，缓解了政府的资金压力，助力更新项目顺利推进。

同时，由荔湾区城市更新局、多宝街道办牵头，由居民代表、专家顾问、媒体代表、商户代表等组成"恩宁路历史文化街区共同缔造委员会"，全程监督政府与企业的运营管理。

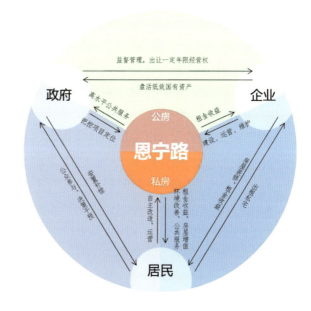

图 A2.2
永庆坊更新改造 BOT 模式示意图

资料来源：广州市规划和自然资源局：《以城市更新推动城市高质量发展实践案例——永庆坊》。

A2.3.2　量身定做，修旧如旧，建新如新

街区内房屋修葺按照"修旧如旧，建新如故"的原则，强化岭南建筑整体风貌特色，保留岭南传统民居的空间肌理特点。作为建设方的万科将永庆坊片区内的 68 栋建筑逐一编号，评估并分类其破损程度，并为每栋建筑量身定做微改造方案。

更新街区内所有建筑外立面从总体上看，大部分建筑保留了

原有的立面样式。在色彩方面，除了部分重点文物保护单位保留原配色，大部分建筑外立面被替换成灰色调的砖块，个别建筑则采用白色金属框立面和外墙进行装饰。同时，为满足街区内商业建筑的室内采光需求，部分商业建筑添置了新型的外凸窗。此外，部分建筑增设了阳台围栏，并铺设了瓦片。在屋顶改造上，为适应功能需要，在尊重原有体量、延续原有格局的基础上，将部分平屋顶改为坡屋顶，其中部分屋顶采用下部挖空的形式，以增加空间层次感；不同建筑结合内部功能调整，采用不同的坡面。

部分建筑的内部结构也被升级改造。片区内有过半数建筑的内部结构需重新调整。在永庆一巷和永庆二巷中，用作办公用途的两联排建筑的原结构过于独立零碎，采光不足，不利于办公。永庆坊微改造在基本不改变建筑外部形态的基础上，打通内部墙体，使用玻璃结构间隔，打造宽敞明亮的办公空间。

A2.3.3 交通肌理梳理，基础配套优化

项目在保存原有"一纵两横"空间肌理的前提下，对部分建筑作适当拆除和原址重建恢复，释放入口空间和尺度适宜的步行通道等公共空间。其中"一纵"即为永庆大街，永庆坊一期微改造以其为主要展示面与商业动线，沿街布置特色商业，引导大量人流进入；"两横"即为永庆一巷和永庆二巷，微改造工作保留原有历史文化建筑，植入公共建筑及少量商业。

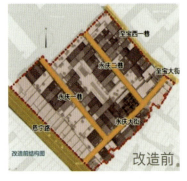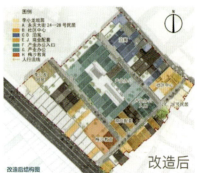

图 A2.3
永庆坊一期结构改造对比

资料来源：谭俊杰、常江、谢涤湘：《广州市恩宁路永庆坊微改造探索》，《规划师》2018 年第 8 期。

对街区基础设施配套进行优化调整，消除潜在隐患。改造前，永庆坊的居民常常因为道路排水问题而遭受严重洪灾。老化的电缆裸露在街巷上，带来了巨大的安全隐患。更新团队为片区内购置消防摩托、小型消防车等消防设施，房屋内增加消防喷淋，建立统一的消防控制系统；整理电力和通信线路，整齐归一；结合地面青石板路的改造，优化对行人步行影响较大的排水方式；利用部分已动迁收回的建筑，配建公厕等重要公共服务设施。同时为了避免原有居民的大量搬迁造成场地资源浪费，更新团队利用了场地内的拆迁废料，如瓦片、青砖、麻石和木材等，新建了位于主街尽头的木台阶区域，白天可被用作公共休息区，晚上可被用来放露天电影，为居民休憩提供了一个半私密空间。

A2.3.4　引入新文创内容，注入流量活力

依据《永庆片区微改造建设导则》和《永庆片区"微改造"社区业态控制导则》等规划，荔湾区政府在微改造中置换永庆坊的用地功能，将大部分原居住用地置换成为商业用地、商务用地

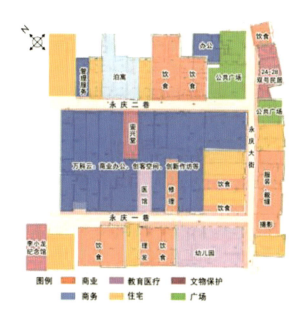

图 A2.4

永庆坊内业态分布

资料来源：谭俊杰、常江、谢涤湘：《广州市恩宁路永庆坊微改造探索》，《规划师》2018 年第 8 期。

及公共服务配套设施用地。在此基础上，广州万科重点布局打造了"云""塾""社"三个特色空间。"云"，即"万科云"中所有办公、接待和会议空间的主入口；"塾"，即梅沙教育，是供小朋友培养业余爱好的教学空间；"社"，即有特色的户外公共活动场地。经过更新后，片区内将导入以文化创意为主的新兴产业，包括创意市集、本土文化和建筑设计等，使整个空间实现"外旧内新"。

A2.4　更新效益

永庆坊提升了当地居民的生活品质，实现了西关文化与现代风尚相融，深化了城市历史记忆，塑造了广州旧城改造的永庆范例。

从改造成效来看，荔湾区政府引入社会资本万科来推动老街街区改造修缮工作，完善社区卫生、排水、消防等配套公建设施，改造原有部分历史建筑的功能，从建筑功能上提升了当地居民的生活品质，也为创客空间、文创文展等轻资产产业的导入提供了空间载体，促使永庆坊成功吸引"三雕一彩一秀"博物馆、亮风台AR人工智能公司等文创类机构入驻。

永庆坊项目将整体分成了"粤韵西区"与"风尚东区"。西区以文创特色、非遗传承、国粹文化、老字号为主，顾客可在其中感受传统文化的新生魅力；东区则偏重国潮时尚、夜生活酒吧街、先锋文化体验，感受活力带来的冲击与碰撞。

随着永庆坊"4A景区＋非遗街区＋国家级商业街"的部署，广州公交集团立足文旅融合，创新线路、车辆、站点、景点"四位一体"的融合设计理念，开通"永庆坊—荔枝湾"历史文化旅游专线，以城市公交承载历史文化的新方式，让市民重温老城市的记忆，让游客体会广州的历史和底蕴。专线为环线，全长4.4千米，共设置黄沙总站、恩宁路、多宝路等10个站点，以循环线形式串联李小龙祖居、广东八和会馆、粤剧艺术博物馆、骑楼街、荔枝湾、泮溪酒家等多个历史人文景点，同时与地铁1号线、

6号线站点无缝接驳，不仅方便游客乘坐公交游览沿线景点，也方便群众接驳地铁出行。专线途经大量老广州民居及商铺，如陶陶居、莲香楼、荔银肠粉、醉贤居、冰芝恋、开记甜品等独具广府特色的老字号美食店铺，切实方便市民回味老广州美食。以"永庆坊—荔枝湾"为载体打造古城研学系列活动，让市民对广州老城风貌和历史文化有深刻认识，构建公交与历史文化互动教学体系。[①]

在永庆坊更新模式、改造手段和功能优化的经验基础上，广州加快推动历史文化街区及历史风貌区的改造，推进以"陈家祠—荔枝湾—恩宁路—上下九—十三行—沙面"等为轴带的西关历史文化街区活化提升建设。[②]

A2.5　永庆坊"微改造"的反思

永庆坊是广州首个"微改造"示范项目，其更新历程中的地方政策扶持力度、施政路径和政府介入深度均处于摸索阶段，导致开业后实施主体、商户、游客、原住民的利益诉求难以实现平衡。

首先，在历史建筑保护指引方面，对于永庆坊这一广州市老旧历史文化社区首个"微改造"示范项目，地方政府在项目更新之初，只出台了《永庆片区微改造建设导则》《永庆片区微改造社区业态控制导则》。对于社区内历史建筑保留、传统建筑更新、社区业态定位及效果等都没有明确的规定，而是将这些决定权交给了企业。对于在施工过程中企业的违规建设、私自改建等行为，政府因建设导则控缺失而无法进行监管。同时，本项目的建设资金都是由企业自行投入，由于建设费用不受政府约束，因此企业在项目建设过程中主动与政府主管部门联系不多，政府也"乐

---

① 参见广州国资：《"永庆坊-荔枝湾"历史文化专线正式开通》。
② 广州市规划和自然资源局：《以城市更新推动城市高质量发展实践案例——永庆坊》。

享其成"。由于政府对项目缺少监管，社区更新存在"失控"的风险。

其次，在城市功能的延续与升级方面，永庆坊片区历史上以居住功能为主，但在2011年《恩宁路旧城改造更新地块控制性详细规划导则更改》中除了认定李小龙故居、八和会馆等属于文物古迹用地之外，其余地块均调改为商业金融业用地。在此背景下，原住民安置和新旧功能的平衡问题不断突出。为了留住游客、消费者，大量网红打卡、轻餐类业态挤占生活服务功能的空间，项目所在地及周边的居民受到了嘈杂的环境、拥挤的街巷、大量的人流的干扰。在城市层面上确实对片区经济发展和城市形象起到焕新作用，但却牺牲了周边的民生诉求。并且，由于外向型商业消费业态占比过高，街区昼夜人气差异显著，城市永续活力难以维持。

再次，现代时尚需求与传统文化传承的冲突。目前街区内除保护故居以简单的观光功能传承街区记忆外，商业业态均调整为满足当下年轻消费者追求个性化、追求热点的消费品牌。传统西关文化仅在建筑空间上得以局部保留，并未实现内容的延续和创新发展，导致西关片区原住民对项目的认同感不高。

最后，城市更新模式与政策支持仍有不足。BOT模式下的城市更新，仍以实施主体意志为主导，政府在项目中参与、把控深度有限。与永庆坊更新所用的BOT模式不同，成都"猛追湾城市更新项目"则采用了"EPC+O"模式。由成华区人民政府和成华区猛追湾街道办事处主导，万科成都负责"策划规划、设计建造、招商运营"一体化整体打造。

对比BOT模式下的高度市场化运作，"EPC+O"则是一种强调"市区联动、政企联手"的高效协作模式。该模式实现了从政府主导、企业参与到政府引导、企业主导模式升级。在项目筹备阶段，万科与政府相关部门和区属国有公司大力实施优质资源"收、租、引"，并成立片区运营专业公司实施资产管理、项目招引、业态管控、运营管理等工作。在运营阶段，突破原有治理格局，形成街区共建共治新机制。万科联合猛追湾街道党工委成立"街区综合党委""猛追湾街区联盟"，共同推进党建引领下的特色街区建设和运营；同时实现市政街区、非收储商户外摆管理交由万科物业统筹。

BOT 模式使企业权力过大，片区追求利益最大化，弱化了政府对于项目的管理职能。永庆坊更新过程中，广州城市更新扶持政策力度有待提高，兑现路径需进一步细化。同时，广州万科作为永庆坊项目的投资方、建设方和运营管理方，在建设过程中，受老旧建筑资料缺失、公私房屋产权模糊、当地居民历史症结等诸多因素影响，其实际产生的项目建设费用远远超过预期。为平衡前期投资，不得不通过改变建筑格局、更换建筑功能、加建楼层等措施来增大收益。

附录 3　继往开来，蝶变重生
——深圳南头古城更新案例

南头古城，又称"新安古城"，地处珠江入海口东岸，位于广东省深圳市南山区南头天桥北，始建于东晋，是历代岭南沿海地区的行政管理中心、海防要塞、海上交通和对外贸易的集散地，是粤港澳历史文化源头之一。南头古城项目位于深南大道、南山大道、北环大道围合的片区内，紧邻深圳市中山公园，占地面积约 38.5 万平方米，建筑面积约 51.7 万平方米，古城城址范围东西最长距离为 680 米，南北最宽处为 500 米。南头古城具有典型的深圳城中村特性，古城内现总居住人口约 30 000 人，其中常住人口约 2600 人，外来租住人口占总人口的 87%，社会结构复杂，人口组成多元，包括传统务工者、创业者、游客及少量原住民等。

A3.1　变迁回望

南头古城距今已有 1700 多年的历史。清朝以后，历经"迁海""日军占领""城中村抢建"等风貌破坏事件。随着改革开放之后深圳城市化进程的加快，形成了城市包围村庄，而村庄包含古城的城村交错、环环相扣的复杂格局。南头古城作为深圳 400 多个城中村中最为特殊的存在，一直以来都面临着历史保护与城中村改造的双重困境。

A3.1.1　格局奠定

自汉代始设盐官到三国时期司盐都尉，始建垒城"芜城"，这是深圳城市历史的开端。东晋时期立东官郡郡治，在今南头一带，管辖着粤东南地区（包括今天的粤港澳地区）及福建云霄一带。南朝时期东官郡治迁出，宝安县沿用东晋宝安县城。唐朝时期设屯门镇，南头由行政中心转为海上交通门户和军事要塞，宋元时期，分属广州都督府东莞县和广东道广州路总管店。明代恢复设立新安县以来，县治仍然一直设在南头古城，是深圳、香港地区政治、经济、军事、文化的中心。

南头古城的历史中，明朝是一个重要的分水岭。《方舆纪要》卷101广州府记载：东莞守御千户所"在（东莞）县南东莞县旧城内。洪武二十七年置，有砖城，周三里有奇。环城为池，一名南头城，备倭指挥亦驻于此"。"东莞守御千户所"建在一个坐北朝南的山坡上，城墙依自然山势而建，周长约1800米，呈不规则形态，有东西南北四座城门。东门"聚奎"、南门"宁南"、西门"镇海"、北门"拱辰"，城内主要街道呈现"一横六纵"格局，城内建成官署、学校、仓廪、祠堂庙宇等设施。明万历元年（1573年），取"革故鼎新，转危为安"之意，在原东莞县南境设置"新安县"，治所在"东莞守御千户所"，管理今深圳市大部分地方与香港全境。

清政府时期实行两次大规模迁海，在"净海迁界"期间南头古城曾遭损毁并被弃，之后又复建。这两次迁海导致大量居民流离失所，给南头古城建筑造成了巨大的破坏，极大改变了新安县的人口结构。随后到了18世纪，英国人开始鸦片贸易，经常以香港岛一带沿海为落脚点。通过鸦片战争以及随后的一系列不平等条约，英国完成了对香港的蚕食，1842年《南京条约》割让香港岛，1860年《北京条约》再割九龙司地方一区，1898年《展拓香港界址专条》租借新界99年，新安县领地被割占五分之二。

1938年日军侵华占领深圳，在南头古城驻扎重兵，修建了大量工事堡垒，甚至南门城墙之上也修筑碉堡。直至1953年宝安县政府由南头古城迁往深圳镇之后，南头古城才正式结束其作为"城"的历史使命，回归为南头村。

A3.1.2 风貌巨变

在经历多次破坏后，南头古城还经历了"文革"，其间很多历史遗存归于尘土，只留下为数不多硕果仅存的代表。新中国成立之后，南头古城一直是深圳地区的管理核心。南头古城里陆续建起了一些新的建筑，其后香港承接西方产业转移，经济起飞。名为深圳河的东门地区因临近香港，商贸逐渐兴旺起来，慢慢取代了南头古城的区域核心地位。1980 年设立深圳经济特区，紧邻香港的深圳成为改革开放的桥头堡，在宽松的政策环境下，巨量的资本涌入。数百万劳工和专业人士南下广东，人口激增带来了海量的居住需求，这一过程中催生了蓬勃发展的商品房市场和日益高涨的租赁需求。从村民的视角来看，兴建农民房可谓获利丰厚。根据许志强《城中村自建房调查》的数据，一座六层农民房，建设成本约 36 万元，年租金可达 14 万，仅仅三年便可收回全部建造成本。兴建密集的农民房更形成了对场地的牢固占有，变成一种几乎不可逆的"既成事实"。政府多次出台政策管控城中村建设，却收效甚微，反而刺激了城中村的抢建潮。在这种大背景之下，南头古城也无法独善其身。1989 年统征特区内集体土地引起居民恐慌，占地抢建。1999 年查处违建，出于搭乘"末班车"心理，居民再次抢建。2009 年为搭"违建转正"末班车，居民再次抢建。南头古城很快就从一座低密度住宅为主的古城，变成了密密匝匝的城中村。

南头古城内各个历史时期的建筑交织在一起，建筑风貌多元融合。现有建筑约 1100 栋，按保护等级及建成年代大致可分为七类（特殊建筑，现代建筑，80 年代，50 年代，传统风貌，不可移动，文物建筑）。其中以现代建筑为主，具有历史保护价值的建筑约占其中的 5%，居住建筑约占 87%，商业建筑约占 13%。古城内还混杂着工业、行政办公、教育等多种功能用地，其中古城西侧为教育用地，北侧为公园用地，另外还有少部分工业用地。

南头古城得以"幸存"的古建筑与古遗址并不多，这里既有东晋城壕遗址、青砖灰泥建筑，也有百年前的庙宇、西方人建造的教堂，还有改革开放城市化过程中的空间物证，50 年代的灰泥，80 年代的水刷石，90 年代的瓷砖、茶色玻璃。民国（1912 年）之前的建筑仅剩 38 栋，民国成立至新中国成立（1949 年）间的建筑仅剩 12 栋，新中国成立后至改革开放（1979 年）的建筑 61 栋，包括 1 处广东省重点文物保护单位、4 处市级文物保护单位、1 处区级文保单位、11 处未定级不可移动文物和 32 处历史建筑，地下埋藏发现有古墓葬、护濠、护城河遗址等古城址。而 1980 年之后的建筑占了约 91.5%。三层以上的建筑占比达 57%，其中七层以上的占比高达 11%。而约 82.4% 的现状建筑是没有完善合法手续的私人物业，大量未确权的现状建筑是南头古城保护更新难以进行的主要原因。

A3.1.3　发展机遇

2017 年第七届深港城市 / 建筑双城双年展活动以南头古城为展场，主题为"城市共生"，试图以城中村为背景探讨多样性对于城市的价值。规划师、建筑师、媒体人、评论家和公众都参与讨论发表看法，城中村价值和未来的讨论，从学术界推向了更广泛的大众视野。南头古城占领了各种时尚青年、网红博主的朋友圈，也让很多普通民众第一次听说南头古城。以双城双年展为契机，一系列有机更新逐渐在南头古城内发生。

以"城市策展"的方式介入古城更新，主办方希望通过重塑古城文化和空间脉络唤起当地居民的归属感和环境自觉，最终为深圳的城中村改造提供不同的样本。从遴选场地到展览开幕不到一年的时间，尽管时间紧迫，但借助双年展的契机开启南头古城再生计划的初衷始终没有改变。虽然在城中村的介入实践举步维艰，街道、村集体、代建公司和政府各主管部门多方博弈耗时数月，场地范围不断变动，改造设计工作也不断颠覆重来，但是为尽快打通古城空间脉络的大格局，最终的方案以"最小拆迁量，局部拆赔补偿"的方式换得各方相互妥协，给古城争取了一次空间提升的机会。

深港双城双年展结合旧改带来了以下几点积极因素：一是以公众活动为契机引起大众广泛关注。二是双城双年展作为一个整合政府、学界、设计界和大众的交流实践平台为古城创造了空间提升机会。三是村城共生，从技术手段上讨论旧改的可能性，用设计唤醒一个城市。如何用最小的拆迁量，减少资本的介入，对老旧小区进行微改造以激活城市、提升空间成为当时热烈讨论的议题。

A3.2 蝶变计划

双城双年展结束之后，许多创意者犹如游牧民一般离开了南头古城。南头古城受到的关注逐渐降低，最终回到了原来的发展轨迹。双城双年展遗产失去了特定人群的支撑之后，与城中村固有生活方式难以适应，也开始逐渐褪色。

在这样的背景之下，万科在南头古城的更新注定不是一件容易的事情，南北街呈现之后也引发了多维视角的讨论。当谈论南头古城的未来时，经典的城市存量更新方式，强调"社区营造"和"共同参与"下的自发更新，这种模式在南头古城有其天然局限。有效的存量更新应该考虑从"人口结构"入手，引入一批对城市和空间敏感的创意工作者，并让他们能够扎下根来。这不仅为片区引入文化创意产业，也为片区注入持续的更新动力和主人翁精神，这种改变将变成公共资源，持续地为当地居民与市民所共享。最终万科集团提出"设计＋"策略，结合文创发展趋势整合资源，用文化产业激活古城，带来空间、人口结构转变和消费、产业结构升级。万科集团所想打造的南头古城以"粤东首府、港澳源头"为定位，以"源·创·艺·活"为品牌理念，为古城带来新生的创意活力与高质量的美好生活。就其改造理念而言，此次改造致力于通过产业结构升级优化人口结构，实现空间环境升级和业态消费多元化（图A3.1）。

改造总体思路

	"设计+"多维度组合策略	现状	未来
目标	人口结构改变	人口结构单一	设计师　本地人　外国人　创客　游客
手段	产业结构升级	产业单一	设计+科技　设计本体　设计+消费
结果	空间环境升级 ＋ 业态与消费多元化	空间脏乱	文物空间　科创空间　文创空间
		消费低端	文化消费　体验互动消费　创意市集NK

图 A3.1
南头古城改造总体思路

资料来源：深圳万科南头古城项目介绍，内部资料参考附件。

　　南头古城的活化更新是渐进式的过程，体现了"分期建设，社区主导，公众参与"的整体思路，首先是集中对历史建筑、保护建筑等文保单位进行抢救性保护，最大程度地保留不同文化建筑的原真性。其次，对居民生活环境进行提质升级，使南头古城的居民生活状况得到好转。最后，对空间格局、建筑和环境进行细节整治，全面提升南头古城文化形象。

A3.2.1　古城再生

1. 南城门广场

　　从南头古城的起点穿过牌坊，沿南北向轴线直行就进入南门广场。在项目调研时，设计团队意识到沿街面挡土墙过高、过硬，视线开展度不足的问题。因此，在改造中打开了临街的围墙，使得入口界面与城市的连接处形成了更为开放的空间。道路两侧原有的灌木被清理，取而代之的是秩序井然的行道树和开阔的绿地。在经历了三轮设计和七次推敲后，最终在改造中保留了公园内的大榕树、散置石，留存了岭南村口的气质。设计师以瓮城的形式为广场设置了边界，广场靠城门一侧，城墙的基础作为历史文物被挖掘露出地面，设置护栏围绕，供游客观赏。城墙上的绿化植物，消解了古城内外的鲜明对立。柔和的灯光漫射在城墙上，使城门本身也成为文物展品。以古城的南城门为界，城内与城外形成了鲜明的对比。城内是浓厚的市井气息、丰富的古城生活，城外是自然的公共空间，景色宜人的林荫大道；城内是具有厚重历史感的传统城中村，城外是光鲜亮丽的现代都市。在历史与现代、传统与时尚、旧与新的碰撞中，用城内每一棵树、每一块石头、每一块砖、每一个凳子、每一株本土植物共同营造出美好的生活场景，去呈现自然的精神与生命的力量，去彰显南头古城"原初"的精神内涵。

2. 城市记忆展厅

"城市记忆展厅"项目位于先行示范段的南北街核心区，这是一栋兼具复合功能和公共属性的建筑。设计单位介入时，原建筑体结构已完成，主体由三个不规则的历史建筑方块体连接而成，梁柱多且不规整。因时间及安全性的问题，设计方案不可更改原结构中楼梯及梁的位置。建筑体作为"综合服务中心"，是一处展示南头古城改造变化的信息地。在250平方米的面积内需满足接待区、寄存处、监控区、办公室、洗手间、会议室、共享咖啡以及展览区域等功能需要。在极有限的条件下，首先考虑的是如何"破局"——打破现有单一的游览动线及空间限制，拉动上下人流贯通，展示空间自身个性的同时保持内敛现代的中式空间调性。

设计灵感源自岭南建筑及园林中的游廊，通过连接两个或多个独立建筑物的曲折回环的轴线式布局，在有限的围合空间中营造无限之域，作为游人停留、休憩、观赏的空间，并与此场地承载的功能相符。

首先的措施是在固有的平面植入了一面通高的斜墙，通过斜墙创造出独特的空间感，并且以斜墙开启了一个三角的通高中庭，拉动上下两层的空间关系，形成趣味性的观展动线。中庭正中间保留了原始的结构梁，炭化木自身独有的自然粗犷感与理性排列的木纹格子结合，以一种中式且现代的空间力量及仪式感形成空间结构特色。

对材料和颜色运用在本案中选择了更精微而中和的处理方式，粗犷的材质与低度的用色从外立面延续到混凝土结构内部。空间内主要使用灰砖及木头这两种中式建筑的标志性材料。以不同的组合及质感碰撞展示自身在传统及现代中的变换。青砖、柚木、炭化木，这些材料的自然纹理隐现时间的印记，与场地散布着的古城墙无声对话。银箔这种传统材料并未直接地大面积使用在空间内，而是与木饰面作贴合成为带有木纹肌理的进化版"银箔"，中和了炭黑色木及天花矩形阵列设计语言下的肃穆及理智。由此整个空间质感更加柔和且温暖。

除了运用游廊整个概念的自身动线特色外，游廊还讲究景观与自然天光贯通，形成天然的展示空间。以天井光来揭示空间的层次，从而达到传统岭南园景中的开敞，层次变化丰富的空间效果，将传统意蕴来当代表达。正如空间中的景观——"展览"与天花光影共存，而使空间体验感具备更多的层次。

客行流线循廊推进，随空间上下关系而起伏，狭长通道使视野受到压缩，留有格窗透光，虚实结合。挑空区如柳暗花明，形成先抑后扬的空间对比，丰富了体验的层次与趣味。曲折回环的动线与独特的三角银箔空间、木纹格窗透光天花形成独特的空间符号。透亮干净的玻璃砖的立面材料隐约透射着外面的色彩，理性的十字结构框架语言使空间语言趋向统一。

共享咖啡、展览区、休闲区、会议室，各个功能有序整合在两层空间中，联以回廊走道。矩阵式的空间序列穿插组合，木格栅天窗回应天井形制，交叉咬合的十字体块与斜切的片墙以不对称布置打破整体基调的克制，犹如这一村城混搭产物自由延展的街巷生态。

以结构的干涉语言，在有限的场地条件下引导及丰富场内人流动线；以材料及细节设计给予项目自身的特性；设计方一如既往地关怀项目背后的人文及需求。南头古城此次的改造，意为结合当代的文化，激活社区的活跃度，将千年历史的地区文化符号化为大众所能接受并喜爱的进阶性的地标。以设计手法更新传统材料予人的"年代感""单一感"是此次设计的重点之一。

3. 1820 数字展厅

传统的历史文化通过现代科技结合空间艺术处理，创造一种新的视觉效果，南头 1820 数字展厅在追溯历史文化的同时更能传达出颇具魅力的情怀典雅，让人身临其境。

自步行街踱步进入，入门处就是通高 6 米的镂空顶部，明快清新的感觉会让游客有更想了解这座古镇的冲动。前厅采用开天窗的方式用光记录着当下时间的流逝，阵列的形式多了一些神圣庄严感，适当地保留并暴露原始建筑的肌理，使得新创意牢牢地与古城嵌在一起，整条路线以数字媒体艺术相互串联更加凸显现代感。

步入其中，在门厅空间中，设计团队深入剖析项目特性，结合空间特点，将原建筑的结构最大限度保留。原始柱梁的古朴与圆形天井洒下的光影，营造出别有洞天的趣味氛围，阐述着"天圆地方"的中国传统文化精神。

结合"数字媒体 + 传统文化"的投影室让我们看到了科技与文化设计结合的更多思路。观赏完沉浸式虚拟投影体验后，经过一个过渡空间，就来到了文化展示长厅，空间节奏充分体现了明快、趣味性。长厅展示着古城的生活形态，三个区域展示着古城的同样内容，却是用着不同的形态，从一个空间转入另一个空间，多维度地呈现南头古城历史的变迁与演化。

翰墨丹青若只印留在笔记本、书签等"文化周边产品"上，固然精美，终少了几分神韵。书画如此，摆品亦然。文物之所以成为文物，精选材料、精致雕工功不可没，但更重要的是它的精神内核，是它小小"身躯"之上所承载的文化底蕴。悬浮在半空中的文化长卷也在诉说着古城故事，墙上的立体墙绘，虚实变换间，仿佛画面中的人物，穿越时空走近参观者。

设计团队以科技展示和文创零售为核心，用巧妙的设计手法将数字媒体与传统文化通过空间的设计相结合，营造了科技、文创、传统文化相互交融的空间多样性。传统文化与现代的碰撞，每一个细节都是如此淋漓尽致。

A3.2.2　活力提升

1. 书香泊寓

古城原有居住密度是整个深圳平均居住密度的 15 倍，更新后的古城并没有将人口挤压到城市外围，而是配套了泊寓、民宿、酒店等多种产品，以形成生活功能的生态系统。1400 套左右的泊寓，结合古城整体风格，在房间及公区部分选材上沿用古城元素做衍生，并且与深圳书城联合打造"书香泊寓"，与小米家具合作提供智能设备选配，并和电信合作为所有房间提供百兆网络，提升古城内的居住体验。于闹市中，营造一处具有自然书香且优雅社交休闲体验空间，这是设计团队对书香泊寓项目的设计初衷。

进入门厅，贯通一二层的书架隔断映入眼帘。温馨宁静的原木色搭配灰色的水磨石，将古城的繁华喧闹从这一空间剥离开，留下一丝宁静自然，耐人寻味。前台的设计，以功能与东方美学相互结合的角度出发，从接待区的置物层板，到与前台贯通的洽谈吧台，以及茶室功能，考虑的是租客由了解租赁信息到深入洽谈签约和供给茶水的整体体验感。在满足客户功能需求的同时，利用现有结构进行优化与平衡，拆除楼梯靠大堂处墙体，以及局部楼板，利用格栅屏风的遮挡关系，在小空间内营造出极致的层次错落关系。二层空间延续着自然宁静的氛围，给人以茂盛森林的渴望，清新的格调，温暖而友善。秉承着"长时间使用"的生活原则，遵循"功能美学"的设计理念，注重功能，追求理性，讲究简洁明朗的用色。二层阶梯座椅的布置打破常规保守布局，突破限制，利用不规则切角造型与高低错落关系和异性阶梯座椅形式，营造出有趣而又静谧的社交休闲体验场景。地面水磨石的"旧"加上墙面天花木饰面的"新"，衬托出南头古城新旧结合的书香韵味。公寓整体硬装用色洁简，传统岭南文化花纹的瓷砖给空间带来朴实而又有着古城时代记忆的气息，搭配柔软的布艺沙发，营造时尚温馨的居室氛围。

2. 有熊酒店

南头古城有熊酒店位于南头古城中心区域。酒店从立项到开业历时两年有余，如恩设计研究室创始人郭锡恩与胡如珊以"城中村与繁华都市共存"为设计理念，将前身为一栋宿舍楼的建筑塑造出了集现当代设计语言于一体的南头古城有熊酒店。这一理念延续了南头古城的原生脉络，保留建筑原有的混凝土结构和部分使用痕迹，融入城市不间断的有机生长变化，赋予了旧建筑新的生命力。

南头古城有熊酒店总共九层，第一和第二层设置接待大堂和西餐厅，空间设计中将历史的斑驳沧桑以精心打造的方式呈现。客房集中在第三至第七层，共拥有11间客房，每间客房保留原始的结构与梁架，以南方街巷常见的折叠"铁帘幕"为灵感，作为客房隔断的设计语言。顶楼第八层是天台酒吧，第九层是休闲天台，在这里将城市天际线映射至内部，让客人体验到南头古城有熊酒店的与众不同。南头古城有熊酒店着力追求"体味城市记忆的原真与平和，创造日常生活的诗意与隽永"的质感。南头古城有熊酒店希望挖掘都市生活的另一面，让人们体会到不一样的深圳。

3. 报德广场

报德广场处于古城十字街中心，这里原是位于古城中心的一块小空场，20世纪70年代曾经作为南头公社的打谷场，广场附近有县衙遗址、报德祠等历史建筑。现状四周被不同时期建起的村民小楼密集环绕，中心还留有90年代建造的水磨石地面的篮球场。位于广场左右两侧是在前些年被拆除的建筑基地上见缝插针嵌入的两栋临时铁皮屋，作为临时的服装杂货市场和水果超市出租。经过与村民协调腾空拆除了这两个铁皮屋，作为置换在原址重新植入了两座临时建筑。除了补偿给村里同样面积的使用空间之外，两个建筑的顶部朝向广场逐级跌落，形成可以从广场步行上屋面的连续界面，建筑的屋面转化为可以观看篮球比赛以及广场文化活动的观众席。广场四周增加了树木，为夏天的室外场地提供树荫。朝向中山南街一侧建筑屋面再次跌落退台，形成面向街道的屋顶剧场，街道上和对面小公园里的日常生活尽收眼底。建筑的体量和外形也呼应了西面东莞会馆历史建筑组群的小尺度和丰富的屋顶轮廓。历史上城中村中的建筑物往往偏爱各种颜色和图案的面砖饰面，而广东佛山一带又是陶砖的原产地，于是选择整个建筑连同周边的广场铺设同一种定制陶砖，完整保留广场中间现状水磨石球场。在这里，东西两座小建筑的植入整合了广场边界并与之融为一体，沿街的布告栏也被融入进来，放大并立体延展了城中村里原本稀缺的公共空间，形成南头古城核心的交流共享场所。植入的这两个建筑在展览期间将会作为信息中心和书店以及展览和活动空间，未来希望作为书店以及文化中心持续服务于城中居民。

A3.2.3　创意新生

1. IF 工厂

IF 工厂原是一座占地面积约 2000 平方米的废弃工厂，也是古城中万科提出的多项改造工程中规模最大的一项。未来该工厂将通过引入文创商业、创意公司、驻地工作室和各类富有创造力和思考性的展览和活动，成为新创意的发生器和科技与设计结合的孵化平台。

主要改造措施是对旧建筑进行简单的清洗和翻新，使用新的透明涂料技术，并对旧结构进行抗老化处理。这保留了建筑物的历史痕迹，使由于建筑物残破状态而暴露的混凝土框架实现了可持续和循环利用。新办公室的外墙缩进框架内，形成与同事邂逅交流的外围阳台流线。外墙是玻璃的，而这些阳台的部分地板也采用玻璃砖，成为建筑的入口标识。

设计中最引人注目的部分是一个大型公共楼梯，由木板包裹的楼梯设计将其从其余部分的混凝土和玻璃设计中区分开来。该楼梯在建筑中雕刻出一条独特路径，从地面通到屋顶，在四层位置突出外立面。透过楼梯内置的窗户，人们可以瞥见办公室内的活动，从而实现了这个创意中心的通透感及其与南头社区生活的联系。在楼梯内部，镜面玻璃和充满活力的霓虹灯标牌让人联想起深圳城市化早期的视觉美感。

第三个改造措施是屋顶上的"绿色之家"。从楼梯出来，绿色的竹林景观映入眼帘，其中设置了各种便利设施和活动。"竹林迷宫"的设计在屋顶形成不同的功能分区，绿色功能区包括舞蹈室、餐厅、阅读室及许多其他用于休闲聚会的场地。

IF工厂的设计在为深圳创意发展愿景作出贡献的同时，也保持了与南头居民的亲近，满足他们的需求，并保留了这里的历史。同时还为建筑设计了临时的帆布立面，以便在施工过程中使用。临时立面展示了建筑完工后的外观，并采用大拉链设计，拉开帆布可通往底层。临时立面一旦不再需要，该帆布将被回收并制作为手提袋，使这种临时措施成为配合该项目循环经济考虑的另一个要素。

2. 杂交楼

杂交楼位于中山南街与东街的转角处，五栋高低不同、风格各异的楼房紧紧簇拥在一起，新旧共存，肆意生长。不同于南街大部分建筑被一次性更新后的清新面相，它并不给南头补写历史或涂饰风情，而是保存了现有建筑的复杂、矛盾与冲突。经过内部雕镂贯通，外部重新形塑，经年的加建改造、材料更替被记录，顶部还并置了一直一曲、一实一虚的新体量，隐藏了一个屋顶小园。杂交楼是南头"城市共生"进化模式的实验，展示了保留历史层积、叠加而非替代的渐进更新策略。通过建筑体量的杂交，屋顶的形体变异，回应高低错落的城中村环境，而建筑材料的拼贴杂交，则呼应了复杂多变的城中村环境。

3. 植物楼

南头古城植物楼始建于20世纪80年代，位于中山南街中段口袋公园东侧。首层为临街商铺，二层以上为业主自宅。植物楼具有城中村建筑非常普遍的砖混结构与水刷石外立面，是古城内最为典型的居民楼之一，因其业主种植在露台上的丰富植栽显现出"万楼丛中一方绿"的独特气质。

为了重新构建室内外空间的相互延伸及与街巷的互动关系，方案设计摒弃了传统临街铺面平整的形象，采用直径350毫米的弧形玻璃连贯地包裹首层空间，以通透性与互动性的界面制造出与周边的戏剧性差异，同时将室内空间与古城街区重新链接起来。

在改造设计中最具有意义的不单单是保留二层以上的建筑，而是让原业主一直以来的生活空间与生活方式及对花草植物的喜爱可以延续而没有"被"改变，这种近乎"无设计"的设计行为反而强化了建筑屋顶一方植物花园的特性。为高密度的城中村贡献了唯一一处空中森林秘境，让它变得弥足珍贵。

竖向上二三层郁郁葱葱自由生长的各色植被与一层通透纯净的弧形玻璃相叠加。临街巷公共开放的空间呈现的整体性与通透性与二层生活的私密性通过一道横向的水刷石檐板分开。视觉上的浑厚体量感强调了首层入口的通道与建筑边界，同时满足遮阳挡雨的需求。

南头古城的更新改造描绘了深圳各个历史阶段丰富多样的城市生活和文化内涵，展示出历史古城和当代城市的发展脉络，植物楼在同质的建筑与城市类型中找到了属于自己的身份认同与记忆。它是楼与园的并置，又是不同年代时期的建筑空间与功能的拼贴，也是新旧材料与建造方式的一种对话。未来一层初期作为文化艺术展示空间融入古城街巷，二层展现出的却是一幅大隐隐于市、藏于园的城市生活共生画面，这种多元景致的呈现恰恰反映出此次古城更新的包容与共享。

附录4 从千年丛林到时尚地标
——成都太古里更新案例

　　成都远洋太古里位于红星路商圈，毗邻有"百年金街"美名的春熙路。项目北至蜀都大道大慈寺路，西抵中纱帽街并由地下商业街延伸至红星路，南邻东、西糠市街并由写字楼延伸至东大街，东达东顺城南街，围合占地面积达 7 万平方米，项目总建筑面积逾 27 万平方米，包含约 11.6 万平方米的开放式购物中心、3.5 万平方米的精品酒店博舍、12.1 万平方米的甲级写字楼睿东中心三部分，由远洋地产及太古地产联合开发。

A4.1　太古里的前世今生

　　远洋太古里的特殊之处在于其一街之隔就是大慈寺历史文化保护区的核心保护区域，怎样在商业开发及历史文化保护中寻求兼容及平衡，是项目打造之初就面临的课题及挑战。大慈寺片区从 2002 年旧改开始，再到 2014 年远洋太古里项目正式开街，经历了 12 年的曲折蝶变。在完整保留了大慈寺及广东会馆、马家巷禅院、章华里庭院等历史文保建筑并巧妙植入全新功能、时尚元素以外，整个改造项目还利用青瓦坡屋顶、格栅的"川西建筑"风貌及里巷街坊的景观布局形式，来呼应成都延续千年的细碎绵密的城市肌理，并为高密化的城市中心提供了一处独一无二的"文化慢空间"。

A4.1.1　千年丛林大慈寺

1. 兴建

　　大慈寺又叫大圣慈寺，是唐宋时期成都最大佛教寺院，也是当时成都唯一一座由唐皇亲自敕建的寺庙。始建于魏晋时期^①，大唐时期得到发展，距今已有 1600 年历史。唐天宝十四年（755）暴发安史之乱，天宝十五年（756）七月，玄宗避难至成都，史称"玄宗幸蜀"。据《佛祖统记》载：当时，玄宗见沙门英斡施粥救贫，便敕建大慈寺。兴建大慈寺是玄宗在国难时期的一项重大文化、宗教活动，也是安抚蜀人的重大措施之一，由于有唐玄宗御书匾额，又赐田千亩，这也让大慈寺在唐宋时期获得世俗最高权力的庇护，近乎有着皇家寺院的派头和人气，高僧辈出，名僧玄奘法师曾在此寺受戒、讲学。

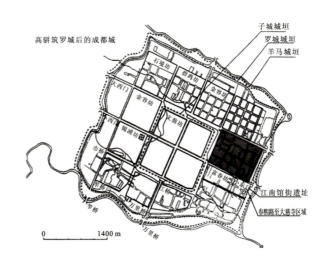

图 A4.1
唐末时期成都城及大慈寺位置

资料来源：曾月、崔珩：《历史文化变迁与城市发展之间的关系研究——以成都市大慈寺街区为例》，《绿色科技》2021 年第 23 期。

2. 繁荣

大慈寺在唐代扩建后，建筑宏伟，气势恢宏，是中国寺庙里佛殿最多、建筑精美绝伦的寺庙。极盛时期寺内有 96 院、8500 间房舍，僧侣 2 万余人，被时人描述为"宏阔壮丽、千拱万栋"。822 年，高僧知玄讲经于普贤阁下，听众每日达万余人，号称"震旦第一丛林"。

大慈寺佛教文化深厚，是唐宋成都的文化艺术中心，其建筑、

---

① 宋代普济《五灯会元》中记载了魏晋时期，印度名僧宝掌一路东游至成都时就于大慈寺暂居。

壁画、碑刻、宝藏的数量和规模等都曾是当时数一数二的，有由画圣吴道子、前蜀画家李升、后蜀黄荃、北宋文与可等67名画家所作的精品壁画、佛画，据李之纯《大圣慈寺画记》中记载，大慈寺内的佛教绘画共计13996幅。

大慈寺商业积淀厚重，是成都商业最中心，鼎盛时期的大慈寺凭借其优越的地理位置成为当时繁华的商贸中心，唐宋时期成都集市规模完备，每月都有大型集市，如正月灯市、二月花市……直至十二月桃符市，而大慈寺及周边是这些集市集聚度较高的地方之一，商贾、民间艺人、杂耍等各行各业人士都汇聚于此进行交易或献才卖艺。夜市也盛况空前，每年七夕，大慈寺的夜晚人山人海、灯火辉煌，以至后来的东大街、盐市口夜市也是大慈寺夜市的延伸。

3. 变迁

唐宋以后，大慈寺逐渐走向衰亡，文物灰劫，香火不旺。尤其是明末，张献忠攻占成都取得胜利，为报此前大慈寺和尚追杀之仇，放火将大慈寺烧了四天五夜，寺庙化为灰烬，所存珍宝碑石、书法也被付之一炬。清康熙年间，又重建大慈寺，其规模仅40余亩。

1958年，市政道路改造，大慈寺周围磨坊街、油篓街、棉花街等许多街道消失，且其占地变小；1981年，大慈寺被列入成都市文物保护单位；1983年，改建大慈寺为成都市博物馆；2004年4月，大慈寺重光，正式恢复对外开放；2005年6月25日，大恩大和尚荣膺成都大慈寺中兴第一代方丈。2016年，成都市规划局划定了大慈寺保护片区范围——风貌协调区、历史文化环境保护区和大慈寺核心保护区。

从两千年前的古蜀之地的文化商业中心到如今践行公园城市理念下的城市商业地标，大慈寺以其"城市中心之魂"见证了历史的变迁、承载了城市未来新篇章。

A4.1.2　烟火生活的庙市与街巷

1. "寺"与"市"的链接

一般寺庙名刹都远避红尘，而大慈寺却身处闹市，不仅佛法兴盛、香火鼎盛，而且商业繁荣、市场活跃。从唐宋时期开始，大慈寺的这种"庙市合一"的城市功能形态就一直延续至今，一直承载着宗教文化与市井文化、佛教教化与世俗活动的链接与交融。随着城市的发展，大慈寺对于周边的文化、经济、休闲和辐射影响力也逐渐缩小，但在历史中形成的"寺市合一"的状态仍旧潜移默化影响着新商业格局。

自唐代以来，大慈寺就是成都最引人瞩目的名胜，百姓渐渐形成了在传统节日到大慈寺中游乐祈福的习俗。当时的大慈寺因规模大、名声显赫、有珍器名画等而深受百姓和士大夫们青睐。寺前是大集市，古时每月都有专业性集市，各种交易琳琅满目，其中最著名的要数二月的蚕市、五月的药市、冬月的七宝市等。宋代词人张仲殊在《望江南》词中这样写道："成都好，蚕市趁遨游。"可见当时蚕市的兴旺繁华。

2. "街"与"巷"的交织

大慈寺街区的主要街道包括和尚街、玉成街、笔帖式街、章华里、马家巷、字库巷、大慈寺街、东顺城街、北糠市街、西糠市街、东糠市街等，多源自大慈寺曾经的庙产或清朝政府衙署设置。街巷的组合形成了以大慈寺为核心的发展格局，寺庙的兴盛为街巷的生长提供充足条件，寺外市场的繁荣为街区发展增添活力，佛教文化以街巷为生长线、商业文化以街区为生长细胞不断延展。

大慈寺无论是在成都宗教史上，还是在成都商业和民俗文化上，曾经都扮演过极为重要的角色。

A4.1.3　潮流时尚太古里

项目从 2008 年就开始进行规划设计，以"最好的商业一定是对于所处区域历史文化传承而不是破坏"为理念，太古里团队梳理成都、大慈历史与商业基因，将街区式商业与成都本地文化、历史和周边人群深入融合。对于青瓦坡屋顶设计整体遵照川西建筑历史传承，又采用了玻璃立面的现代化商业元素，打破对于街区过于仿古氛围的营造。在取得开发权之后，远洋负责拿地建设、太古负责设计招商运营，双方各自发挥优势，在以下四方面进行深度探索：

一是浓缩成都独特城市性格的设计理念：成都远洋太古里以"快耍慢活"为核心理念打造，"慢"是成都人的生活态度和文化底蕴，"快"则是他们追求时尚、同步国际的潮流范儿。开放式空间满足了成都人"爱逛街"的习惯和对户外休闲的喜好，"快耍慢活"的口号则回应了他们的语言和生活习性。

二是历史与现代的文明碰撞：以"规划长远、因地制宜"为理念，成都远洋太古里将购物中心的商业性与古寺的历史性相融合，对大慈寺及包括广东会馆、欣庐在内的六座保留院落和建筑，结合现代商业调性，塑造出成都独特的城市商业面貌。

三是回归人群舒适性的动线尺度和规划尺度：糅合近人尺度理论和街道美学尺度理论，成都远洋太古里采取街巷、退台、广场和庭院空间的方式完成对于街区整尺度和商铺动线的把控。

四是"造商"理念取代"招商"理念：比起一般购物中心只是主力店先行，太古里招商周期明显要长许多，因为太古招商团队不是招商而是造商，在品牌店铺能级、经营理念、店铺装修设计、推广活动等多方面对租户进行引导，并配合商户完成很多额外的条件。

历时七年时间，太古里购物中心于2014年11月2日开始试运营。毗邻历史悠久的大慈寺，接壤人潮涌动的春熙路商业区，项目是一座开放式、低密度的街区形态购物中心，以极其现代的手法演绎传统建筑风格，与散落其间的六栋保留院落和建筑，及历史性的街道交相辉映、相得益彰。国际视野与创新设计理念，使成都中心的市井风貌得以重现，同时又为这个传统商圈注入了新的生机。众多国际化的时尚零售、餐饮、文化品牌，带来"快耍"与"慢活"的双重生活体验。

A4.2　历史的保留和新生

对街区历史记忆脉络以及重要历史建筑进行系统整理，以"如何保留和融合遗存，又如何展现新的面貌和生活"为基础思考，基于少拆多改，注重传承，采取留、改建相结合的原则，注重对区域内保留至今的大慈古刹及广东会馆等极具韵味的历史建筑进行细致修复，并进行空间再造和功能转换，融合新业态培育新动能，既保留历史价值，又凸显现实意义；同时遵照川西建筑历史风格，在延续和保留其历史文化价值的前提下，融入玻璃立面的现代化商业元素，打造川西建筑与国际时尚交相辉映的地标封面形象，探索了一条传统建筑的现代新生和现代城市中传统建筑有机活化的路子。

A4.2.1　大慈寺——城市香火与茶馆生活的保留

历史文化、城市记忆的留存在与城市开发相遇时，如何保存丰富的历史遗存，并借由历史文化基因和地方生活沉淀演绎出新旧有别的鲜活的都市体验和生活内容，成为更新开发的要义。

大慈寺区域比邻太古里，不同于依山傍水而建的传统寺庙，它是屹立在繁华都市之处却遗世独立的存在，颇具大隐隐于市的超然。更新后的大慈寺古刹内保留着传统的宗教活动，自大唐而起并绵延千年的香火依然鼎盛，常年游客如梭。距今约有1200年历史的禅茶堂老茶馆也得以完整保留，并在时光的沉淀中焕发新生。

如今的禅茶堂是一栋四合院小楼，保留着古色古香的陈设和传统的喝茶方式。其独特的茶禅一味，与街边茶馆泡出的市井烟火、公园茶馆冲出的悠然自得共同构筑了成都的茶馆文化精髓和市民生活方式。可以说，大慈寺的场地规模、城市中心的地理位置、千年古刹的历史渊源以及独特闲逸的茶馆生活方式，赋予其无可厚非的城市中心功能及使命，而其对城市香火和禅茶空间的完整保留，也凸显着成都这座城市多元而富有魅力的城市气质和文化韵味。

如今，在喧嚣繁华的城市中心，大慈寺和太古里是一堵红墙内外的宁静与喧嚣、神圣与世俗、一方净土和万丈红尘，以及香火市井和车水马龙的一体两面。耳边的梵音绕梁与目之所及的茶味百态，碰撞出一种特别的艺术张力，不断丰富着人们对文化资产的体验和历史环境的认知。

A4.2.2　广州会馆——传统建筑与当代展演

历史建筑是一座城市无法复制的"活的记忆"，太古里的大慈寺、传统建筑、庭院和巷里的岁月痕迹与人情棱角被精心修复并编排成新的街景地貌，配合现代店面的时尚靓丽一同融入拥有千年历史的成都脉络当中。其间，在众多修复建筑中最出色的当数广东会馆。

广东会馆又名南华宫，始建于民国初年，是成都地区的广东人曾经聚会耍乐、观看粤剧的公众会堂。会馆呈由门房、东厢房、西厢房和戏楼围合而成的四合院格局，兼具川西及岭南建筑风格，屋顶宽大、立柱粗壮而样式简朴。会馆宽广的门庭体现着开放及公共利民性质，大门两旁的砖墙镶嵌着描述中国传说与故事的精雕石刻，昭示着其历史的厚重与深远，也凸显着建筑的深度。传统庭院内是一番别有洞天，一重重不同的空间将公共空间转变为较隐蔽、神秘的内房。

太古里项目的开发最大化保留并发挥了广东会馆的公共开放及聚会交流功能，并紧扣成都市民的公共生活，以及现代艺术，成为可举办中国戏曲、歌剧、时装表演、音乐艺术表演、文化艺术展示等各类文化展览和社区活动的多功能活动场地。作为太古里的主入口之一，广东会馆的原址保留和修缮更新使其从历史的烟尘中走出来，在众多历史建筑的修复中脱颖而出，变身为历经时间洗礼的艺术府邸，成为当代文化、潮流和灵感的思想汇聚的新空间，以及时尚潮玩、街拍的重要取景地之一，在延续城市历史和文脉的同时演绎着时尚的风采与魅力，真正实现了承载着厚重文化的传统建筑"活在当下"。

A4.2.3　川西建筑与国际时尚

秉持"以现代诠释传统"的设计理念，将成都的文化精神注入建筑群落之中，在古老街巷与历史建筑之中，融入25栋二至三层的独栋建筑，以小青瓦坡屋顶、穿斗木结构、方格白粉墙等川西民居特征为主，整体形成川西民居质朴素雅而又开敞自由的建筑风格。每个单体装饰有大面积的玻璃幕墙，同时配以丰富的灯光，让入驻的高端品牌得以临街展示，既有世界顶级奢侈品时尚前卫的橱窗，也有独具风格时装店的新颖。并且，将现代中式建筑与毗邻古迹的风格进行高度统一，二层连廊让独栋建筑彼此相互连通，形成很好的观光休闲平台，同时可以为一层遮风挡雨。步入太古里街区，感受新建筑和老房子交织错落之感，一边是沉静大气的千年古刹大慈寺，一边是厚重的传统川西建筑，一边是前卫的国际时尚品牌，历史的古韵、人文的雅致、艺术的光辉和街巷的购物休闲氛围交融碰撞，创新展现古蜀文化的传承与现代国际时尚气质相融共生的魅力。

采用都市设计和营商设计双手法，旨在传承并发扬川西建筑文化，同时也满足都市商户的时尚个性化需求。在建筑色彩的处理上，通过黑、白、灰不同位置、面积、明度的对比，形成了色彩层次丰富、古典雅致的艺术效果，极具本土特色，实现文化传承和艺术表现的双重目的；利用淡雅的深灰色调形成大面积灰色坡屋顶，显示出川西民居朴实的自然美，极具质感，同时，灰色屋顶与寺庙红色墙壁形成鲜明的对比，别具一格；大部分临街建筑由大面积玻璃橱窗构成，夜晚在灯光氛围的渲染下，展现出街区独有的流光溢彩。在传统建筑符号提炼与时尚表达上，运用钢结构来模拟川西民居传统的木结构，以此来展现川西民居的简约轻盈，同时沿用了穿斗结构、砖墙、粉墙、骑楼、花窗等传统建筑中的表现形式，进行了部分抽象变形，在屋顶特色塑造上，将传统的曲线屋顶转化为现代简约的硬朗形式，但屋顶的角度和大挑檐却保持了川西建筑的突出特点；针对山墙面的处理，通过对传统穿斗结构进行提炼，同时融入玻璃橱窗线条框架元素，来彰显古典与时尚结合的建筑气质。

A4.3　时尚潮流消费地标构建

成都远洋太古里引入了"快里""慢里"概念，在布局上呈 U 形分布。外圈为"快里"，由三条购物街道构成，众多国际品牌以独栋或复式店铺展示旗舰形象，为成都人提供畅"快"淋漓的逛街享受。

内圈为"慢里"，是围绕大慈寺打造的"慢"生活里巷。这里林立着茶房、餐厅和生活方式店铺，人们可在此徜徉、歇息，欣赏街区中的红墙黛瓦和艺术作品。

"中里"在布局上作为二者的过度与连接，已逐渐形成高端护肤、品质生活、格调零售等国际时尚品牌集聚的区域。

A4.3.1　快里与标杆业态

太古里快里在地理位置上指纱帽街东侧和东西 / 南北项的主要商业步行街，以奢侈品牌、时尚首店及广场为主。广场的周边主要分布更为活跃热闹的因素，比如表演空间、户外餐饮、户外商业摊档等，希冀访客在同一空间中分享丰富多元的户外公共资产。除了古驰、范思哲和蒂芙尼等为大众熟知的奢侈品牌，远洋太古里还引进了 Maison Margiela 和 Issey Miyake 等在国内时尚圈子里已经建立起口碑的设计师品牌。与此同时，露天广场大范围的空地为品牌提供了快闪店的空间，不少奢侈品牌在后疫情时代将成都作为北京和上海之外举办活动的首选。还有时尚个性的 Pop-Up Store 的独特呈现，也吸引了越来越多头部品牌的青睐。

远洋太古里的爱马仕，是爱马仕在西南地区开设的首家旗舰店。这里除了售卖爱马仕的包、成衣、丝巾与配饰等，还会销售一些爱马仕与成都联名的产品。

远洋太古里的这家纪梵希，同样是一家旗舰店，是继巴黎之后开幕的全球第二家纪梵希概念店，拥有全球独一无二的设计理念。

2022 年 1 月 21 日，正值 LV 进入中国市场 30 周年，在这样一个具有里程碑意义的时刻，品牌在成都太古里开出中国内地第三个路易威登之家，既是庆祝，也展现了对中国市场（尤其是成都和西部市场）的重视。

成都太古里的开放广场体系也为街区式商业提供了一个典范。首先，太古通过规划三大节点广场组成太古里的视线终点，每个开放广场都有围合的建筑立面，更有聚集感。同时利用广场空间举办品牌快闪、节日活动等，致敬传统庙会集市，唤起百姓对传统节日的记忆。这是大盒子购物中心不具备的空间效应，也是太古里独具一格的特色。

图 A4.2
太古里爱马仕店与纪梵希店

资料来源：作者拍摄。

图 A4.3
太古里路易威登店

资料来源：作者拍摄。

2020 年，几个重要奢侈品牌的快闪活动在太古里广场的举行，已经给成都高端零售提供了背书。爱马仕全球首个健身馆亮相成都远洋太古里，开启了全球首站"爱马仕运动"快闪活动，为此，品牌专门搭建了一座健身馆"HermèsFit"。迪奥在成都远洋太古里漫广场，倾情举办 DIOR CHEZ MOI 限时精品店开幕酒会，呈献由女装创意总监玛丽亚·嘉茜娅·蔻丽匠心设计的 2021 秋季 CHEZ MOI 系列。

在以国内大循环为主体、国内国际双循环相互促进的新发展格局下，成都城市角色的确立加速了头部奢侈品牌在成都进一步拓展的速度。对内，能够调动本地消费市场的活力，辐射到整个西部乃至全国的消费者；对外，国际品牌是非常好的宣传媒介，它们可以帮助成都向全球市场和其他新进品牌进一步了解和展现中国零售市场的活跃度、韧性和极大潜力。如果说成都是奢侈品牌进入西南市场的切口，那么成都远洋太古里则是成都本土市场的一个切口。在成都走向国际化城市的道路上，成都远洋太古里就像纽带或者窗口，起到了"起承转合"的作用。

A4.3.2　中里时尚潮牌

传统的单一线下消费模式逐渐受到电商的挑战，而太古里作为成都时尚消费的标杆性项目，将都市潮流生活融入项目的打造及运营中，拓宽商业模式，丰富消费体验，形成商业活力永续助推良策。

太古里在业态选择上，不断引入凸显时尚生活理念的商业品牌，通过品牌文化展示，注入新鲜创意体验。以 A FEW GOOD KIDS、A BATHING APE、GENTLE MONSTER 等为代表的潮流品牌入驻，以门店为中心形成文化社群，开展各类交流活动，提升客群黏性；Byredo、Diptyque、Drivepro 等品牌则以其或独特新潮或美妙艺术的品牌调性，实现生活方式与商业经营的捆绑结合，深入加强与消费者的情感连接。

在活动营造上，充分利用公共空间，以多元化的载体形式，丰富太古里文化。一是联合入驻商家、专业策展团队等在漫广场不定期举办各种艺术展演式主题活动，如"我有6个龙门阵""声临其境""留步·放想"等，将日常生活在场域氛围及文化意涵上予以呼应，创造多元感官体验场景，提升消费者融入感。二是打造 POP-UP Store 快闪店，通过构建开放易进入的空间，融入艺术、文化等元素，为消费者营造沉浸式体验氛围，进行品牌文化与风格调性输出，提升消费者时尚潮流生活感知。

A4.3.3　慢里与生活旅居

有别于其余商业综合体，体验"快耍慢活"双重生活是太古里一入市就提出的打造理念。随着快里慢里的打造，"快耍慢活"有了更具象化的表达。围绕大慈寺的慢生活，在跨越千载历史的红墙、竹屏、街景中，太古里不仅沉淀了独特的人文艺术，同时也融汇了各国美馔珍馐和生活美学，为人们提供了前所未有的全新生活体验。

整体上，除零售占比 60% 外，最大的业态实属餐饮，其占比约为 20%，引入了兼有料理售卖区的无印良品"世界旗舰店"、中国第三家星巴克金质服务标准的"黑围裙"咖啡大师店铺，以及大德会席、蓝蛙等全球美食和鼎泰丰、翠园等中式美食品牌。生活休闲娱乐约占 10%，主要包括负一层的方所、百丽宫影城等首次进入成都的品牌。

无印良品中国第一家世界旗舰店便是成都太古里旗舰店，于 2014 年 12 月 12 日开业，占地 3016 平方米，共计四层。无印良品太古里店以探求属于中国的"感觉良好的生活"为主题，把艺术与卖场融合到一起，展现品牌对于生活纯粹之美的追求。该店还进驻了中国内地首家 Café & Meal MUJI 素食料理餐厅及 IDéE 首家标志性海外店铺。

方所成都店是继广州之后的第二家方所。4000 平方米的庞大书店，8 米的挑高，37 根造型迥异的立柱，构成了这个以书店为基础，同时涵盖美学生活、植物、服饰、展览空间、文化讲座与咖啡的文化生活综合体。在书店外部玻璃门上，写着一句话：是一座伟大城市的智慧与浪漫。四川人生活闲适，喜爱交流，因此方所里随处可以看书的小空间和咖啡交流的场所，对应的就是四川人"窝"和"摆"的生活态度。

博舍酒店作为旅居生活豪华酒店代表，当选了"Travel + Leisure"2018 世界旅行奖"亚洲十佳城市酒店"榜单之首及世界百强酒店排名第 8 位，这也是中国唯一一家上榜酒店品牌。这家拥有 100 间客房及 42 间服务式公寓的豪华酒店，为太古酒店旗下豪华酒店品牌 The House Collective 系列的其中一员。它以匠心独运的手工及精致的修缮，将清雅的传统中式庭园（酒店大厅）与现代摩登建筑（酒店主楼）完美融合，创造了复杂新颖、分成不同层次的现代生活空间。

如今的太古里更像是成都的一个窗口，吸纳着来自世界各地的业态与文化，也向世界展示着自己的城市风貌。包罗万象却又独一无二，太古里引领着这座城市的精神状态、价值取向、社会情绪和生活方式。

参考文献

［1］包亚明：《城市更新的理念及其思考》，《探索与争鸣》2016 年第 12 期。

［2］包亚明：《城市更新的理念及其思考》，《探索与争鸣》2016 年第 12 期。

［3］曹仁宇、窦杉：《城市空间中的模糊场所研究》，《中外建筑》2013 年第 11 期。

［4］曾月、崔珩：《历史文化变迁与城市发展之间的关系研究——以成都市大慈寺街区为例》，《绿色科技》2021 年第 23 期。

［5］陈青长：《浅谈田子坊的再生模式》，《中外建筑》2012 年第 3 期。

［6］崔国：《资本掠城的工具》，《城市中国》2022 年第 1 期。

［7］董玛力、陈田、王丽艳：《西方城市更新发展历程和政策演变》，《人文地理》2009 年第 5 期。

［8］冯浩：《近代历史条件下的浦东民居研究》，上海交通大学，2007 年。

［9］葛岩、关烨、聂梦遥：《上海城市更新的政策演进特征与创新探讨》，《上海城市规划》2017 年第 5 期。

［10］贡坚：《张家花园——一份关于上海传统城市居住形态的调查报告及思考》，同济大学，2005 年。

［11］管娟、郭玖玖：《上海中心城区城市更新机制演进研究——以新天地、8 号桥和田子坊为例》，《上海城市规划》2011 年第 4 期。

［12］黄琪：《近代上海工业建筑保护和再利用》，同济大学，2007 年。

［13］卡斯滕·波尔松：《人本城市——欧洲城市更新理论与实践》，中国建筑工业出版社 2021 年版。

［14］李爱民、袁浚：《国外城市更新实践及启示》，《中国经贸导刊》2018 年第 27 期。

［15］李浩：《首都北京第一版城市总体规划的历史考察——1953 年〈改建与扩建北京市规划草案〉评述》，《城市规划学刊》2021 年第 4 期。

［16］梁庄艾伦：《艾略特·哈沙德：一位美国建筑师在民国上海》，《建筑师》2017 年第 3 期。

［17］林小峰、赵婷：《城市发展历史长河的美丽浪花——韩国首尔清溪川景观复原工程》，《园林》2012 年第 1 期。

［18］刘伯霞、刘杰、王田、程婷：《国外城市更新理论与实践及其启示》，《中国名城》2022 年第 1 期。

［19］刘宇、赵继伟、赵莉：《屋面与装饰工程施工》，北京理工大学出版社 2018 年版。

［20］卢永毅、钱宗灏、李燕宁、时筠仑：《张园历史街区的昨天与今天》，同济大学出版社 2018 年版。

［21］卢永毅等：《张园地区历史建筑研究》，同济大学，2015 年。

［22］莫霞：《城市设计与更新实践：探索上海卓越全球城市发展之路》，《中华建设》2021 年第 11 期。

［23］牟燕川：《巴尔的摩内港：城市滨水区复兴的典范》，《国际城市规划》，2017 年。

［24］彭显耿、叶林：《城市更新：广义框架与中国图式》，《探索与争鸣》2021 年第 11 期。

［25］邱笑羽、曹永康、周铭迪、郑思宇：《混合社区理念指导下的石库门里弄保护与更新策略研究——以东斯文里为例》，《建筑与文化》2019 年第 3 期。

［26］曲蕾：《旧城绅士化过程中的城市管理策略》，《城市与区域规划研究》2010 年第 1 期。

［27］沙里宁：《城市：它的发展衰败与未来》，中国建筑工业出版社 1986 年版。

［28］上海档案馆藏：《上海公共租界工部局地价表》，档案号：U-1-1023、1044。

［29］上海市规土局、规划院编：《城市有机更新——上海在行动 2015》，2015 年。

［30］上海住宅建设志编纂委员会编：《上海住宅建设志》，上海社会科学院出版社 1998 年版。

［31］《上海城市规划志》编纂委员会：《上海城市规划志》，上海社会科学院出版社 1999 年版。

［32］时筠仑、李振东：《张园地区历史建筑研究》，《中国房地产业》2017 年第 11 期。

［33］谭俊杰、常江、谢涤湘：《广州市恩宁路永庆坊微改造探索》，《规划师》2018 年第 8 期。

［34］唐英、王寿宝：《建筑构造学》，商务印书馆，1936 年。

［35］万勇：《上海旧区改造的历史演进、主要探索和发展导向》，《城市发展研究》2009 年第 1 期。

［36］汪胡桢：《中国土木工程师手册 B. 土木手册》，商务印书馆 1944 年版。

［37］王萍：《上海石库门旧里改造的探索与实践》，《上海建设科技》2012 年第 6 期。

［38］吴晨、丁霓：《国王十字中心区发展规划与伦敦城市复兴》，《北京规划建设》2017 年第 1 期。

［39］吴嫣：《20 世纪上半叶北京上海两地居住形态比较研究》，同济大学，2003 年。

［40］谢涤湘、常江：《我国城市更新中的绅士化研究述评》，《规划师》2015 年第 9 期。

［41］忻隽：《衡山路—复兴路历史文化风貌区发展定位与策略思考》，《上海城市规划》2018 年第 3 期。

［42］徐苏斌、青木信夫：《工业遗产的绿色转型思考》，《中国文化遗产》2022 年第 3 期。

［43］徐鑫堂：《经济住宅》，徐鑫堂建筑工程师事务所 1933 年版。

［44］许璇：《上海"365 危棚简屋"改造的历史演进及经验启示》，《上海党史与党建》2015 年第 9 期。

［45］雅各布斯：《美国大城市的死与生》，译林出版社 2020 年版。

［46］张庭伟：《滨水地区的规划和开发》，《城市规划》1999 年第 2 期。

［47］张庭伟：《从城市更新理论看理论溯源及范式转移》，《城市规划学刊》2020 年第 1 期。

［48］章明、张姿、秦曙：《锚固与游离——上海杨浦滨江公共空间一期》，《时代建筑》2017 年第 1 期。

［49］郑时龄：《上海的城市更新与历史建筑保护》，《中国科学院院刊》2017 年第 7 期。

［50］朱晓明、古小英：《上海石库门里弄保护与更新的 4 类案例评析》，《住宅科技》2010 年第 6 期。

［51］朱正威：《科学认识城市更新的内涵、功能与目标》，《国家治理》2021 年第 47 期。

［52］Ache, P., H. J. Bremm and K. R. Kunzmann, 1990, "The Single European Market: Possible Impacts on Spatial Structures of the Federal Republic of Germany", IRPUD, University of Dortmund, Dortmund.

［53］Adair, A., J. Berry, S.McGreal and A.Quinn, 2002, "Factors Affecting The Level And Form of Private Investment in Regeneration", Report to Office of the Deputy Prime Minister, London.

［54］Adams, D., and E. M. Hastings, 2001, "Urban renewal in Hong Kong: Transition from Development Corporation to Renewal Authority", *Land Use Policy*, 18(3), 245—258.

［55］Adedeji, Joseph A. and Olatunde Arayela, 2018, "Urban Renewal Strategies and Economic Growth in Ondo State, Nigeria: a Case Study", *Journal of Contemporary Urban Affairs*, vol. 2, no. 1.

［56］Balchin, P. N. and G. H. Bull, 1987, *Regional and Urban Economics*, Harpercollins.

［57］Barreca, A., K. Clay and J. Tarr, 2014, "Coal, Smoke, and Death: Bituminous Coal and American Home Heating", IZA Discussion Paper No. 7987.

［58］Bromley, R., M. Hall and C. Thomas, 2003, "The Impact of Environmental Improvements on Town Centre Regeneration", *Town Planning Review*, 74(2), 143—165.

［59］Browne, H., 1974, *Joseph Chamberlain, Radical and Imperialist*, Addison-Wesley Longman Limited.

［60］Brundtland, G. H., and M. Khalid, 1987, *Our Common Future*, Oxford University Press, Oxford, GB.

［61］Castells, M., 2000, "Globalisation, Identity and the State", *Social Dynamics*, 26(1), 5—17.

［62］Castells, M., 2000, "Urban Sustainability in the Information Age", *City*, 4(1), 118—122.

［63］Chan, E. H., and E. H. Yung, 2004, "Is the Development Control Legal Framework Conducive to a Sustainable Dense Urban Development in Hong Kong?" *Habitat International*, 28(3), 409—426.

［64］Chen, S., P. Oliva and P. Zhang, 2017, "The Effect of Air Pollution on Migration: Evidence from China", National Bureau of Economic Research.

［65］Collins, William J., and Katharine L. Shester, 2013, "Slum Clearance and Urban Renewal in the United States", *American Economic Journal: Applied Economics*, 5 (1): 239—273.

［66］Commission, O. I. C. E. 2007, "Our Shared Future", Commission on Integration and Cohesion.

［67］Couch, C., O. Sykes and M. Cocks, 2013, *The Changing Context of Urban Regeneration in North West Europe*, Routledge.

[68] Couch, C., O. Sykes and W. Börstinghaus, 2011, "Thirty Years of Urban Regeneration in Britain, Germany and France: The Importance of Context and Path Dependency", *Progress in Planning*, 75(1), 1—52.

[69] Couch, C., 1990, *Urban Renewal: Theory and Practice*, Macmillan International Higher Education.

[70] Diamond, J. and J. Liddle, 2013, *Management of Regeneration: Choices, Challenges and Dilemmas*, Routledge.

[71] Donnison, D., 1993, "Agenda for the Future", in Campell McConnell (Ed.), *Trickle Down on Bubble Up*, London: Community Development Foundation, cited in İstanbul'un Eylem Planlamasına Yönelik Mekânsal Gelişme Stratejileri: Araştırma Ve Model Geliştirme Çalışması, Bölüm, 1, 2005.

[72] Ebenstein, A., V. Lavy and S. Roth, 2016, "The Long-Run Economic Consequences of High-Stakes Examinations: Evidence from Transitory Variation in Pollution", *American Economic Journal Applied Economics*, 8(4), 36–65.

[73] Ercan, M. A., 2011, "Challenges and Conflicts in Achieving Sustainable Communities in Historic Neighbourhoods of Istanbul", *Habitat International*, 35(2), 295—306.

[74] Fainstein, S. S., 1994, *The City Builders: Property, Politics, and Planning in London and New York*, Blackwell Oxford.

[75] Fothergill, S. and G. Gudgin, 1982, *Unequal growth: Urban and regional Employment Change in the UK*, Heinemann Educational Publishers.

[76] Fothergill, S., M. Kitson and S. Monk, 1983, *Industrial Land Availability in Cities, Towns and Rural Areas*, University of Cambridge, Department of Land Economy.

[77] Fowler, E. P., 1992, *Building Cities That Work*, McGill-Queen's Press-MQUP.

[78] Giles-Corti, B., A. Vernez-Moudon, R. Reis, G. Turrell, A. L. Dannenberg, H. Badland, S. Foster, M. Lowe, J.F. Sallis, M. Stevenson and N. Owen, 2016, "City Planning and Population Health: a Global Challenge", *Lancet,* Dec 10;388(10062):2912-2924, doi: 10.1016/S0140-6736(16)30066-6. Epub 2016 Sep 23. PMID: 27671668.

[79] Gill, S. E., J. F. Handley, A. R. Ennos and S. Pauleit, 2007, "Adapting

Cities for Climate Change: the Role of the Green Infrastructure", *Built Environment*, 33(1), 115—133.

［80］Hall, P. , 1974, *Urban and Regional Planning*, Harmondsworth: Pelican Books.

［81］Hall, P. , 1987, "The Anatomy of Job Creation: Nations, Regions and Cities in the 1960s and 1970s", *Regional Studies*, 21(2), 95—106.

［82］Hall, P. , 2014, *Cities of Tomorrow: An Intellectual History of Urban Planning and Design Since 1880*, John Wiley & Sons.

［83］Hanlon, W. W., 2020, "Coal Smoke, City Growth, and the Costs of the Industrial Revolution", *The Economic Journal*, 130(626), 462—488.

［84］Hannington, W. , 1937, *The Problem of the Distressed Areas* (Vol. 60), V. Gollancz Limited.

［85］Hatherley, O., 2011, *A guide to the New Ruins of Great Britain*, Verso Books.

［86］Hausner, V. A., 1993, "The Future of Urban Development", *Royal Society of Arts Journal*, 141(5441): 523—533.

［87］Healey, P., 1995, "Discourses of Integration: Making Frameworks For Democratic Urban Planning", *Managing Cities: the New Urban Context*, 251—272.

［88］Howard, E., 1946, *Garden Cities of Tomorrow*, Faber London.

［89］Jarrar, N. and S. Jaradat, 2022, "The de-industrialisation discourse and the loss of modern industrial heritage in the Arab world: Jordan as a case study", *Journal of Cultural Heritage Management and Sustainable Development*.

［90］Jones, P. and J. Evans, 2013, *Urban regeneration in the UK: Boom, Bust and Recovery*, Sage.

［91］Joss, S., R. Cowley and D. Tomozeiu, 2013, "Towards the 'Ubiquitous Eco-city': an Analysis of the Internationalisation of Eco-city Policy and Practice", *Urban Research & Practice*, 6(1), 54—74.

［92］Keil, R. and G. Desfor, 2003, "Ecological modernisation in Los Angeles and Toronto", *Local Environment*, 8(1), 27—44.

［93］Kim, Ji Youn, 2016, "Cultural Entrepreneurs and Urban Regeneration in Itaewon, Seoul",*Cities*,Vol. 56, 132—140.

［94］Krueger, R. and D. Gibbs, 2007, *The Sustainable Development Paradox: Urban Political Economy in the United States and Europe*, Guilford Press.

[95] Lawless, P., 1989, *Britain's Inner Cities*, P. Chapman.

[96] Lee, C., C. Liang, and C. Chen, 2017, "The Impact of Urban Renewal on Neighborhood Housing Prices in Taipei: An Application of the Difference-in-difference Method", *Journal of Housing and the Built Environment*, 32, 407—428.

[97] Lee, G. K. and E. H. Chan, 2008, "The Analytic Hierarchy Process (AHP) Approach for Assessment of Urban Renewal Proposals", *Social Indicators Research*, 89(1), 155—168.

[98] Lichfield, D., 1992, *Urban Regeneration for the 1990s*, London: LPAC.

[99] Mak, A. and P. Stouten, 2014, "Urban Regeneration in Rotterdam: Economic and Social Values", *European Spatial Research and Policy*, 21(1), 101–122.

[100] Massey, D., 1995, *Spatial Divisions of Labour: Social Structures and the Geography of Production*, Macmillan International Higher Education.

[101] McConaghy, J. D. and P. Sutcliffe, 1972, "Another Chance for Cities: SNAP 69/72", Shelter Neighbourhood Action Project.

[102] McGregor, A. and M. McConnachie, 1995, "Social Exclusion, Urban Regeneration and Economic Reintegration", *Urban Studies*, 32(10), 1587—1600.

[103] Mulder, C. H., 2006, "Population and Housing: A Two-sided Relationship", *Demographic Research*, 15, 401—412.

[104] Mumford, Lewis, 1940, *The Culture of Cities*, London: Secker and Warburg.

[105] Oe, T., 1995, "Urban Policy and Ethnic Minorities", Current Issues in Planning, Avebury, Aldershot.

[106] Oevermann, H., J. Degenkolb, A. Dießler, S. Karge and U. Peltz, 2016, "Participation in the Reuse of Industrial Heritage Sites: the Case of Oberschöneweide, Berlin", *International Journal of Heritage Studies*, 22, 43—58.

[107] Portela, C., 2012, *European Union Sanctions and Foreign Policy: When and Why do They Work?*, Routledge.

[108] Raco, M., 2007, *Building Sustainable Communities: Spatial Policy and Labour Mobility in Post-war Britain*, Policy Press.

[109] Ravetz, J., C. George, J. Howe and P. W. Roberts, 2004, *Environment and the City*, Routledge.

[110] Reeve, A. and R. Shipley, 2014, "Heritage-based Regeneration in an Age of Austerity: Lessons from the Townscape Heritage Initiative", *Journal of Urban Regeneration and Renewal*, 7(2), 122—135.

[111] Roberts, P. and H. Sykes, 1999, *Urban Regeneration: A Handbook*, Sage.

[112] Roberts, P., H. Sykes and R. Granger, 2000, "The Evolution, Definition and Purpose of Urban Regeneration", *Urban Regeneration*, 9, 36.

[113] Roberts, P., H. Sykes and R. Granger, 2016, *Urban Regeneration*, Sage.

[114] Robson, B. and G. Robson, 1994, "Forward with Faith: the Experience of Miles Platting", *Town and Country Planning*, 63, 91—93.

[115] Robson, B., 1988, *Those Inner Cities: Reconciling The Social and Economic Aims of Urban Policy*, Oxford University Press.

[116] Ross, A. and M. Chang, 2013, *Planning Healthier Places*, London: Town and Country Plannng Association

[117] Shapiro, J. S. and R. Walker, 2018, "Why Is Pollution from US Manufacturing Declining? The Roles of Environmental Regulation, Productivity, and Trade", *American Economic Review*, 108(12), 3814–3854.

[118] Smailes, A.E., 2007, *The Geography of Towns*, Transaction Publishers.

[119] Speth, J. G. (2003). Perspecitves on the Johannesburg Summit. Environment: Science and Policy for Sustainable Development, 45(1), 24—29.

[120] Stegman, M. A., 1995, "Recent US Urban Change and Policy Initiatives", *Urban Studies*, 32(10), 1601—1607.

[121] Stouten, P., 2012, "The New Charter of Athens: Towards Sustainable Neighbourhoods?", *Built Environment*, 38(4), 497—507.

[122] Swinney, P. and E. Thomas, 2015, "A Century of Cities: Urban Economic Change Since 1911", Centre for Cities.

[123] Tallon, A., 2020, *Urban Regeneration in the UK*, Routledge.

[124] Tiesdell, S., 2008, *Brownfields Redevelopment and the Quest for Sustainability*, Emerald Group Publishing.

[125] Turok, I., 1992, "Property-led Urban Regeneration: Panacea or Placebo?", Environment and Planning, 24(3), 361—379.

[126] WCED, S. W. S., 1987, "World Commission on Environment and Development", *Our Common Future*, 17(1), 1—91.

[127] Zheng, H. W., G. Q. Shen and H. Wang, 2014, "A Review of Recent Studies on Sustainable Urban Renewal" , *Habitat International*, 41, 272—279.

[128] Zuckerman, M., 1991, *Psychobiology of Personality* (Vol. 10), Cambridge University Press.

图书在版编目(CIP)数据

上海都市圈发展报告. 第四辑,城市更新/陈宪,
陈学海主编. —上海:格致出版社:上海人民出版社,
2023.1
ISBN 978 - 7 - 5432 - 3433 - 8

Ⅰ.①上… Ⅱ.①陈… ②陈… Ⅲ.①区域经济发展
-研究-上海 Ⅳ.①F127.51

中国版本图书馆 CIP 数据核字(2022)第 257123 号

责任编辑　忻雁翔
封面装帧　人马艺术设计·储平

上海都市圈发展报告·第四辑:城市更新
陈　宪　陈学海　主编

出　　版　格致出版社
　　　　　上海人民出版社
　　　　　(201101　上海市闵行区号景路 159 弄 C 座)
发　　行　上海人民出版社发行中心
印　　刷　上海商务联西印刷有限公司
开　　本　787×1092　1/16
印　　张　19.5
字　　数　352,000
版　　次　2023 年 1 月第 1 版
印　　次　2023 年 1 月第 1 次印刷
ISBN 978 - 7 - 5432 - 3433 - 8/F·1490
定　　价　138.00 元